联系我们

编辑部：浙江大学公众史学研究中心

通信地址：浙江省杭州市天目山路 148 号浙江大学西溪校区历史学系西四
教学楼 257 室

邮政编码：310028

电话：86-571-88273301

Email：linalarp@163.com, zjupublichistory@163.com

海外编辑室

通信地址：7032 N. Mariposa Ln., Dublin, California, 94568, USA

电话：+1-925-361-2087

Email：linalarp@gmail.com

合作期刊

The Public Historian（美国公众史学委员会《公众史学家》）

Public History Review（澳大利亚悉尼科技大学公众史学中心《公众史学评论》）

合作机构

National Council on Public History, NCPH（美国公众史学委员会）

International Federation for Public History, IFPH-FIHP（公众史学国际联盟）

《公众史学》征稿启事

《公众史学》是公众史学的专业读物。本系列文集秉承跨学科、跨文化的理念，反映公众史学的定义与实践之多元性和多样性，欢迎来自中国和其他国家及地区的投稿。

《公众史学》认为公众史学是突出受众的问题、关注点和需求的史学实践；它促进历史学以多种或多元方式满足现实世界的需求；促成史家与公众共同将"过去"建构为历史。我们收录关于公众史学的理论、实践、方法与教学的文章，内容包括博物馆与历史遗址解读与管理、公众记忆研究、公众史学教育、文化资源管理（历史保护）、档案管理、口述历史、地方历史、家族史、历史写作、公众参与、数字公众史学、史学多元受众分析等主要领域。我们设有理论探索、学术述评、实地研究、专题讨论、评论（包括公众史学新书、博物馆展览、影视作品、数字历史项目等）、动态与前沿、读者来信／综述／札记等专栏。

我们欢迎对公众史学的理论、方法、实践与教学做出不同程度贡献的原创性研究；侧重文献考证与实地考察结合的反思性文章；介绍正在进行中的公众史学项目与研究的工作坊性质文章；公众史学异域成果的译介。

我们鼓励体现出对史学公众性之敏感与关怀的札记类短文；读者来信，以实现公众史学的研究者、实践者和教育者与公众之间的交流；倡导平实易懂、流畅亲切的语言风格。

我们遵循中立、严谨的学术准则与伦理道德规范，实行双向匿名专家审稿制度。所投稿件须系作者独立研究完成之作品，充分尊重他人知识产权；文中引文、注释和其他资料，应逐一核对原文，确保准确无误；投来的稿件，应实事求是注明转引出处。投来的稿件，应确保未一稿两投或多投，包括未局部改动后投寄其他报刊，且稿件主要观点或基本内容，不得先在其他公开或内部出版物（包括期刊、报纸、专著、论文集、学术网站等）上发表。引文注释规定参见《历史研究》规范。来稿请注明作者姓名、职称、工作单位、联系电话、电子邮箱、通信地址及邮政编码等基本信息。

启真馆 出品

公众史学

|第一辑|

李娜 主编　陈新 周兵 副主编

ZHEJIANG UNIVERSITY PRESS
浙江大学出版社

图书在版编目（CIP）数据

公众史学．第一辑 /李娜主编；—杭州：浙江大
大学出版社， 2018.5
ISBN 978-7-308-18123-5

Ⅰ.①公… Ⅱ.①李… Ⅲ.①史学－文集 Ⅳ.
①K03-53

中国版本图书馆CIP数据核字（2018）第072019号

公众史学　**第一辑**
李娜 主编　　陈新、　周兵 副主编

责任编辑　王　雪
文字编辑　张兴文
责任校对　王　军
营销编辑　杨　硕
装帧设计　周伟伟
出版发行　浙江大学出版社
　　　　　（杭州天目山路148号　邮政编码310007）
　　　　　（网址：http://www.zjupress.com）
排　　版　北京大有艺彩图文设计有限公司
印　　刷　浙江新华数码印务有限公司
开　　本　710mm×1000mm　1/16
印　　张　18
字　　数　292千
版 印 次　2018年5月第1版　2018年5月第1次印刷
书　　号　ISBN 978-7-308-18123-5
定　　价　68.00元

前　言

　　今天的中国，历史似乎无处不在：公众以怀旧的情感倾听往昔的声音，述说身边的历史；以主人翁的态度用第一人称与历史直接对话；相信直觉，将"过去"生动地植入"现在"。当亲历者的声音在历史解读中日益重要，当历史的场景得以生动地再现，当普通人开始质疑曾经理所当然的历史叙事、解释或论断，开始发掘那些隐藏的或未曾被讲述的故事，开始关心宏大历史不屑于关注的种种细节，历史不再是被垄断的，不再是专家学者的专利，不再是权力精英的背书；历史是百家争鸣，是百花齐放。公众史学—— 一门新兴学科，一种新型史观，一场知识自组织运动，一种大众文化——应时代而生。

　　公众史学是突出受众的问题、关注点和需求的史学实践；促进历史以多种或多元方式满足现实世界的需求；促成史家与公众共同将"过去"建构为历史。其基本旨趣，亦是其新颖之处，在于多样性与包容性。

　　媒体的变革意味着获取知识的途径更多元、更平等、更活跃，意味着历史产生、解释与传播的空间日益扩大，也意味着人人都可能成为史家。但是，这并不意味着人人都能够成为史家。史学的方法和技能依然不可替代：对信息或知识的审辨、分析、比较和应用；对历史的深度体验、对历史真实性的求证、对历史环境的解读与保护等，均需要长期严格的专业训练。换言之，历史的严谨、客观与公正没有也不应该因为公众的参与或新媒体的介入变成消遣，变得容易。

　　历史的"公众转向"标志着另一种史学的可能性，成为开创新形态历史研究的契机。公众史学的发展既要上升到学科高度，成为专门之学，学理清晰、构架完整、自成体系，又要突破专门之学的种种弊端，不断探索，鼓励创新，敢于纠错，勇于实践，侧重具体，无意排他。

　　《公众史学》坚持开放的视域、启蒙的精神、独立清正的学术追求；通过平实易懂、流畅亲切的语言，通过细节，构建历史的丰富性；通过情景再现，返回历史现场，发掘复杂甚至矛盾的历史事实，并为之提供论辩的空间；书写民间的历史情感和具体的伦理诉求；建构一种民间记忆的多元图景。

《公众史学》是公众史学的研究者、实践者和教育者与公众交流的平台。《公众史学》鼓励跨学科、多领域、学院内外的交叉与合作，鼓励学者与研究受众之间"共享权威"；期待积极、活跃的公众参与；强调就具体问题、具体人物的微观互动。

求真的勇气与实践、学识服务于公众的谦卑是《公众史学》的原动力。史学，或任何学科之进取，当有一股力量、一种精神、一番创新。"路漫漫其修远兮"，愿同人共同努力！

目　录

出版笔谈

理论探索、前沿与反思

记忆与公众历史

博物馆、遗址与历史保护

口述历史

数字公众史学

伦理道德

历史教育

海外札记

出版笔谈

学术创新源自制度创新

　　启蒙运动时代的思想家诸如休谟（David Hume，1711—1776）等人驳斥人们对知识的独占行为，坚持让知识走出学究式象牙塔，进入到辩论会、沙龙、咖啡馆等场合。与此相呼应的是，这一时期的出版业、读者群也扩大了。书籍变得越发小巧、价格也变得越发低廉，阅读的成本也越来越低。启蒙时代见证了出版业的诞生，也见证了报纸、杂志的诞生。

　　史学专业期刊发端于德国，在此之前，历史写作主要在文学评论、博学者的出版物中以专版文章的形式来表现的。供历史学家发表研究成果的独立史学期刊是由慕尼黑大学教授、兰克的学生西贝尔（Heinrich von Sybel，1817—1895）于1859年创办的《历史杂志》。由于该杂志长期坚持统一的史学标准而为其他国家所效仿。因此，出现了法国的《历史杂志》（1876）、意大利的《意大利历史杂志》（1884）、英国的《英国历史评论》（1886）、意大利的《历史杂志》（1888）和美国的《美国历史评论》（1895）等，这是第一批史学专业杂志。

　　随着近代文明在全球的扩延，创办史学杂志之风也蔓延到世界各地。稍后，随着史学研究的进一步深化，又产生了分科更细的史学杂志，如经济史、社会史、妇女史、城市史、医疗史等专业杂志及地区史、国别史等区域和断代专业杂志。同史学发展趋势相适应，欧美还出现了以史学为基础的跨科学专业杂志，如美国的《历史女神：文学、历史及历史哲学期刊》（1970）、《交叉学科历史杂志》（1970）等。据欧洲学者大致推算，20世纪70年代全世界大概有1200种史学杂志。在这些杂志中，较早创办的杂志一般比较忠实于传统，主要发表文章、评论、总结等，以客观反映史学研究成果为己任，但大多数后起的史学杂志则通过定主题、出专刊、约专稿等方式来左右或指引着史学研究的，一些杂志甚至成为史学更新的强有力的武器，如法国的《年鉴》杂志（1929）、英国的《过去与现在》（1952）、美国的《评论》（1977）便是典型代表。

　　一个有趣的现象是，所有这些期刊的创办者一开始都是以革新者的面貌来寻求新的历史学术实践的，而这些革新者后来又无一例外地成为"合理范式"

史学方法的守护者，乃至守旧者。之后又有更新的反对者分离出来，创办刊物，倡导新的研究范式，这种模式一直持续到今天。比较著名的例子是20世纪20年代为反对传统期刊《历史杂志》而创办的《社会经济历史年鉴》（《年鉴》），这份杂志为历史研究提供了一个崭新的视野，它使人类生活的方方面面都囊括于历史研究之中，并强调比较研究。这种不断更替现象就其本质原因，就在于历史研究是基于文献的想象，是呈现智慧的场所，是精神基因的容器，随着时代的嬗变，人们会根据时代需要制造出不同的历史知识形态。

当下的中国正处于这样一个转型时代。当代中国人文学术杂志主要由宣传部所属社联系统、社科院所属各地社科院系统、教育部所属高校系统三大系列杂志一统天下，但自20世纪五六十年代《语言学论丛》《语言研究与批判》《中华文史论丛》等开始出现，到八九十年代学术研究文集开始大规模兴起，说明这三大系列学术杂志已经不适合当下学术发展，需要更新。我们相信这些学术研究文集的兴起必将会对三大系列杂志形成冲击之势，改善中国的学术生态，推动学术共同体不断完善。

《公众史学》正是这样一种尝试，反映了时代的需求，这说明学术市场已经越来越多样化了，不同的学术群体有不同的学术旨趣。学术创新需要智慧的火花，更需要制度性的载体，新杂志正肩负这种功能。期待《公众史学》的创新，并祝它永葆年轻心态。

陈恒，上海师范大学历史学系教授

"回望式"的史学与"前瞻式"的城市规划

　　了解到公众史学，脑海中浮现出很多有趣的联想："回望式"的史学给"前瞻式"的城市规划注入了某种新鲜的力量，它让发生于当下的、甚至只是昨天的规划事件、规划决策瞬间凝固，它让规划师们不再沉浸在规划精英主义的自恋，而必须正视眼前正在片段化层叠的公众领域的历史。这显然是一个跨学科研究的很好开端，无论是作为过程的规划、还是作为公共政策的城市设计都将受益。在国内热议多年却进程缓慢的规划公众参与也将因为公众史学的兴起而获得更多理论与实践的素材、经验，真正建立一种基于同感共识的规划精神、并投射于"我们的城市"的话语体系。非常期待这一创新、跨界学术生态圈的孕育、发展。

　　　　　　　　　　　　陈蔚镇，同济大学建筑与城市规划学院教授

溥博渊泉，而时出之

公众史学无疑是面向公众的史学。表面上看，随着历史理解变成一种"研究"或"学术"，专家与大众的兴趣日益远离，许多历史研究或许不无真知，但却无法称为良知，早已很难激发公众的兴趣。如果把兼顾专业史学与公众诉求的作品视为公众史学，那么应该承认，中西文化传统中都并不缺少这种意义上的公众史学。

把专业史学完全看作真知或许也只是在制造神话。除了视野不同造成的种种分歧之外，专业史学内部也还广泛存在着人为的扭曲、意见甚至是意气之争。其中一些喜欢宏大叙事的史学流派，其实早已渗透甚至主宰了公众的历史观。

在这一背景下，假如仍然需要倡导公众史学，首先应是基于这样的情形，即公众不满足于早已有之的所谓大众史学或通俗史学，并由此滋生出对整个历史学的蔑视。那么，对于未来公众史学的理论与实践，我们有所期待，便无疑是顺理成章的了。

首先希望公众史学能够永远"守其学"。无论触及何种课题，公众史学都不应该违背学术的严谨与理性的清明，既不趋时，亦不媚众，而能保持一种内在的明通。其次希望公众史学能够"得其公"。公众史学不应该只是大众的知识消费对象，它还有义务在知识兴趣之外培养出具有历史视野及独立见解的公众。

期待公众史学最终可以"成其大"。公众史学无疑应该顾及大众的接受情况，当机说法，而不同层次的历史书写同时也意味着历史之道的溥博渊深。在新的史学理论方面，公众史学同样大有可为。

《通书》曰："明通公溥，庶矣乎！"《中庸》云："溥博渊泉，而时出之。"

邓志峰，复旦大学历史学系教授

向公众讲述历史

对于很多像我这样赶不上时髦的历史学研究者来说，"公众史学"是一个既熟悉又陌生的名词。似乎我们每天都在跟公众讨论与史学相关的话题，但究竟什么是"公众史学"的确切含义呢？向公众讲述历史？讲述公众的历史？由公众讲述历史？限于专业领域，我不知道相关学者是如何定义它的。我只能说，放眼当前中国社会，这三种情况都存在，而且都相当活跃。

向公众讲述历史，体现出典型的精英意识，讲述的过程也是教化的过程。讲述公众的历史，似乎符合了目光向下、去精英化的潮流，把近若干世纪以来各类社会革命的主张更人性化、细致化。但这样做的本质仍然是由精英充当代言人，不脱精英主义的窠臼吧。那么真正由公众讲述的历史，它们在形成文字、得以传播的过程中，可以避免受知识精英或资源精英的干预吗？

千万不要误会我在批评精英主义。事实上，我的思维仍然非常顽固地停留在作为精英话语特权的历史学形态上。主事者嘱我为《公众史学》写几句寄语，大概是因为我以史学工作者的身份在公众面前出现频率比较高吧。但我所做的工作，恰恰是精英意识最浓厚的那种：向公众讲述历史。目前我还不确定我对史学精英主义的留恋是出自主动的归依，还是别无选择之后的滞留。很期待《公众史学》能顺利地坚持下去，很期待仔细阅读其中的每篇文章，看看是否能给予我另一种史学选择。

姜鹏，复旦大学历史学系副教授

历史学的公共化

　　记得 20 世纪 80 年代后期，历史学处于危机之中，无论是官修历史，个人著史，还是大学等机构的职业化历史编纂和历史教育都陷入全面的危机之中，大学历史系的招生急剧萎缩，也几乎没有考生愿意报考历史系。30 年过去后，历史学开始迎来了属于自己的黄金时刻，且不说历史学等课程开始成为大学通识教育的核心课程，越来越多的青年学子进入到历史学科学习，更让人欣喜地是整个社会公众对历史学的兴趣也陡然增大，很多人开始自发地去阅读史学经典，探索历史事件，阐释历史意义。可以想见，历史学将会成为未来的显学，它将对解释急速变动的中国和世界起着重要的作用，同样也会成为提升社会文明程度的基础，当然也必然会成为各方关注的一个领域。因此，在这样一个关键性的时刻，出版主题为公众史学的这份文集就显得尤为及时和必要，在此表示衷心的祝贺，同时也期待在诸多同人的努力下，让史学从单一的范式下获得"解放"，重新焕发出独特的魅力，实现历史意识和观念的更新，和历史学的公共化。这即意味着，历史将使人们获得了一种反思性能力，培育起每个人独立的个体性，从而思考作为主体性的自我在当下的历史进程中该进行怎样的选择，和扮演着什么样的实践性的角色。

李宏图，复旦大学历史学系教授

"经典史学"与公众史学

　　公众史学已不再满足于凭借历史知识和专业技能来介入公共项目或公共事务，而更加注重通过公众的参与和主导以激活、拓展乃至改造历史表述。当前媒介的高度多样化和传播技术的急速发展，给这种新的史学样式插上了有力的翅膀。公众史学的兴起无疑为整个史学注入了活力，并与"经典史学"处于一种"两利"的格局中。一方面，公众史学参与和分享历史知识的制造，推动历史表述的多样化，冲击乃至打破对历史话语权的各种形式的垄断，并促使专业史家对长期奉行的专业主义加以反思。另一方面，"经典史学"中成熟而精微的专业规范和技艺，特别是受到学理和常识双重"规制"的批判精神，则有助于公众史学提升自己的品质。而且，专业史家的倡导和推动，也将有益于公众史学的成长。

李剑鸣，复旦大学历史学系教授

让"历史"更多更好地回归公众

历史学归根结底是关于"人"的学问，让更多的人参与其间，既有可能，更有必要。在历史研究似乎显得日趋"专业化"的当下，史学工作者尤其应当避免一味自我陶醉于象牙之塔，着力探究如何消除史学界与公众之间的隔阂，让"历史"更多更好地回归到公共领域和公众生活中。就此而言，如果说作为新的史学分支的"公众史学"在各种力量的共同推进下已然在当今中国呈现勃兴之势，那么以倡导、推进"公众史学"在中国更快更好地发展，进而在更大的范围彰显自身力量为己任的同名书籍的出版，实为恰逢其时。值此衷心祝贺《公众史学》出版之际，本人不仅希冀《公众史学》在问世后，通过各方面的不懈努力，特别是尽快形成鲜明的特色而永葆学术活力与魅力，成为浙江大学历史学科新的"金名片"，而且更希望《公众史学》在为中外学者提供一个高端学术交流的园地的同时，通过倡导、践行让历史学始终与现实、公众保持密切的互动关系，致力于提高公民素质，从而为当今中国社会的良性发展，乃至为世界的更加美好作出应有的贡献。

吕一民，浙江大学历史学系教授

公众史学大有可为

早几天，浙江大学教授陈新先生告诉我，中国第一本《公众史学》将要正式出版了。这是中国历史学的一件大事，意味着精英史学、学院史学终于开始关注大众了，值得祝贺。

中国历史学原本并不是束之高阁的纯精英文化。很长时期，历史就是中国人的宗教，对于约束人们的思想、行为，维系中国社会发展起到了非常重要的作用。只是到了近代，社会分工更加细致，西方史学理念、方法传入，历史学渐渐脱离一般民众的生活、需要，渐渐成为职业历史学家的手艺活。民众的历史需求，主要仰仗着明清市民社会发生以来的路径，由那些职业说书人，非历史学专业者提供。至于社会对历史知识的需求，诸如政府机构政策咨询中的历史部分，商业活动中所需要的历史知识，媒体所涉及的历史知识与历史传播，家族史、口述史的整理、写作等，基本上都由非历史学专业的就近掌控，严肃的历史学者不屑为，非历史学出身的不能为，于是一个奇怪的现象在中国不时发生，横店抗日、手撕鬼子，"小燕子式的"宫廷恋爱、打情骂俏，违背历史真实、常识的现象，所在多有，不一而足。

其实，现在的中国高等教育，历史学专业虽然在整个学术布局中为小户，但在人文科学领域依然算是大宗，历史学毕业生不论是博士、硕士，还是学士，真正从事历史学研究、教学的依然很少。大学历史学教育如果适当注意对学生进行公众史学方法、理念、技巧等方面的训练，相信新一代公众历史学者必将有效改变目前中国公共知识的匮乏、偏执、无知状态。假如有读过历史，接受过公众史学基本训练的历史学者进驻横店，相信在目前中国政治背景下，"抗战"依然会继续，但一定会将这场改变中国历史命运的战争做成精致的、经得起挑剔的历史正剧，极大丰富中国精神文明宝库。

不要只抱怨中国的公共史学表现太差，而是从现在开始，加大公众史学影响力，用实际行动改变公共史学现状。在这方面，《公众史学》任重道远，大有可为。

马勇，中国社会科学院近代史研究所研究员

史学的主角是过往的公众

    "从哪儿来？到哪儿去？为什么？"对于每一个群体和个体而言，既是形而上学问题，又是历史学问题。对意义的探寻，与对现实世界和自身来龙去脉的追寻，在历史学中融为一体。历史是人类文化最为核心的构成成分，过往的历史给人群和个体提供了赖以进行各种生存和创造活动的前提，历史知识则为塑造人群和个体的身份认同搭建了框架。读史未必使人明智，知识也可能使人变得更为偏狭，倘若人们所接触的历史知识本身是视角过于单一而又充满太多成见的话。人们不仅需要更多地了解过往发生了什么，当今世界是如何变成了如此这般的这副模样；还需要拓宽自身视界、触发自身思考的历史思维。在一个公众受教育程度日益提高的现代社会，历史学作为一门人文学科，离不开它的价值关怀，它要关心人们特别是普通人在过往的命运，它要通过观察人类曾经的生活轨迹，了解人类在过往的生活、观念和交往方式的多样性，使得我们的心态更加多元，更加开放，也使得我们对人类共同体的未来命运抱持一种更加善意的心态。史学的主角是过往的公众，现实世界的公众则是史家在专业共同体之外，也要以足够的尊重和郑重来对待的互动对象。只要人类生活还在持续和变化，历史学就终归不会失去它的勃勃生机。

彭刚，清华大学历史学系教授

公众史学第一书

《公众史学》终于要出版了，这应该是国内在公众史学这学术领域的第一本书，可喜可贺！

《公众史学》的出版可谓瓜熟蒂落。多年来，浙江大学的公众史学团队，积极拓展公众史学领域的理论与实践，在吸收国际先进成果、进行深入理论探索的基础上，开展公众史学的实践活动：组织面向公众的史学讲座；与政府部门、电视台、档案馆、博物馆建立经常性的联系，共同介入社会生活；深入社会群体，采集口述史材料；联络国内和省内同行，建立公众史学的学术网络。这一切，自然而然促成了《公众史学》的出版。

《公众史学》也体现了我国史学工作者的创新。"公众史学"的概念来自美国，"Public History"的原意是经过专业训练的史学工作者将史学知识运用于公共领域，而汉语翻译成"公众"，就赋予了这一实践更广阔的意义，"公众史学"不仅是让历史知识走出书斋服务于公共领域，不仅是让史学变得与公众联系更紧密更易被公众接受，而且公众是史学的参与者，让公众感受史学的同时也完成对历史的构建，相信《公众史学》将为"公众史学"这一历史新园地提供更多的花朵和果实。

我们视《公众史学》的出版如婴儿呱呱坠地，也盼望她如婴儿那样茁壮成长、前途无量。祝《公众史学》越办越好！

沈坚，浙江大学历史学系教授

促进公众史学的繁荣

公众史学的身份作为一种"在场的历史学",力求摆脱认知与认同的崇高性追求,转而强调历史现象、历史事件、历史人物、历史遗产等的在场性,通过各种现代技术手段使公众获得直截了当的在场感。公众史学希冀复活历史,拉近大众与历史的距离。

作为历史学的一门分支,公众史学在美国发轫,欧美推行,逐渐波及世界各地。当下的中国,尽管公众史学的理论建设刚初露端倪,但在实践领域,已是五彩缤纷、欣欣向荣。随着"讲坛史学"的诞生与普及,出现了图书出版商对历史类作品的青睐和网络史学作品的井喷现象;历史文化遗产日益受到社会关注,在建立博物馆、纪念馆等传统手段之外,一些老建筑被开发成创意产业中心、休闲广场甚至商业地标,将历史、商业与时尚完美地结合起来;在一股股"怀旧"风潮的影响下,一些老商业区、老字号乃至一般社区都开始追忆曾经的辉煌和温馨,那些往事或以文字、图片的形式见诸报端,有些甚至被搬上了话剧舞台和大银幕;口述史的兴起,新修家谱、族谱的热潮正在形成,越来越多的家庭开始为家中老人撰写、出版自传,这些民间历史作品描绘大时代下小人物的历史群像,揭开正史中保存不全或刻意回避的往事,留下了诸多鲜活的史料;各种主体参与的不同题材的历史纪录片不断涌现(笔者也支持拍摄"慰安妇"题材的纪录片《三十二》、《二十二》,两片由郭柯导演,后一纪录片已进入院线公映);这些"史学产品"事实上已经构成了公众历史的成果。

公众史学的发展与推广,不仅使得民众更加贴近历史学,也迫使历史专家走出象牙塔,有利于史学的普及,史学人才的养成,并消弭史学危机与窘境。显然,今天的中国,历史专业学生的就业难和对历史产品的庞大需求,一同催生出一个重要事实——将历史专业知识和社会需求相结合的公众历史,已经萌芽,已经开枝散叶,并且正迎来波澜壮阔的高潮。

不过,参与者的复杂,也难以避免地出现纷然杂陈,良莠不齐。由于一些写手大多来自历史圈外,其作品难免良莠不齐。有些写手只为标新立异而歪曲事实，有些则干脆利用传记作品向社会宣泄情绪。无独有偶，由于网络为人们提供了获得历史资料的便捷渠道，以往被专业学者垄断的史学观点，变得似乎人人皆可表达。对历史人物的评价、对历史事件的看法，甚至一些带有公共性质的话题，如灾害、慈善、福利等敏感话题，都会通过古今对照的形式出现在微博上。不少夺人眼球的话题更是缺乏史学研究的严谨性，带有明显的立场倾向，通过网络平台迅速辐射大众。

如何引导公众史学健康发展，应是史学界责无旁贷的任务。搭建公众史学的交流平台，译介域外的理论，介绍诸如小历史书写、公民写史的成功案例，探讨本地公众史学的发展路径，分享经验，纠谬扬善，这些也许就是《公众史学》的使命。

期待本书的问世，能促进中国的公众史学，开枝散叶，花团锦簇。

苏智良，上海师范大学学术委员会

主任、都市文化研究中心主任、教授

学习历史、收藏记忆

豫北小村渔洋，仰韶文化时期便有人居住。村中有位会计，经年累月，在村庄附近的田间地头捡拾出大量残碎陶片。这位花甲老人，常常面对着自己收集的残砖碎瓦，动情地讲述渔洋的过去：蕞尔小村，曾经 6000 年不断烟火。

这是我见过的最生动的公众史学教堂。

历史影响我们的生存，左右我们的未来。我们注定离不开历史。向历史请教，是明智选择。唤醒大众对历史的兴趣，用通俗语言传播历史知识，呼唤更多的朋友关注历史。我想，这便是《公众史学》所想做的和要做的。

学习历史，收藏记忆，懂得的是道理，获取的是智慧，受益的是当下与未来。

祝《公众史学》惠及社会，助力人生。

唐际根，中国社会科学院考古研
究所研究员、南方科技大学讲座教授

人民是天然的历史书写者

古往今来，为了保存历史，人们还一直尝试用更坚固的东西来记录历史，从结绳记事到龟甲兽骨，从勒石记功到树碑立传。但再坚固的物体，敌不过时间的流逝，更敌不过焚书坑儒。

于是，历史不再寄希望于坚固的物体，而在于更广泛的记录和传播。从竹简到纸张，从电脑到手机，记录的人越多，知道的人越多，历史被保存下来的希望就越大。

今天的社会的进步赋予了普通人写史的可能，而记录和传播技术的演进，则给了每个人书写历史的手段。我们不仅有笔和纸，我们还有照相机、摄像机、电脑、网络社区、微博微信…… 我们定义的历史，是任何已经发生而不应忘记的事情。我们写就的历史，未必是宏大叙事，但点点滴滴的事实，将会汇成最本真的大历史。

人民本来就是历史的创造者，也天然是历史的书写者。这是我们提倡"公民写史"的根基，也是我们作为实践者，期望与"公众史学"的研究者，共同探寻的前路。

唐建光，新历史合作社社长

历史记忆不断走向民主化

　　欣闻《公众史学》即将出版，甚为高兴。凡新学科起步，均需要有一个发声的平台，通过它来联络志同道合的同人、展示研究成果、建立学科规范，这一切对于学科发展具有关键的意义。"Public History"的概念进入中国是在 30 年前，《公众史学》的出版则标志着这一史学领域在中国学界得以降生，这是值得庆贺的。浙江大学具有学术担当，敢于吃螃蟹，更是令人钦佩。

　　我们生活在一个特殊的时代，其特征之一是历史记忆不断走向民主化。记忆的建构不再是为少数人垄断的行业，而正在成为普通人的精神需求和生活品质。时代并不要求历史学家改变职业操守——基于材料之上的冷静判断与富有真知灼见的分析，但要求我们改变心态和视野，从"公共性"、"公共功能"和"公众参与"等角度出发去思考历史研究与历史知识的呈现。《公共史学》因此而生逢其时。

王希，北京大学历史学系教授，美国宾夕法尼亚州印第安纳大学历史系教授

公众的精神家园

人类的历史，从上古直到今天的历史，都是人民书写的历史。因此，历史不能躺在厚厚的典籍里，而应活在社会历史奔流的血液中。"我们对未来的全部希望决定于对过去的正确了解"。这就是说，历史是人类的接力赛跑，它不仅属于过去，更属于现实和未来。历史是亿万人民的朋友，那就让它冲破人为的樊篱，与时代的脉搏一起跳动，在生活与历史的延续中沸腾吧！

第二次世界大战后，历史学的分化与整合都在加快进行，但又不是南辕北辙，而是在新的科学水平上循着同样的方向交互进行，新概念、新范畴、新理论、新方法层出不穷，这表明历史学科应时代的呼唤，已经揭开了新的一页。今天，世界处在前所未有的大发展、大变革、大调整时期，人类命运共同体和人类利益共同体呼之欲出，"公众史学"也应运而生。无论是社会历史的主体，还是历史认识的主体，都是不脱离人民大众，这是公众史学的基本特征之一，它不仅是历史认识的一个新的平台，更是现时代历史学存在的一种常态。愿《公众史学》成为公众的精神家园，为当代中国历史科学的繁荣发展和社会进步，做出更多更好的贡献！

于沛，中国社会科学院世界历史研究所研究员

加强公共史学的学科建设

  当越来越多的人对包括历史知识在内的精神层面的需求越来越迫切的时候，当历史学的研究如何服务于社会成为愈来愈突出的问题的时候，当网络、电视、微博、微信等各种公共媒体和自媒体完全普及使得传播历史知识更为快捷便利的时候，加强对中国的公共史学的学科建设则显得尤其必要。面向大众传播历史知识，在专业历史学者那里一直以来都存在着这样两种状况：第一，专业史家不重视历史知识的推广与普及，他们觉得专业研究才是"名山事业"；第二，即使专业学者身体力行地从事历史知识的推广与普及工作，事实证明，成功指数也并非与其在专业领域的造诣成正比，更何况很多人的专业造诣也并非如想象的那样深不可测。公共史学的出现并受到前所未有的重视，已经使第一种情况不再成为问题，而第二种情况则实实在在地摆在了专业史家的面前，真正的挑战也来自于此。公共史学与历史学其他学科研究最大的不同就是它的受众是社会和大众，由此产生的一系列问题都是以往的历史学研究所未曾遇到过的。因此，公共史学的发展走向，或许会影响到未来整个历史学研究的走向。

张越，北京师范大学历史学院教授

求真之精神、反思之意识、服务之态度

　　中国之史学，历三千年之演进，从朝堂、庙堂到史馆、书院再到大学、研究所，与高雅文化之扩散下移相因应。市井江湖之中，老百姓的历史记忆如野田溪水，兀自流淌，从未干涸。学术与民间，高雅与通俗，从来泾渭分明，不相干混。公共史学别开新域，立足殿堂，不忘江湖，以求真之精神、反思之意识、服务之态度，融民间记忆于历史书写，导史学研究入寻常日用，将扩大历史学之疆域于城市乡村，于我们飞速前行的时代。勖哉，同人！值浙江大学《公众史学》出版，谨为贺。

　　　　　　　　　　　　　　　　赵冬梅，北京大学历史学系教授

使"公众历史"成为"公众史学"的一部分

在中国，公众史学还是一个新生事物，但中国的公众从来都对历史不乏热情。从古代的"满村皆听蔡中郎"，到当代的清宫剧、宫斗戏，再到新媒体传播的各种历史"真相"，公众自有其获得历史知识的渠道。不过，那些多是官方史学观念的投影，而不尽是公众自身对历史看法的反映。《公众史学》既应思考公众对历史信息的共享，也应反映公众不同于官方和权威的历史认知，使"公众历史"成为"公众史学"的一部分。没有前者便没有后者，史学也成为残缺的史学。

祝愿《公众史学》越办越好！

赵世瑜，北京大学历史学系教授

从"学历史"到"做历史"

　　我希望基础教育中的历史教学更多地倾向于公众史学，起码是能够更自觉地吸纳公众史学的实践原理和经验。引申说，传统的"学历史"的观念应该让位于现代的"做历史"的理念．

　　我理解的学校历史教学，需抛弃仅凭"讲述"和"应试"方式形成"历史记忆"的做法；有意义的"历史记忆"亦需经历个体的批判式思维（critical thinking）和体认的过程方得以建构和沉淀。

　　为此，中学历史教学当帮助学习者学会阅读、学会叙事、学会评判，以提升其思考力和行动力……"谁拥有历史知识"以及"为什么要拥有历史知识"这类问题，不仅是把青少年作为公众历史教育的主体者，而且要求他们成为历史研究成果的分享者的同时，也是产生历史研究成果的尝试者。

　　如今，互联网所开放的资源空间，科技所引发的学习革命，以及史学及史学理论所提供的历史视野和方法，都足以让公众史学在基础教育深根发芽。接下来的问题是，学校历史教育如何走出传统，并能丰实公众史学的实践性经验。

赵亚夫，首都师范大学历史学院教授

公众史学、记忆与历史意识

　　公众史学是一门古老的学科。国族国家（nation state）的发展孕育了 20 世纪 70 年代诞生的现代公众史学运动。随着自由职业历史学家的涌现，成人教育项目的兴起，历史学职业化进程进入一个新阶段。公众史学首先出现在美国，其他国家如澳大利亚、加拿大紧随其后。但是，从更宽广的意义上，现代公众史学并不局限于学院内，而在不同的场合，如在本地历史机构与本地社区、遗址、博物馆等，通过各种形式，如社会群体与运动、影视媒体、公众艺术、表演、庆典活动、仪式、纪念碑等体现。学院派历史学家有时会参与这些公众史学活动或实践，而有时则没有。但无论这一领域如何错综复杂，难以界定，公众史学在 20 世纪末蓬勃发展。

　　公众史学的兴起与记忆的研究和对历史意识的重新关注密切相关。一些历史学家提出："如果历史学家不了解自身文化的历史感知能力，他们如何与公众交流过去？"一系列的国家调研项目显示，也正如希尔达·基恩（Hilda Kean）等历史学家所言，我们日常所见、所经历之事，与我们阅读书籍和查阅档案一样，能显著地影响我们认知和创造历史的过程。历史代表丰富多彩的实践，而非森严的等级制度。目前，公众史学在全球范围蓬勃发展，《公众史学》正是在这样的背景下诞生。但这并不意味着"全球公众史学"（global public history）的诞生，公众史学总是属于特定的历史文化。《公众史学》的出版将极大地促进对历史"公众性"之探索，同时也将促进"象牙塔"的历史与公众历史机构在全球范围的对话与转型。

　　保罗·阿什顿（Paul Ashton），澳大利亚悉尼科技大学公众史学中心（Australian Centre for Public History, University of Technology Sydney）、堪培拉大学创意与文化研究中心（Centre for Creative and Cultural Research, University of Canberra）、麦考瑞大学应用史学中心（Centre for Applied History, Macquarie University）教授

建设公众史学共同体

　　过去是广袤而无序的。然而，过去充满着无数扣人心弦的关于我们自身与周遭世界的故事，因而过去又是丰富多彩的。如何将这些故事以通俗易懂的方式呈现给那些对历史充满好奇与热情的公众，是公众史学家的重要责任。为了实现这一目标，他们需要能增长知识、发展技能的工具，能分享他们的经验，能评价他们与同行的公众史学实践。

　　专业学术文集对于公众史学家了解自己的领域至关重要。公众史学似乎包罗万象，并随着研究与实践而不断变化、发展。同时，它跨越多种学科和领域，不仅仅研究过去留下的文献，还关注建筑环境、历史景观、物件、口述历史等其他非传统史料证据。同样重要的是，公众史学家的工作几乎总是要针对非专业的客户或受众。而每一位受众都以不同的方式使用历史，又希望能在这以过程以及最终的历史产品制作时拥有不同程度的话语权。公众史学家必须学会如何让客户参与，如何制作既实用又引人入胜的史学产品，以满足客户的需求。

　　基于这些特殊的考虑，《公众史学》应该既为公众史学研究提供论辩、分析的学术阵地，又为公众史学实践者提供分享其项目与经验的空间。理想的公众史学学术文集应该包含一系列各种类型的课题，不同的方法与路径，以及关于前沿的学术成果、展览、项目和其他媒体的评论，能对其他的项目或地域有借鉴意义。通过学术文集，公众史学家不仅能高屋建瓴地认识这一领域，还能了解最新的公众史学实践。

　　除此之外，公众史学还能帮助我们建构、维系一个朝气蓬勃的公众史学共同体。很多公众史学家只与一小部分因专业领域、机构或地域相近的同行交流。由于受差旅费预算限制，他们只能通过个人网络和公版材料来了解其他人的专业领域。鉴此，高质量的学术成果便成为职业发展不可或缺的资源。不仅如此，优秀的文集还能为公众史学家提供学术之家：这不仅是他们发表自己成果的阵地，也是了解同人成果的重要渠道。这样，我们既能获得必要的支持，还能从别人的经验中寻求问题的答案。

　　每一份新的公众史学文集都有助于我们更审慎而深入地认识过去，了解公众史学技艺。《公众史学》，欢迎加入公众史学的共同体，并祝你好运！

莎伦·芭比亚（Sharon A. Babaian），加拿大科技博物馆集团（Canada Science and Technology Museums Corporation）交通部主管

国际伙伴关系

　　《公众史学家》（*The Public Historian*）非常高兴与《公众史学》建立合作伙伴关系。大约 40 年前，当韦斯利·约翰逊（G. Wesley Johnson）和罗伯特·凯利（Robert Kelley）在加州大学圣塔芭芭拉分校开始创建公众史学，并于 1978 年在加利福尼亚的蒙特西托（Montecito）组织了首届公众史学会议，他们意识到这一新兴领域需要一份专业学术文集，以发表关于公共政策与政策分析、联邦政府及各州与本地历史、历史保护、口述历史、博物馆与历史管理、记录与信息服务、企业历史、公众史学教育等方面的研究成果与案例分析。直到今天，《公众史学家》依然是公众史学的学者与实践者交流或分享其成果与洞见的最权威的平台。《公众史学》在中国实现了将当年韦斯利·约翰逊和罗伯特·凯利的远见和理想，这代表着公众史学领域日益走向成熟的一个里程碑。

　　就其本质而言，公众史学通过博物馆、档案馆、历史遗址遗迹以及一系列相关历史机构保持着与本地社区和本地历史的密切联系。但是，从更宽泛的意义而言，公众史学又同时与世界相关联。只有在国家甚至全球历史的宏大语境中，本地历史才有意义，两者的递归关系才能凸显出来。《公众史学家》致力于刊登严谨、深入的研究，并将研究与更宏大的理论与实践相连接。去年《公众史学家》刊登了李娜与普林斯顿大学的玛莎·桑德维斯（Martha A. Sandweiss）合作撰写的关于首届中国公众史学高校师资培训的文章——《教授公众史学：一次跨文化的试验》（*Teaching Public History: A Cross-Cultural Experiment*）。刊登此文时，我们没有想到这种跨越文化的尝试有着如此深远而重大的意义，也没有想到公众史学在英文世界的经典文章很快将有机会被翻译成中文，与中国读者见面。我们期待着与《公众史学》一起努力，在全球范围内搭建公众史学的桥梁。

　　《公众史学家》主编詹姆士·F. 布鲁克斯（James F. Brooks）、副主编塔玛拉·加斯克尔（Tamara Gaskell）、责任编辑莎拉·H. 凯西（Sarah H. Case）、书评主编戴维·D. 韦尔（David D. Vail）、书评责任编辑罗拉·摩尔（Laura Moore）

历史的本质是"讲故事"

我的研究与教学集中于如何在博物馆、电影院和剧院呈现过去,同时我还积极参与学院之外的各种项目——这些经历带我逐步走进公众史学。虽然我的公众史学研究集中在这一学科的国际化,但是我参与的各类公众史学项目总是发生在本地的语境中。在我看来,公众史学有以下三个特点将其区别于历史学的其他领域。

首先,公众史学尝试缩短过去与现在的距离,鼓励我们与前人产生共鸣,倾听他们的故事和经历。我们通过表演,通过对历史认识与感知的渴望而渗透的种种情感(包括情绪、感知和身体体验等)来探索历史的种种可能性。毕竟,历史本质上是"讲故事",而那些最好的故事往往激励我们,改变我们。其次,公众史学鼓励职业历史学家与非专业人士合作,参与修复、表征过去。我们通过"共享权威",通过对各类史料与资源的民主化,通过倾听他人的故事,而使得历史的生产、解释与传播逐渐"去魅"。最后,公众史学认为历史书写的绝对客观与真实是遥不可及的海市蜃楼。意识到这一点使我们更自由地拥抱主观性,并在我们的研究与实践中体现这种主观性。我们试图弄懂那些故事,并认识到记忆的错综复杂与历史的变迁沉浮,进而深化我们的历史认知。

上述特点带领我们进入公众史学这一激动人心、活力无穷并不断变化的领域。在这里,通过所见、所听、所闻来表征过去,这与阅读、书写过去同等重要。这些不同的媒介为公众提供了"浸入式"体验及由此衍生的全新的历史感知。同时,我们也需要更关注伦理与道德问题,充分考虑公众的需求与我们的工作给他们带来的影响。公众史学是激进的历史,通过实现历史知识的潜能来改变和改善我们当下的世界。

值《公众史学》出版之际,我深切地感受到我们处在一个具有历史意义的时刻:当有争议的过去、错误的历史与虚假的新闻主导公共领域时,公众史学家责无旁贷。

戴维·迪安(David Dean),加拿大卡尔顿大学 Carleton
University)历史系教授、公众史学项目负责人

共享权威

　　热烈祝贺《公众史学》由浙江大学出版社出版，欢迎加入国际公众史学共同体。这是中国公众史学家为这一领域做出的一次里程碑似的贡献。

　　我的公众史学实践是基于大量口述历史工作的自然延伸。据我了解，口述历史在中国也正蓬勃发展，所以《公众史学》也许能为公众史学与口述历史的合作对话提供契机，这对于中国和国际的读者都十分重要。我认为，口述历史本质上体现了关于历史及其意义的一种无论是明言或是暗示的对话。口述历史不仅仅是通过访谈获取新的数据，也不是将那些不言自明的证词简单而不加任何背景介绍或解释地集合在一起。口述历史是一种参与，一种具有洞见和技能的学者和反思其经历的受访者之间的对话。

　　我在《共享权威：关于口述和公众史学的技艺与意义》（*A Shared Authority: Essays on the Craft and Meaning of Oral and Public History*）一书中详细论述了这一观点和方法。从这一角度看，访谈者与受访人都是口述历史的"作者"，他们以各自不同的优势探索历史的意义，共享权威。而"共享权威"更是体现了公众史学的精神。当学者的见解和发现以诸如展览、媒体呈现、纪录片等新的方式呈现给公众时，公众史学有可能产生；当民间的历史在没有学术解释参与或没有更宽泛的语境支持时，公众史学也有可能产生。如果说这样的历史只是"单行道"的话，公众史学的核心在于创造"双向互动道"——关于历史的洞见与理解是一种流向双方的真诚对话。

　　《公众史学》生逢其时。数字工具和资源为历史研究提供了前所未有的机遇和挑战。这对公众史学有着特殊的意义，因为数字技术代表着历史"自下而上"书写的一种途径，为各种信息共享提供了平台，也使公众有机会积极参与历史的解释。

　　《公众史学》必将代表这一迅速发展的新兴领域最前沿、最重要、最具批判性的研究与实践。目前我正与印度的英迪亚·乔杜里（Indira Chowdhury）教授合编《国际视野下的公众史学：理论、方法与实践》（*Public History in*

International Perspective: Theory, Method, and Public Practice De Gruyter）丛书系列,《公众史学》将为我们的国际读者打开中国公众史学的大门。我们已邀请李娜担任该丛书的编委,并期待为中国公众历史界提供学术交流与共享的平台。

祝《公众史学》前程似锦!

迈克尔·弗里西（Michael Frisch）,美国纽约州立大学布法罗分校（University at Buffalo, State University of New York）教授,布法罗-尼亚加拉医学分校创新中心（The Innovation Center, Buffalo-Niagara Medical Campus）兰德福斯有限公司（The Randforce Associates, LLC）负责人、话语图片有限公司（Talking Pictures, LLC）负责人

公众史学家的责任

　　大多数学术期刊都致力于关于某一专业或领域的内部讨论，换言之，就是专家学者们自言自语，自娱自乐。对于公众史学而言，开放式的讨论和公众参与尤为关键。在博物馆等公众历史机构里，公众史学家不只是将过去呈现给公众，还必须倡导历史，为历史辩护，并承担以下这些责任：

　　第一，作为公众史学家，除了分享最终的成果，我们还应该分享公众史学家所信仰与所实践的。如果我们希望公众认识到历史不只是某些一成不变的故事，而是关于过去的认知与解释方式之一，我们应该对自己的工作、如何作选择及其原因更加坦诚。我们需要提出更多的问题，而不只是提供解决问题的方案。

　　第二，历史不仅仅是"物件"、"事件"或"观点"——历史应该和"人"密切相关。为了让公众参与历史，我们应该更具人性甚至亲密地呈现过去。我们所呈现的历史不应只是名人精英的历史或无名小卒的随意组合。历史应该体现人性，应该关于真实的人，无论是普通人，还是伟人；应该关于真实的人生及其选择。过去无处不在。

　　第三，我们对历史的解释应该足够的宽容，包括多样的经历、多元的政治视角与观点。我们应该从多种视角分享不同的故事，探索过去的复杂性与丰富性。我们应视分歧与争议为契机，而不应通过基于共同价值与目标的"理想化"的故事将之轻描淡写，甚至忽略不计。不同的声音给我们描绘了更完整的历史图景，而每一个故事都讲述着某种过去。

　　第四，我们对历史的解释应该富有挑战性。无论政治上如何流行，我们不能只简单地"自我确认"或证明过去。历史解读不是派系纷争，也不是呈现某一政治观点，而是通过纷繁复杂、充满分歧与争议的过去来挑战公众，促使他们思索、参与。我们的责任不是以我们希望的方式呈现过去，而是解释历史。

　　第五，历史是多样的，也是多面的。我们应该鼓励多元视角与多种解释。通过贴上某些标签，或通过某一特定的历史场景，或一次展览来呈现历史的复杂性其实挑战重重。但重要的是，公众能从中理解这种复杂性，并意识到各种错综复杂的力量影响了并将继续影响人类的经历。

　　简而言之，谈及公众史学家的责任，我们面临着一系列挑战。向公众解读过去绝非易事，但意义重大——我们应该全力以赴。

詹姆斯·加德纳（James B. Gardner），美国公众史学委员会
（National Council on Public History）主席（2003—2004）

"消费"历史

我开始从事公众史学的研究与实践，原因很简单：我对人们如何接触、参与、思索，简而言之，如何"消费"过去很感兴趣。使用"消费"这一概念，是因为在欧洲，很多"历史"被商业化了，被变为各种各样的史学产品，包括旅游景点、博物馆商店、电视连续剧、影片制作等。我对于这一系列"史学产品"的分析与它们如何影响人们的历史意识密切相关。历史不再是静止不动而是生机勃勃，通过其实用性得以建构和创造。著名历史学家拉菲尔·萨缪尔（Raphael Samuel）提出历史是"知识的一种社会形式"，而我的研究正是关于如何理解、运用这样的知识，以及现实世界中历史是如何被认知与解读的。

我在 2008 年出版的专著《消费历史》（*Consuming History*）中试图理解历史在社会（主要是母语是英文的社会）各领域的呈现，包括影视、历史小说、博物馆、广告、情景再现、历史游戏等各种史学实践。我认为现代人从多重地域、多种渠道形成他们对过去的感知。在 2015 年出版的专著《再造历史》（*Remaking History* ）中，我进一步提出，非主流的历史"文本"，如历史电影，不仅是简单地"教化"观众"过去发生了什么"，而是让观众有机会批判性地参与历史知识的建构。换言之，一部电影可能赋予观众某种历史感，或改变其思维，或教会其以前未知的东西。这些非主流的历史文本让其对"过去"如何被解读、被延伸至现在并成为"历史"有更复杂的认知。

在这些项目写作中，我发现公众史学研究明显偏向于包括美国、英国、澳大利亚等在内的英语国家。尽管出现了"公众史学国际联盟"（International Federation of Public History），关于公众史学的主要理论与史学论辩依然集中在英语国家。我最近为《重新思索历史》（*Rethining History* ）杂志编辑了以"国际公众与大众史学"为主题的专刊，其中有来自古巴、中国、埃及和加拿大等国的文章。我感觉公众史学领域的某些经典做法似乎正在受到质疑，而这些挑战的动力来自欧洲和西方之外的公众史学实践，我目前正在筹备的"家族史"国际工作坊便是一例。

　　公众史学在各国的发展令人振奋，并开始挑战我们认知过去并将之理论化的某些范式。国际化既意味着比较，也意味着具体，而方法论对比较研究和具体研究均至关重要。我们需要更积极的讨论、更激烈的论辩，需要更多学者的参与，多作深入比较研究，挑战某些理所当然的思维方式，进而更好地发展这一激动人心的领域 —— 这也许就是《公众史学》的使命。

杰罗姆·迪·格鲁特（Jerome de Groot），英国曼
彻斯特大学（University of Manchester）教授

探索"过去"与"现在"

　　欣闻《公众史学》出版。公众史学家主要关注并解释过去与现在的关系。换言之，在最基本层面，我们关注当下中的过去。传统历史书写将过去与现在分离，而公众史学家对于过去和现在的态度，与之不同，这代表着历史书写的一种十分微妙的转向。毕竟，历史往往以过去时态或采用第三人称书写，以区别今日与昨日的现实。历史学家凯茜·斯坦顿（Cathy Stanton）颇为犀利地论述说，当我们积极地回避现在，试图创造某种过去的表象，我们也冒着将我们的工作"去政治化"的风险。而城市的变迁、经济的发展都无可争议地启示着，历史学家应该参与我们所在的城镇、都市、区域和国家关于现在与未来的公众辩论——这是时代之需，刻不容缓。

　　我的研究主要是从"去工业化"和强制移民的角度研究变迁中的北美城市。这些经济和人口结构的变化给我们的居住方式带来了深刻的变化，也有很多方式可解读其间的故事。在康科迪亚大学的"口述历史与数字叙事中心"（Centre for Oral History and Digital Storytelling, Concordia University, storytelling.concordia.ca）我们尝试从亲历者的角度来认识这些变迁。口述历史为公众史学家提供了一种方法，让我们超越自上而下的、政府主导的公众历史，而聚焦于历史如何通过普通人，通过他们的家庭和社区得以展现和书写。这对于我们认识过去、现在与未来亦有深义。同时，我也期待着更多地了解中国公众史学，了解公众史学在中国的实践，以及中国公众史学家如何研究、解释、发展这一新兴领域。

　　　　　史蒂文·海伊（Steven High），加拿大康科迪亚大学
　　　　（Concordia University）历史系教授，"口述历史与数字叙事
　　　　中心"（Centre for Oral History and Digital Storytellig）创始人

公众史学国际化的重要一步

作为美国公众史学委员会（National Council on Public History）主席和马萨诸塞大学（University of Massachusetts Amherst）公众史学项目负责人，我祝贺《公众史学》出版。《公众史学》代表着公众史学在中国的里程碑，实在激动人心。很高兴美国公众史学委员会能与之合作，建立伙伴关系。在本书里，《公众史学》的读者将读到关于公众史学的"最佳实践"系列文本、伦理规范与行为准则、《美国国家历史保护法案五十周年纪念》等文章。我相信这只是我们与《公众史学》合作发展这一学科的第一步，也是公众史学国际化的重要一步。

公众史学意味着多样、多元与开放，其定义可谓仁者见仁，智者见智：它是一个学术领域；一种职业实践的式样；一个应用史学世界里各种专业技能的融合体；一种立身处世的态度。我相信重视非职业人士的技能、利益和关注点的史学实践才是有价值的；将史学洞见积极应用于实践将让这个世界变得更美好，这不仅对于现实生活，也对于我们的下一代，都有着非凡的意义。我欣喜地看到，通过《公众史学》，影响着美国公众史学发展的学术成果将会有新的读者，这意味着历史的洞见与实践已超越国界，也预示着充满活力、思辨与批判精神的国际论辩。我也期待着有一天，中国的公众史学家也为如《公众史学家》等英文期刊撰文，与我们分享他们的公众史学实践和研究成果。

玛拉·米勒（Marla Miller），美国马萨诸塞大学（University of Massachusetts Amherst）历史系教授、公众史学项目负责人，美国公众史学委员会（National Council on Public History）主席

深刻的历史传承

祝贺《公众史学》出版！这不仅对于中国公众史学的发展十分重要，也将深刻地影响中国历史研究，这不仅包括中国历史上的重要人物和事件，也包括普通人或社区的历史；不仅包括遥远的，也包括新近的过去。公众史学的核心是职业历史学家尊重公众对历史的解释，并融这些解释于历史书写之中；同时，他们通过展览、网络博客、历史遗址的保护与解读、口述历史、便捷的档案指南等多种形式呈现历史。

两年前，我去中国参观了包括国家级和省市级的各类博物馆。虽然只是短暂的接触，这些博物馆向公众所讲述的国家的和区域的过去都体现了优良素质和职业精神，这给我留下了深刻的印象。我还参观了一些当地的公众史学场所，如历史村落博物馆。这类场所为当地居民和社区提供了连接遥远与新近的过去之纽带，体现了一种深刻的历史传承。

《公众史学》不仅为中国正在创建的公众史学项目提供机会，发表公众史学领域的学术成果，也为在公众史学各领域，如档案馆、博物馆、历史保护组织和机构等的实践者提供了交流与对话的平台，还将史学理论运用于公共领域提供了新的契机。公众史学的专业教育以及对现实中实践的尊重和历史学家在公共领域之实践构成了公众史学运动成功的两大关键要素。《公众史学》的诞生意味着中国公众史学的建设有了崭新的平台，也预示着未来充满希望。

康斯坦丝·B. 舒尔茨（Constance B. Schulz），美国南卡罗来纳大学（University of South Carolina）历史系荣休教授

公众环境史学

　　我是跨学科的公众史学实践者，文化人类学的背景使我的公众史学研究和实践总带有某种人文关怀。人类学认为，人类各种领域的知识是一个有机联系的整体，这一前提深刻地影响着我在公众史学领域的研究和实践。在我看来，公众史学家研究的对象无法与我们呈现这一历史事件的情景割裂，例如，某一场战争的历史应当与当下如何记忆或解释那场战争联系在一起。目前，"情境之情境"（"context of contexts"）强调全球气候变化的事实及其与人类各种活动的关系。

　　我特别关注的是公众史学家如何呈现过去两个世纪以来，工业化和目前依然日益增长的对矿物燃料能源的需求如何导致了全球范围的工业化扩张的历史。即使在工业化时间很长的西方国家，这段历史的研究也才刚刚起步。气候变化及其不稳定因素将研究这段历史提上了日程。我目前的研究主要集中在工业制度如何影响了现代食物系统，旨在更深入地了解食物系统的形成、演进，以及为如何减少对矿物燃料能源和远程食物供应链的依赖提供解决方案。

　　毫无疑问，这些问题有着全球的影响、关联与意义，但是我的研究和实践主要根植于美国。因此，当公众史学作为一门学科开始在中国发展时，我充满期待，希望在新兴的"公众环境史学"（"public environmental history"）中能寻觅到共同关注点。和其他很多美国的公众史学家一样，我很关注如何在通过"过去"来促进当下的民主对话与决策进程，也很好奇不同的政治环境与文化传统对此有如何不同的回应。气候变化本质上是一个全球问题，我期待着有机会与中国的公众史学家们以真正国际化的视域就此分享与交流。

凯茜·斯坦顿（Cathy Stanton），美国
塔夫茨大学（Tufts University）教授

寻找符合特定历史文化语境的发展路径

公众史学蓬勃发展，已成为一种全球现象。和任何新兴理论或方法一样，公众史学受制于特定的社会经济、政治、文化与族群等因素，而这些因素亦决定了公众史学如何书写过去，如何寻找符合特定历史文化语境的发展路径。

新西兰是地处太平洋西南端的一个岛国，人口大约460万。在这里，公众史学依然是个相对陌生的概念。直到20世纪80年代末，很少有职业历史学家在学院之外从业。极少部分的历史学家在政府机构工作，如内务部或主要的博物馆等。但是，在政府相关部门、博物馆与历史遗产部门的工作机会日益增加，于是出现了大量的自由历史学家，其中一部分参与了新西兰历史遗址遗迹的遴选、评估、解读与管理工作。新兴领域多有人"抢占山头"，相互排挤，但是新兴的公众史学领域的共识则是公众史学家与传统史学家使用的是同样在大学里掌握的研究、分析与写作的技能。在历史学的众多分支中，公众史学是不可分割的一部分。

历史建筑、遗址和景观让我们感怀过去，也赋予我们在全球化、互联网时代某种集体身份认同。历史在公共领域逐渐流行，例如，大量的历史与地质学会、遗产工业、网络历史、传记、文化旅游、影视历史等涌现。不过，学院内对这些现象依然置若罔然。放眼全球，公众史学的硕士与博士项目已经为这一领域的发展做出了贡献。但成人教育环境则不断变化。在新西兰，公众史学项目数量有限，且很难持续发展。目前的重点已转向遗产与博物馆研究，专门的公众史学项目可谓寥寥无几。我希望中国公众史学发展不会出现这样的情形。

遗址、地标、建筑、标识与纪念碑等有助于构建社会的凝聚力，它们所承载的故事让生活在一定社会环境中的人相互联系，成为社区共享的遗产。在国家层面，集体身份认同也包含人们已达成共识的文化价值。只有在这样的集体认同感中，我们才拥有"我们的"遗产或"国家的"遗产。不过，即使是遗产的宏观意义也不断变化，不断被重新界定。移民导致了人口结构的变化，进而引发了对国家身份认同的重新评价与反省。相信今天的中国也正在经历这样的过程。

　　衷心希望《公众史学》为新兴的公众史学领域添枝加叶，出版这一领域最核心与前沿的研究成果，促成与其他历史学研究之间的对话。

亚历山大·特拉波尼克（Alexander Trapeznik），新西兰
奥特哥大学（University of Otago）历史与艺术史系教授

国际化与本地化

祝贺《公众史学》出版！这标志着公众史学正蓬勃发展，并走向国际化。希望《公众史学》能记录公众史学研究与实践，能为公众史学家作跨国比较研究、政治环境如何影响集体历史记忆、跨越文化和种族之多样性，以及某一特定文化面临的相似的问题等提供新的机遇。

我关于公众史学的研究主要集中在"空间"和"地域"。我认为，当公众史学国际化时，不应该放弃本地化。几年前我在《本地书写、全球思维》（*Writing Locally, Thinking Globally*）一文中曾论述了这一观点。当我们放眼全球时，我们对"远方"只有局部的了解或粗浅的认识。我认为，基于本地情境的具体案例研究一直是公众史学的基础。为某一公众史学项目提供国际解决方案未必意味有实质或借鉴意义，而项目中公众史学家所提供的知识与技能却值得我们关注。为什么这一项目在其有限的受众和特定的地域之外有着重要意义？19 世纪著名的自然主义者约翰·缪尔在他无数次漫步于加利福尼亚州人迹罕至的内华达山脉时曾说：当我们试图从个体角度看一切事物，我们发现个体总是包含在宇宙的整体之中。

我觉得约翰·缪尔（John Muir）的生态学论断也适用于公众史学项目，我们也应思索某一项目如何适用于别处以及个中原因。当个体研究超越其狭隘的文本范围，当某个具体的地域开始讨论更宏大的课题或进行更宽泛的论辩，当项目涉及社会公正以及过去在现实中的角色，当某个故事被赋予批判性视角进而回答"又怎么样呢"之类的问题时，本地研究的意义便凸显出来。我曾对学生说，优秀的公众史学家无论身处何处，都能发现有意思的项目。这其实不是强调地方的重要性，更多的是鼓励学生去关注身边的历史，并从中发现规律和意义。

近 40 年来，《公众史学家》（*The Public Historian*）一直是北美公众史学界的权威学术期刊。1978 年创刊时，当时的主编韦斯利·约翰逊（G. Wesley Johnson）明确提出："《公众史学家》的目标是成为人们交流日益成熟的公众史学领域的各种观点、机会、解释方法、职业伦理等，由此帮助建立一个新的公众史学家（包括学者和实践者）之共同体。我们邀请读者一起努力，建设新的公众史学网络，分享他们的观点与经验。"从职业发展角度而言，《公众史学家》是我自己职业生涯的起步。它不仅打开了我的公众史学实践之门，而且当我还是攻读研究生时，公众史学就展示出其丰富性与多样性。那些颇具创新性的文章多年来可谓经久不衰，我一直在课堂教学中使用这些经典案例研究。我希望《公众史学》也能永葆青春活力，能成功地影响和塑造中国新一代的公众史学家。

罗伯特·韦恩斯（Robert Weyeneth），美国南卡罗来
纳大学（University of South Carolina）历史系教授

理论探索、前沿与反思

当代史学的处境与问题：公众史学作为一种选择

陈新*

摘要： 20世纪下半叶，史学理论在认识论方向上的发展，使得历史表现和历史认同、历史记忆等问题成为史学研究的重要方向。同时代的媒体技术变革也为公众传播和制作历史内容带来了信心。作为学科的历史学如何应对、理解、参与公众史学的多元化实践越来越受到历史学家们的重视。历史学家们结合自己的专业化技术训练与理论思考，主动介入公众史学研究及各种实践性项目，或许能够令我们更加深入地理解历史学的根本价值，同时走出史学发展的一条新的道路。

关键词： 公众史学、新媒体、个人历史书写、历史叙事

历史记录、表现与传播从来都是人们在时间流变中不断去适应现实需求的活动。尽管近代史学曾经有过实证主义或者客观主义思潮，但为过去研究过去始终不是历史研究的主流。信息传播在技术手段上的发展，往往也是历史学发展的一种现实推动力，若以这样一种视角去看，或许我们可以从更为客观的维度来理解史学的流变是如何满足了社会对历史学的现实需求。新媒体状况下的公众史学，并不是作为近现代史学在当代衍生的一个分支流派，它更是公众的历史感在当代迸发而引导出的结果。公众通过主动性地阅读历史、传播历史，甚至写作历史来定位自我，把握现实，曾经的职业化历史学该如何应对这种情况便成了值得探讨的主题。相对于当前社会中媒体技术快速迭代带来的信息传播与整合加速，当代历史学的学科演变动力不足。为此，公众史学的迅速拓展

---

* 陈新：浙江大学历史学系教授。

或许就是历史学发展的一种重要选择，尽管未来尚未到来，这个正在形成的趋势却是我们不能漠视的。

一、作为学科门类的"历史学"的当代变化与热点

20世纪70年代以后，国内外历史研究一个总的趋势是解释的多元化。过去，我们习惯于认为历史是客观存在的，因而，历史学家提供的解释中，总有一种是最接近它的。那么，哪一种最接近它呢？我们或许会对学生和公众说，只有唯物史观支配下的解释才是最符合历史真实的。这种解释，其实就把一种解释确立为唯一的、真理性的解释。如今的历史解释并不彻底否认这一点，但它的边界扩充了。历史学家们逐渐明白，除此之外，相对主义、主观主义或后现代主义（如果我们一定要把它们称为唯心史观的话也可以）提供的解释具有同等的效力，而它们的效力之实现，来自于历史解释文本在自由传播过程中的话语竞争，如果说我们过去没有这种传播条件的话，如今在自媒体时代，这种条件越来越成熟了。

从专业历史学的角度看，国内外知识传播的环境差异性极大。像西方史学中的一些流派、思潮和方法，如年鉴学派、后现代史学、新文化史、微观史学、元叙事、历史记忆、口述历史等概念，中国读者也接触得越来越多。

年鉴学派是1929年之后法国甚至世界史坛的主流学派，经过几代人的努力，年鉴学派追求的历史学的社会科学化到70年代时达到了相当的高度，甚至以长时段理论引领了社会科学的发展。后现代主义思潮在70年代以后影响到史学领域，它的特点便是证明了历史解释多元立场的可能性。新文化史和微观史学有相契合之处，它们关注文本解读、身份认同、个体意识的建构、社会情境对于个人世界观的影响等等。在写作上，它们开始普遍注重讲故事，通过叙事的方式来传递历史意识，这和70年代之前年鉴学派的作品注重大时段、大区域、宏观问题，采用论说型文体有较大的差别；通常我们称为微观史学的作品，如卡罗·金兹堡的《奶酪与虫》；纳塔莉·泽蒙·戴维斯的《马丁·盖尔归来》等作品也常常被纳入新文化史的概念之下。

元叙事往往指的是那些与微观叙事存在张力的宏大叙事，即那些揭示普遍

真理或真理唯一性的叙事，例如黑格尔的《历史哲学》，以及过去我们熟悉的社会发展从原始社会到共产主义社会的五阶段论等等。后现代主义将元叙事视为众多叙事中的一种，它并没有特权。

记忆问题在当代具体的历史研究领域中受到更多的关注，事实上，这是在力图恢复历史内容的鲜活性、具体性、历史性。我们通常会通过回溯的方式，来研究现存有关过去的记忆有过一个什么样的形成过程，不管记忆的内容是构成了族群认同还是文化认同，如今，记忆都成了历史意识分析中的一个关键词。在史学理论上，有关记忆的分析也相当兴盛，记忆要素的摄取、记忆的变形、记忆过程中的筛选、记忆与感受的关系、记忆对个体或集体心理的建构性作用、记忆的时间性等等，太多的问题需要我们去探索。此外，对记忆过程的研究除了学术价值之外，还可以制造非常多的现实关注点，因为记忆是我们每个人每天都在进行的，我们个体对于日常生活中的不同问题可能存在着记忆的多重运作，可以预料，有关历史记忆的研究还会持续并越来越热，并且在这个问题上还会加强历史学与心理学、社会学等多学科的交叉合作。

口述史是一个更多涉及应用的问题。自古至今，历史学家通过探询的方式采撷史料，均在运用口述史方法。口述史方法为什么如今似乎成了一个独立"学科"，其原因在于多媒体或新媒体的介入，尤其是我们可以通过视频将口述现场记录下来。有了先进传播技术，以及公众阅读群的急剧扩大，口述史容易获得更好的传播效果，这一点符合当前快餐文化的要求，客观上也更容易激发观众对于历史的兴趣，丰富他们对于历史的感知。对于史学家来说，通过口述史来迅速抢救、记录近现代历史中当事人的回忆，其对于历史表现的优缺点都可历数不少，但既然我们有了新的纪录和存储技术，即便我们目前还没有能力对所搜集的口述史料一一整理并转化成精细的历史作品，先做记录也不失为一种积极的史学行为。

当前历史学界的各个细分领域，都有自己研究的热点，不宜一概而论。不过，从史学研究及公众关注相呼应的角度看，热门的话题还是常常集中在中国近现代史领域之中。最近60年发生的事件，总是因为还有少数见证人存在，还有长辈亲历转述容易激发研究者和读者的兴趣。与中国古代史相关的热点话题或更倾向于与文化记忆与族群认同相关，历史学家们对于中国这个多民族国家的形成过程在过去的研究并不够深入,在未来的一段时间内,这个主题应当还会有更大的成果出现。在世界史方面,鉴于中国的对外交往越来越多,需要对外国文化、政治等等了解更加深入,为此,未来 10 年,世界史领域的研究将会有一个扩张期,而我们对于外国史研究一定还是集中在美、法、德这些大国,共同的热点话题,仍然会和社会制度相关,换句话说,我们的文化中缺少什么,研究者就更容易关注什么。

二、公众需要的历史与个人历史书写

当前的中国有一种很奇特的现象,历史素材的文化产品越来越多,看起来我们是更关心历史了。但在公众层面,历史产品的娱乐化,又表明当代中国公众似乎对历史无所谓,恣意删改扭曲,只要可以带来片刻欢娱就够了。人们可能能够自觉地不把涉及历史的娱乐化产品当成真正的历史产品,但对于青少年可并非如此,这样的做法有可能直接影响他们对于历史的态度,以至于我们听说过有孩子为"穿越"到历史中而做出极端行为。不可否认,任何人对真实的历史多少都会有兴趣,或近代或古代,或中国或外国,或家族史或社会史。因此,我们现在的历史学者,应该为公众提供更多有着独立见解的历史作品,至于它们是否真实,我们要相信读者可以从多种文本中培养自己的历史理性,从而做出鉴别,这样,读者会有智力的乐趣,并从历史阅读中得到真正的见识,丰富自己的认知。有这样的要求,就将引导我们去思考,我们需要什么样的历史呢?

当我们说历史在变化时,其实首先是我们自己不断地在变化,对历史的认识不断加深,以至于带来重写历史的要求。我们生活在一个被迫娱乐化的时代里,严肃的历史作品可能只有到娱乐化历史作品给读者带来了盛极的逆反心理才会转化成为主流,这种情形会发生吗?从最近两三年严肃类历史刊物、新媒体产品的增长来看,证明了这个过程正在发生。毕竟历史与现实更为类似,谁也不会希望自己整天生活在娱乐化历史带来的幻想和幻觉之中,虚构的"历史"太过简单,想象力总是不如现实精彩。不过,严肃类历史产品是不是能够成为主流,同样要重估权力因素将历史扭曲带来的危害。这些年娱乐化历史产品的盛行，为什么说是一种被迫娱乐化，这不可不说是这种情形带来的一种后果。只是时势变化之快，当前传播的生态环境正在发生革命性的变化；当体制内没有为历史学家按个人自主的意愿提供历史作品的空间时，读者可借助于当前自媒体环境找到各类反证或自己感兴趣的作品，甚至自己参与历史写作，从而消解这类作品的权威性。

公众现在需要的历史，是人们用心去写、去传播的历史。历史作品完全可以在史实陈述之外进行主观判断，表达出作者个人的喜恶与价值取向，只是作者应该让读者明白哪些是他的情感表达，供读者判断和取舍，而不要以貌似客观的方式隐藏起来。有作者主观判断的历史或许是普通读者更乐意阅读的历史，因为主观性历史写作的存在，读者才更容易了解到兼听则明的道理。

公众对于历史的需求和对历史的理解，都是为了增加对自我、我们的族类、人类不同类型文化、生存模式的了解，他们借助于历史来定位自我和现实，证明自己的价值所在。喜欢历史的人，往往更多看重历史的经验性质，因为对它的记录被我们确认为在过去实际发生过。因而，我们日常生活中经常会重复的经验被我们记忆或抽象之后，容易激励我们去设想历史的经验在未来可能还会再次出现，这就促成我们对于历史阅读或多或少带有些功利性质。当然，也有人阅读或写作历史时试图隔绝历史与现实，他们或想把历史变成一种异时空的探险，获得类似于旅游的乐趣。但即便是一种旅游，当这种旅游也要耗费你的时间和精力并同时能够丰富你的视界时，它也就成了主体生命中的一个组成片断。

当公众也参与到历史写作时，只要他想把这种文字传播出去，他就想获得相应的读者，获得赞赏或批评，通过这样的言论来反观自己的想法或认知是不是得到了呼应。他所写作的历史内容，毕竟不止涉及单人事件，因此，历史写作的一个重要目的就呈现出来了，即追求认同：对同时代的、未来时代的认同。"小写历史"是指仅代表个人立场的历史书写，它可以涉及个人自我、个人参与其中的群体、民族国家甚至世界史层面。当然，我们把它定义在"以个人观念与立场为基础的历史写作"可能要更准确一些。

个人来书写历史是对于自我命运的一种把握，这个意思不是说原来那个被认为是隐藏着并左右着人的命运，写作着的个人已经对它了然于胸，而是说，个人在书写历史之时，往往希望将过往旧事确立起一个脉络，它在连续之中逐渐呈现作者要表达的终极意义。历史写作的过程正是作者确认自我存在意义的过程，这难道不是一种对于命运的把握吗？我们无法更替已经发现的事件，但这些事件却可以在不断地被重写中获得新的意义。这就如"文革"中同在一个连队的插队战友，现在，如果一个因下岗而生活贫困，一个成为大学教授，"文革"时期的插队生活在他们的个人历史中，很可能就被赋予不同的意义。类似的道理，如果一个人的境遇改变，他的个人史基调可能也随之改变。写作个人历史，本身是一个心灵的自我涤荡过程，我们可以重新回溯来确定自己现在的位置，重新唤醒被现实压抑的理想来激励我们再次起步。

个人的历史书写从来就有，如今，它可能获得越来越多的呼应，并有可能在自媒体时代得到网络技术的支持，在网络世界重新进行"人以群分"的组合并链接到现实中来。在历史阅读的层面，相信它的比重会越来越大，一些精品甚至可能接近或达到专业历史写作的水平。这样一个个人历史书写的时代正在到来。

"个人历史书写"，或许我们从狭义上采用它更方便，即它只涉及我们个人的生活与情境、个人的经历；也就是说，个人是这个历史文本的中心。日记、传记、口述均可算作个人历史的一种写作形式，微博、博客则是它的媒介传播方式。我们知道，历史学家在进行研究时，往往要搜寻尽可能多的史料，做到去芜存菁、钩沉索隐，并经过重新组织，使之成为一部主题明确、内涵连续的作品。个人历史的书写对于史学而言，它可以为历史学家表现各式各样的集体性历史提供大量的一手史料，从这个意义上而言，留下个人的历史，也是对于我们的集体历史一种负责任的做法。我们常常看到历史事件的解释权被存留的文字所控制，有许多历史真相源于或许只是片面的陈述，因为某些当事方可能具有的历史合理性因其不善言辞或无力诉说而湮没无闻。成王败寇，过去经常只有成功者留下历史，按照他们的意志来组织历史，把握历史的解释权；事实上，历史中的失败者，他们的各种经验，或许有更多对于后人而言的价值。存留个人历史，倡导记录历史，不论成败，我们都可以通过写作历史重新建构我们人生价值的定位系统，产生对于历史的敬畏之心，这不仅对个人，对民族，对整个文化，都会起到一种健康向上的心理治疗效果。

当自媒体历史写作发展起来，我们可能感受到无数文字或视频记录的历史扑面而来。个人的鲜活经历大量被记录之后，搜索引擎的升级换代会越来越加速我们对于信息的检索能力。这就类似于市场上涌现出大量的原始档案，需要更多的历史爱好者和历史学家来整理、编选，自然也为专业历史学研究的昌盛提供了最基本的养料。在这个意义上，以个人历史书写为标志的公众史学的兴起，并不会减少专业历史学的价值与作用，相反，由于个人历史的大量呈现、良莠不齐，网络史实的整理、编选、传播、推广将会产生一批专业化人士进入这个领域，他们的工作将促成公众史学的发展，并以提供范本、组织写作经验交流等形式提高公众写史的整体水平。除了传统意义上的职业历史研究范式之外，有一部分职业历史学家逐渐运用网络史料，并可能衍生出鉴别电子史料之真实性的技术行业；另外，便是公众史学家将作为一个相对独立的群体出现，他们将沟通职业历史学家的学术研究与公众对于历史的需要，成为公众历史内容的策划人和组织者。在很大程度上，职业历史学研究的内容与公众关注的现实之间的关系较之过去会日趋紧密，互动性更强，这是大势所趋，但职业历史学家在相当长的时期内仍然会保持它的独立性，因为公众的趣味与专家的趣味，无论在深度和广度上都仍然有差距，它有时就类似于理想与现实的差距，这不是一时能够跨越的。

三、新媒体时代历史书写中的问题

在新媒体时代个人历史书写的兴起，结合之前人们对于史学界中叙事史复兴存在的疑惑，集中表现为对于"历史碎片化"的担忧。如今，我们都已经承认，在历史写作中，阐释是必需的，也是不可能避免的，但阐释也是有限度的。因为，历史学要以证据来证明某种叙事的可信，证据有无划定了历史表现的限度。尽管我们对于确认证据的合法性原则某些时候可能会有变化，但历史学作为一个经历时间拣选的学科，还是有相对完善和稳定的证据确认和阐释系统。历史写作如果出现更多个人历史，涉及片段时空、小问题，其表面上似乎导致了历史的碎片化，其实，这应该是让历史更富有血肉。因为在碎片积累之下，历史的骨架，即那种我们过去视为宏观历史、大历史，或被认为具有重大历史意义的历史，并不会消失或无人阅及。我们要做的是让它们彼此补充，这可能是历史学更高一层的任务。我们不排斥个人书写历史时，仅仅以自我为中心去写作，因为读者也可能站在自我中心的立场去阅读并取舍；不过，我们相信有一些个人历史的写作者会力图以一种反省的姿态寻求超越自我之道。

只要是写作，运用文字，运用图像或符号，它就会显露出作者的价值取向，这是 20 世纪史学理论力图证明的，并且可以说成功地做到了这一点。因此，个人历史写作中，带有感情色彩并不可怕，也非常正常。作者既然在使用文字、图像、符号并进行组织，就会有他的理性表达，如果太过感性自然也会影响它的可信度。历史活动被记载下来，其可信度是借助于社会生活的普遍规则来确定的，它们承担着理性的职责。所以历史从来不代表客观理性，但历史传之甚远，则一定有某种理性在起作用。个人历史经验虽然常常是偶发的、不可复制的，但就像我们日常生活中经验的杂多一样，历史学家们会将这些经验进行分类整理，否则，也就不会有历史学这门学科存在。我们理解事物会按一些相应有限的模式充当我们的认知框架，这些模式便来自对于日常生活经验的归纳。不可复制的个人历史经验，其实在它被我们理解时，就相当于被纳入了我们的某种认知结构，被纳入了理性的范畴，如果不能实现这一点，它很容易消失在遗忘的海洋之中。

在对历史表现的限度进行思考的范围内，结合互联网时代新媒体的发展，我们需要认真思考历史与新闻、娱乐之间的关系。

今日的媒体新闻，作来一种时代的记录，随时都在被纳入历史研究的史料范畴当中。严格意义上说，不管媒体是为社会公平而仗义执言，还是为获取广告而哗众取宠，都真实地记录了一个时代精神状态的某个侧面。未来的历史学会以不同的方法，从中选出不同的主题进行研究。这个方面，我们可以看到许多研究 20 世纪早期新闻传媒的历史学案例。在历史学领域中，这不是一个新鲜事。但现在与过去，媒体对社会的影响力毕竟是有差别了，新闻媒体的自由度与控制方式，为未来提供了历史比较研究的新课题，这个领域倒是值得深入研究。

"历史"和"新闻"这个话题，其核心讨论点应该在于时间的尺度。新闻强调时效性，它代表了对现实问题的即时化陈述。但现实总是在历史时间中获得定位，由此才能够呈现出更深远和重大的意义，新闻也是如此，并可以按不同的时间尺度被报道。历史有更好的时间纵深，如果我们将一天中的新闻进行分类，也会发现读者对它的理解是使用了不同的时间尺度。例如，当人们对神舟九号与天宫一号对接这个新闻进行理解时，产生民族自豪感的读者与将此看成人类科技的一次重复性尝试的读者，其使用的时间尺度就可能有差异。前者可能以过去的 200 年左右为单位，将其理解为民族的重新崛起中的一个标志性事件并获取意义，后者可能以过去的 50 年到未来若干年为单位，视为一个人类科技的重复性事件，并期待更多的是后续超越登月的首创性计划。遇上伦敦奥运会这样的新闻，我们就知道，它的时间尺度是一个 4 年的周期循环。

我们也看到有些新闻是通过反观历史的方式被发掘出来的。当我们在现实中感受到威胁时，人们便习惯以反思历史的方式告诫现在，从而生产出新闻话题。新闻发掘出的这种有关自由和生存的主题，应该说它们的时间尺度更长远，并具备更强的塑造历史连续性的能力。在这个意义上，历史和新闻的沟通就相当容易，你中有我，我中有你。

至于面向历史内容的娱乐化，这种做法似乎与严肃的历史精神是格格不入的，这个问题同样值得放到历史情境中进行分析。

历史的被娱乐化，可以在某种程度上被认为是社会环境促成的吗？造成这种社会环境的最重要因素，是否与审查制度及意识形态约束相关，这值得思考。但有些原因几乎可以确定，即历史学家们长期以来重学术研究，轻知识传播和社会责任，这也导致了好的公众历史作品匮乏，无法满足社会公众的需求。当社会公众层面得不到真实历史，甚至只得到某种不合常识的"历史"时，便容易激发一种对于历史的反叛和嘲讽。历史被娱乐化不能只去批判那些促成此事的作者、编剧。当一个社会丧失了批判能力，尤其历史学家们丧失了对于现实和权力的批判能力时，我们就不得不目睹学术权威的衰落和公众调侃的兴起。娱乐化的历史看上去都不涉及政治、思想等严肃主题，但它们仍然潜在地有着自己的立场和独特的意识形态。在严肃历史作品中的历史理性得不到张扬的时代里，娱乐化历史作品必定要搅乱传统的历史意识结构为目标，并最终令当代历史意识陷入一种虚无主义之境。

当前，历史学家可以尝试以公众史学的方式介入、干预历史的娱乐化，而避免采用行政化手段去作为。这样做有两个方向，一是向公众揭示历史学的秘密，告诉公众，历史都是如何被建构出来的；二是告知体制内相关部门，历史观的混乱对于民族和文化的危害之大，一旦形成趋势，要想再逆转将花费更大的代价。唯有提供合乎公众常识的严肃类历史作品与历史阐释方案，使之流传并在公众层面中重新确立可信度，才能够帮助当前社会重建社会价值观。我们大致可以判断，已经出现的这种历史学信任危机在短期内会加剧，其前提假设是，自媒体时代的传播自由不可遏制也不应遏制。自由传播技术的发展，其速度要超过管制传播技术的发展，在这种情况下，我们必须思考促成社会正常发展的人文处境，而历史学在其中起到很大的作用。

在这个嘈杂的时代，历史学家虽然一贯以特殊事实来指代自己的研究对象，但此时，他要履行社会责任，就需要去了解人类的根本价值所在，以此为潜在基调，其作品才容易获得多数人的普遍认同，成为社会道德和价值的承载者。所谓的根本价值指的是那些在更长的时间尺度内具有真理性的价值内涵。公众中的任何一员，我们不能说其具备哪一种历史观或历史意识就一定是正确的或错误的，我们只能认为，当一位读者坚持某种历史观或历史意识，却以暴力的方式禁止他人持有不同的历史观或历史意识时，这种做法是错误的。不论是历史进步论、历史循环论还是历史退步论，不同的历史观都有可能获得相应的合法性论证，它们可以是平等的学说。我们也能理解，人民可以根据历史处境和自我的实践要求选择某一种，但不论哪一种被选择了，其他不同的历史观都应有它存在的空间和被言说的权利。

任何一个国家的中学历史课本中，都或多或少存在着代表官方意识形态的历史观。作为制度选择后塑造国民性的一种意识形态宣传，它当前被赋予合法性的方式是可以理解的。不过，如果这种史观的表达会在社会传播过程中带来不少读者的反感，这个因素就需要认真去探讨。历史的逻辑深植于我们的日常生活中，历史观的竞争事实上也发生在日常生活中，被暂时剥离放在真空中的历史教育所塑造的历史观，迟早要回到日常生活里得到检验，如果不能从日常经验中的接受逻辑相吻合，这种塑造最终有可能带来的是合法性的丧失，而当前的新媒体技术的发展，甚至还会加速这个过程。

当公众参与到个人历史书写当中，他们无疑为专业历史学研究留下了大量可供研究的一手文献。若是公众有着更好的反思能力，他们提供的历史文本也就更具理性精神，历史学家更容易从这些文本当中得出自己的判断，以描绘这个时代的精神状态。

任何一个时代有没有一种"主流精神"，它的内涵是什么，对此的回答本身就是"主流精神"表达者的一种建构。对他们而言，"主流精神"已经被假定了，是他的所有表达的前提条件，因此不存在是否需要消解的问题。即便是后现代主义者，在他们反对"宏大叙事"之时，听众也可以反驳说，后现代主义者不是正想将一种"后现代状况"设定为时代的"主流精神"吗？他们不是想把反讽视为时代的"主导风格"吗？可见，"宏大叙事"、"大历史"仍然会有它存在的位置，只是我们很难再接受把某一种"宏大叙事"和"大历史"当成唯一性真理，并压制其他叙事类型了。所有这些，公众史学都不失为现在、未来历史学的一种选择。

四、叙事理论对公众史学发展提供的支撑

20 世纪叙事主义历史哲学的发展，实则为公众史学的兴起提供了坚实的理论基础。自 20 世纪 70 年代始，所谓的"叙事的复兴"，代表着一种不同于传统历史叙事的新境界。新产生的历史叙事的变化，如果存在的话，就是叙事者对于叙事模式有了更自觉的理性认知和反思，现在的叙事，是一种反思的结果，而不像以往的历史叙事多半是对于过往叙事模式的模仿。现在的历史叙事更多是从问题出发，带着强烈的问题意识来组织史料，例如大家比较熟悉的《万历十五年》。叙事者除了为我们提供一些具体的情节之外，还希望为我们复原那个情节发生时代的社会图景，形成一种历史想象，来映衬我们的时代，让我们自己来评判我们的时代。

历史中提供了太多太多的素材，在其中选择一些编成故事的可能性也太多，甚至情节的精彩程度不亚于任何虚构类故事。这是因为，我们面对的任何一个时代、任何一件历史大事，都存在不同程度的情境缺失。也就是说，对过去的复原永远是有限的。尽史料之可能之外，还有很多断裂之处可以用想象力来连接，这是历史中合理虚构的空间所在。讲故事的方向是势所必然，尤其是

针对公众层面。公众的基本认知来自于自己对日常生活经验的归纳与反思，而历史中提供的各类经验是最容易为公众以类比的方式来接受的，历史故事中的情节正是对历史经验的一种有组织呈现，因此，它除了为读者或观众提供可资借鉴的日常生活经验的实例之外，还通过这种组织方式，潜移默化地影响受众的历史观和价值观。讲故事能讲到多精彩，这其中也受叙事技术的调节。只要支撑故事的一些基本史料是靠得住的，能够被专业历史学从学术的角度证实，故事组织起来用以感染人的目的性趋向一种人性的平和、关爱及真实的情感，我们就无须做人为的限制。德国当年的纳粹史家就曾借历史讲过许多故事，甚至还结合自然科学编造出来了种族优越论，制定了纳粹的婚姻法，这些就是故事讲过头的恶果。以讲故事的方式来进行历史表现，除了素材尽可能获得专业历史学的支持之外，同样需要讲故事的人在德行上有所要求，能够保护人的尊严，这是历史表现的限度，也是公众历史的限度所在。

如果我们假定公众历史的发展会面临一个大范围讲故事的临界点，那么，对当前的中国社会而言，这个临界点的出现需要一些基本条件，即人们对于历史的重要性有更明确的认识，当戏说历史、穿越剧式微之时，这个临界点就会离我们越来越近，而要实现这一点，也有赖于当前公众历史草创时期各方面的努力，即让严肃类历史作品以理性和想象力相结合的魅力来吸引受众。

理性与想象力，这似乎是过往人们认为历史与文学之间最大的差异。其实，它们共同存在于历史作品之中，并不意味着历史的文学化。正如我们前面谈到的，任何历史事件在我们现在看来，都处于一种或多或少的情境缺失状态，因而，历史文本的写作中，史料不足之处，存在着将现有史料关联起来的多种可能，其中有巨大的想象空间。在历史文本的结构安排上，也有总体性构图的可能。当我们听说现实主义小说有时候对社会情境的表现要胜过描述同一情境的历史作品时，（这种情形的确常常出现），这是因为对于历史情境最鲜活的展现往往可以依托过去存在过的个人事例，也可以依托作者构想的合于那个情境的虚构性人物事迹。受众作为个人对历史叙事的喜爱，就如同我们平时对于感性认知的自然偏好。更具社会科学性质的社会史、经济史、环境史等等，它们因为需要更多的理性思考，并不容易激发大多数沉浸于经验主义视域的受众。然后，好的历史叙事作品与好的文学作品一样，在诗性表达之外，仍然旨在激发受众进行理性的思考，用"真实的"历史作品与"虚构的"文学作品来映衬现实、反思现实、回答现实带来的困惑。

在公众史学拓展的时代，当我们被问及历史叙事与文学叙事是不是存在差异时，显而易见的差异在于是否依据史料和证据。历史叙事有可证实的史料依托，它更容易形成历史感，但它促成现实中的读者受其影响的认识基础与文学作品令读者共鸣的基础是一致的，即人类情感的基本类型，或人性中具有的共通性。文学作品可能描述的是虚构性人物与事件，但作者对于历史的认知无形中也会被转移并贯注到他的虚构中去，从而构成文学的历史性要素。当历史叙事中的虚构性与文学叙事中的历史性从各自的维度上被分别揭示之后，历史与文学的距离就被极大地拉近了。它们之间的差别可以说是表现形式上的差别，它们也是回应现实问题的两种方式，这样理解的话，历史表现和文学表现便被涵盖在同一个概念之下了，是同中之异。

既然历史叙事与文学叙事在过去一直共存并发挥各自的作用，它们之间的差异被取消的可能性至少在经验层面被证明是尚未存在的。因而，读者更喜欢以实在的方式还是以想象的方式首先切入现实？这不过是他为了理解现实而做出的路径选择。不管先以哪种方式，对于一个具有反思习惯的读者而言，殊途同归。

面对当前文化市场上越来越多的口述历史、传记类个人历史写作，尽管我们可以确定，多数作品的作者都不具有叙事主义理论研究的相关知识来支撑起他们的写作和记述，但我们却可以依叙事理论来理解它们存在的意义。

对于这一类历史作品，我们首先不能否认它作为"历史"的存在价值。每一部口述历史作品、个人历史作品、自传或传记类作品，都是受访者、采访者、作者或传主的观点表达，都饱含了他们的热情。我们作为阅读者，最应该注意的是它们每一部都不代表着客观，为此，我们要以审慎的眼光、怀疑的眼光进行阅读，以便让我们为未来的阅读和自我成见的改变留下可能性和机会。假如我们也是这些作品的作者，要成为一位具有反思性意识的公众史家，便需要具备一些基本的认知。如作者在写作个人历史时需要想想，自己是不是有足够的勇气让自我的弱点暴露出来？是否能够意识到自己这样写或那样写是出于怎样的意图？不管我们如何追求客观，这种客观也只是作者自己认可的，文本只有在被人接受之后，其记录才具有更大范围的客观性。如果作者明知虚假，为了塑造自我的正面形象而隐瞒、歪曲、编造历史，在记录如此发达的今天，这种不良记录总会有被印证为虚假的时候。此外，万千读者中一定有人不是简单的采纳者，当批评者出现时，刻意的掩饰，或许会令文本本身失去它应有的价值，而是充当作者虚伪的见证。

把自己在某个历史时期针对某个历史事件的想法尽可能如实地记载下来，并能够反思自己形成这类观点或付诸行动的若干重要因素，那便有可能成为最接近客观的记录。对于一个正常人，他在这样的记录中，因为长期以来都习惯无意有意地为自我合法性进行辩护，其中存在着对记忆的选择和重塑，因此，我们更容易认为自己的历史表现更客观。事实上，有许多支撑记录的依据是不可能被记录到历史文本中的，历史行为总是被有限的原因解释为结果，当文本呈现给读者时，读者依然面对的是一部情境部分缺失的历史作品，据此，我们不能在受到批评时，就认为读者在歪曲文本，而是要明白，不管是个人历史记述还是读者对于该记述的批评和解释，它们都在书写一个以自我为中心的文本，对此，不可不慎，也不可过于介意。

公众历史的时代，个人历史写作中如果出现了炫耀和自恋的话，叙事主义理论并不会视此类成见为非法，因为这也是人的一种合理情感的表达。对于作者个人而言，这至少是他的精神世界的支撑，当然这也是个人的历史，因为作者通过历史写作的方式来建构自己的信念系统和有着历史性特征的自我认同系统。了解历史作品中主观性从来不可回避的读者，会具有更宽容的品格去理解这样的历史，他未必一定要接受或认可。事实上，在这个问题上，我们首先要尊重每个人写作历史、言说历史的权利。如同我们谈到的，读者在阅读他人的历史作品时，本身也在围绕自我的中心进行理解和解释，判定他人的作品在炫耀或自恋，这就已经呈现出了读者自我的立场。在历史的场域里，记录历史比之沉默不语占有先机，如果读者想对他者或社会承担更多的责任，就应该记录下自己的历史，记录下自己对于日常生活、对于社会、对于文化、对于世界的看法，尤其不要让善意泯灭从而最终导致劣币驱逐良币，导致沉默的螺旋。

反思性的个人历史书写从正面意义上而言，可以是个人心灵涤荡的过程。现实的纷纭常常让我们忘却曾经有的理想，我们如果能够在个人史中描绘出自己在所经历的时代里做出种种选择的动机与实际效果，那实际上就在建立起一个连续性的叙事，它以作者写作时的存在状况作为其目的，并赋予往昔以意义，它会是一种目的论的阐释。

公众史学时代书写个人历史还需要考虑一个务虚的原则：凭良心而作史！"良心"，这不是一个定义的问题，而是一个信仰的问题，人们在社会生活的实践中一次一次理解它，体验它。作者对良心的理解无疑会是多样的，但同样需要以信仰的方式来确定的是，良心从来都是构成公众认可的社会价值的组成部分，不管它在现实层面被表达之后可能有多少微妙，要相信历史写作也是我们参与社会实践的一种方式，当尽心尽力而为，良心便可盛行于世。在这种意义上，在这个众说纷纭的时代，在这个技术提供表现渠道同时又制造高墙隔阂的时代，公众史学作为当代史学的一种选择，即提供了可能性，也同时呼唤着对它的信仰和坚持。

信任、风险与公众史学：美国的视角 *

詹姆斯·加德纳（James B. Gardner） 著

于留振 译

　　"人人都是他自己的历史学家"（Everyman his own historian）是否意味着人人都能成为历史学家？"共享权威"（authority-sharing）又是否意味着公众史学家应该放弃自己的权威，或告诉公众他们已经知道的东西，或者是他们想要知道的东西，或依靠公众来确定研究的内容与方向？《信任、风险与公众史学：美国的视角》一文引入"彻底的信任"（radical trust）这一概念，尝试回答这些问题。作者通过一系列博物馆展览的策划与呈现的案例，大胆提出公众史学者不应该仅仅成为被公众利用的史料供应者，博物馆策展集创造性和学术性一体，需要批判性思考，需要史学技艺。当博物馆的挑战性日益减弱，而娱乐性日益增加时，公众史学家应该在公众参与中挑战公众，继续践行公众历史，并继续冒险。该文对信任、权威、公众参与等公众史学的核心概念做了翔实的阐述，对公众史学的激进性、创造性和学术性也进行了批判性的思索。

　　詹姆斯·加德纳（James B. Gardner）曾在美国立法档案馆（Legislative Archives）、总统图书馆（Presidential Libraries）、国家档案馆（National Archives）的博物馆分馆、美国各州与当地历史协会（American Association for State and Local History, AASLH）教育与特殊项目等担任高级主管。他的职业经历包括：史密森美国国家历史博物馆（Smithsonian's National Museum of American History）馆长和资深学者、美国公众史学委员会（National Council

---

*　原载：*Public History Review*, vol.17, 2010, pp. 52-61。该文由于留振（重庆大学人文社会科学高等研究院讲师）翻译。

on Public History）主席（2003—2004）、美国历史学家组织（Organization of American Historians）提名委员会主席、美国各州与当地历史协会理事，以及《公众史学家》（*The Public Historian*）编委和美国博物馆协会（American Alliance of Museums）出版社编辑。他在公众史学领域成果丰硕，最近的专著主要包括《路特雷奇博物馆伦理指南：重新定义二十一世纪的博物馆伦理》（*The Routledge Companion to Museum Ethics: Redefining Ethics for the Twenty-First Century Museum*）、《草根纪念碑：关于创伤性死亡纪念的政治性》（*Grassroots Memorials: The Politics of Memorializing Traumatic Death*）、《博物馆实践：博物馆领域的核心论辩》（*Museum Practice: Critical Debates in the Museum Sector*）、《博物馆理论：一个扩展的领域》（*Museum Theory: An Expanded Field*）以及《牛津公众史学读本》（*Oxford Handbook of Public History*）。

　　作为公众历史学家，我们工作的一部分内容，就是越来越多的人正在体验 Web 2.0——图片分享（Flickr）、脸书（Facebook）、优兔（YouTube）、推特（Twitter）、博客（blogs）、维基百科（Wikis）及诸如此类的网站——而且我们发现，接触这种网络世界，意味着要处理来自公众迥然不同的期待，也意味着是对我们如何开展工作的新挑战。[1] 在今天美国的公众史学和博物馆社区研究中，人们尤其关注"彻底的信任"（radical trust）这个概念。这个概念主要是以通过开放式交流和坦诚表达来培养公众的忠诚为目标，它最早是在以盈利为目的的市场营销和广告领域中出现的，现在这个概念已经成为社交媒体的一个基本原则。[2] 在公众史学和博物馆领域，彻底的信任这个概念最初是以完全相同的目的在使用的——在我们的工作中培养公众的口述参与。但是最近，这个概念被用来作为公众参与之后的下一个步骤：依靠公众来寻找研究内容和方向——对于公众历史学家来说，这是相当激进的一步。[3] 本质上来说，我们面临的挑战是，通过放弃控制网站和展览活动，让公众为我们的网站和展览活动开发内容，给我们的工作提供方向，以此来证明我们对公众的"彻底信任"。换言之，彻底的信任意味着要让公众（通过网络社区）来决定公众史学的未来。

　　但是，在彻底的信任研究中，什么才是非常"彻底的"？如果我们严肃看待这个概念，而不只是把它看作是一个流行术语，那么我们必须表明，我们完全信任公众和由用户创造内容的新的自我管理世界，作为公众历史学家，我们并不指导和控制这些内容。在彻底的信任中，没有中间道路可走。如果我们干预或者如果我们过滤掉了未经编辑和未经审查的观点，那么我们就违背了那种信任。科林·杜玛（Colin Douma）是最早在营销领域中详细阐述这个概念的人之一，他警告说，公众"将与那些压制他们的品牌断绝往来，而将会与那些让他们发声的品牌结盟"。[4] 换言之，真正的问题并不是把用户创造的内容作为公众史学的一部分，而是要公众历史学家放弃权威。

对公众历史学家来说，共享权威和在展览活动、规划和其他项目中加入用户创造的内容的做法，几乎不是什么激进行为。数十年来，我们一直在这样做，而且已经创作了大量专业文献，这些文献源自迈克尔·弗里西（Michael Frisch）的开创性工作。[5] 而且，我们都可以提到，像史密森美国历史国家博物馆（NMAH）这样的博物馆，是开展彻底的信任展览活动的最佳实践的典范。比如，美国历史国家博物馆 2002 年的展览"9·11：见证历史"，就有一个简单地称为"向我们讲述你的故事"的部分，就这个敏感话题而言，这部分内容对于展览的成功开展是必不可少的。回头来看，参观者当时在展览活动上和网络上分享的内容，成为了"9·11"数字档案的一部分，这个档案的电子版今天仍然可以获得。[6] 这就是根据用户创造的内容开展的展览活动，远远早于我们任何人使用 Web 2.0 和彻底的信任之前。

但是，当我们大多数人都在乐于与公众**分享**权威时，彻底的信任则从本质上让我们**放弃**权威。在接受彻底的信任这个概念时，我们似乎接受了历史学家卡尔·贝克尔的名言"人人都是他自己的历史学家"，并将其改述为"人人都是他/她自己的策展人"。[7] 而我在 Web 2.0 世界上所读到的"策展内容"让我备受打击，我认为那些内容是存在严重问题的——在网络社区中，似乎存在着这样一种假设，即认为组织策展和做历史主要就是筛选和组织信息，认为这只不过是个人观点和个人偏见的展示而已。[8] 2010 年 4 月，一篇发表于《对谈广告商》（*Advertiser Talk*）的文章认为，"表演秀"文化是下一个 10 年的趋势之一："在这个高度民主化的、由技术占主导地位的时代，人们表现得好像每个人都有权表达他们未经审查和未经编辑的观点。而这些观点不必是合理的，也不必得到事实、批判性思考或深刻洞察力的支持。"[9]

　　作为公众历史学家，我们知道，组织策展需要更丰富的内容——它意味着要为过去创造意义。组织策展或做历史是具有创造性和学术性的工作，需要批判性思考，而不仅仅是分享，但是，你在优兔或类似的视频网站上遇到的大多数内容，并不是真正的原创或新颖的内容。根据福雷斯特研究公司（Forrester Research）的数据，有评论者认为，"极少数社交媒体的用户才是创造者——他们是那些写作博客文章、向图片分享上传照片，或者是在优兔上分享自制视频的人……在最具社交网络平台的用户中（原文如此），只有不到1%的用户在创作原创内容。"[10] 从很大程度上来说，是我们公众历史学家自己的错误，没有分清网络上的内容是否原创和我们所做的工作不被理解之间的区别。我们通常是我们自己最大的敌人，未能与人分享我们所做的工作。如果我们想要公众重视我们所做的工作，我们就需要"分享我们做历史的过程——我们是如何使用证据的，我们不知道什么，我们如何推导出历史结论，以及我们对过去的理解是如何变化的"[11]。这就意味着要承认，展览活动（无论是实体的展览还是虚拟的展览）的设计和开展是受到个人视角的影响的，而不是某个客观的制度权威的产物。我们需要帮助我们博物馆和网络上的游客参与做历史，但不是将历史视作可供他们简单重新组织和分享的一系列事实，而是将历史视作理解和创造意义的一种方式。

　　更大的问题则是知识与观点之间的界限非常模糊。作为历史组织，知识是我们品牌的核心。的确，对于像史密森学会那样的机构来说，人们认为我们说的话就是权威，即使有时候我们并不是权威，他们也这样认为。我们绝不能偏离那种品牌或者忽视人们的期待。就像我们反对崇拜"伟人"和其他精英的行为一样，我们也要抵制当前这种欢迎（并因此认可）任何以及所有观点的冲动。尽管我坚信我们应当与公众分享权威（并坚信记忆对于我们公众历史学家所做的工作至关重要），但是，我并不赞成放弃我们的责任和赋予公众的声音以特权，或者只是按照公众投票做出的决定那样行事，而无论投票结果是什么。[12] 就像NMAH的前策展人史蒂夫·卢巴（Steve Lubar）曾在多年前发表于《公众历史学家》（The Public Historian）上的一篇文章中所警告的那样："过多地分享权威……只是意味着告诉受众他们已经知道的东西，或者是他们想要知道的东西，是为了强化记忆，而不是增加新的知识维度、解决问题的新方法、新的理解。"[13] 作为公众历史学家，我们不能就这样忽视了这些更大的责任。

尽管有的文化机构可能认为，在支持彻底的信任时并没有失去很多东西，但是我从亲身经历中知道，作为公众历史学家，我们研究的题目所吸引的个人，持有的观点有时候是很有问题的，如果说他们的观点不是无礼的话。例如，美国历史博物馆必须对付那些否认日裔美国人在第二次世界大战期间被不公正地拘禁的个人。我们不能允许这类个人为了他们自己的目的利用我们——否则我们的名声也将会遭到同样的损害。最近，《华盛顿邮报》的一位幽默作家，将公众对报纸专栏的评论，描述为"附着于某部至少在一定程度上试图保持客观和尊严的作品之后的连珠炮似的咆哮。这就好像当你点了一份沙朗牛排，但同时还上了一盘蛆虫一样"。[14] 这显然是一种夸张之词，但那种危险是真实存在的。

对于任何声称没有证据表明公众将会利用彻底的信任的人，我只能说，那一天总会到来的——届时损失将会变成现实。正如另一位《华盛顿邮报》专栏作家在写到 2010 年夏关于反复提到是否允许在世贸中心所在位置的两个街区之外建立一座清真寺，以及巴拉克·奥巴马是基督徒还是穆斯林时所说，"污秽指数不断飙升，而我们所有人在这个过程中都被玷污了"。[15] 的确，污言秽语都有点成为一种游戏了：4chan 留言板发起的恶作剧有时候是有趣的，但另外一些时候则是带有种族主义和缺乏同情之心的。[16] 在历史学领域，我们必须承认，我们研究的理念和问题通常带有政治包袱，并有可能是两极分化的。它们可以吸引不当的甚至是可恶的评论，我们不能让这样的观点看上去是合理的，因此我们不能允许它们发布在我们的博客、脸书个人主页和其他社交媒体上。当前，退居幕后并让步于开放、不受控制和自治的公众参与，可能是一种受人欢迎的方式，但是我认为，公众应当从我们公众历史学家这里获得更多的东西。

我们的挑战是，要谈判出一种合适的角色，既要以我们是谁以及我们的力量是什么为基础，又要以新的方式吸引公众和向公众挑战，无论是在虚拟世界还是真实世界中。我们不能认为我们的未来将**受到** Web 2.0 世界的影响，相反，博物馆和历史组织需要找到我们如何能够对 Web 2.0 世界**产生**影响的办法。我们需要解决的问题是，如何使我们不仅仅成为被公众利用的原材料供应者。

　　不幸的是，这一切正值我认为作为公众历史学家的我们和博物馆正在变得有点胆怯之际。迄今为止，我一直反对在我看到的彻底的信任问题上进行冒险，但是现在，我将要支持在展览和策划活动中学会冒险。尽管这听起来可能自相矛盾或前后不一致，但我认为，在博物馆里进行的冒险是可以精心设计或易于控制的冒险，过去我们有过这种冒险，未来也应当继续这种冒险。奇怪的是，今天我们已经准备好了在网络上采取冒险行为，我们对这个网络世界几乎没有控制，甚至没有影响，但是却不敢在我们自己的地盘、我们的博物馆里采取冒险行为。的确，在后者这个问题上，我们已经在反对冒险——我们害怕犯错，无论是由于政治原因还是财政原因。我们在制作大量还不错的展览，但是没有制作许多高质量的展览。

　　博物馆并非总是反对冒险的。譬如，美国历史博物馆（The Museum of American History）一度以其更加前卫的展览闻名——包括《残疾人权利运动》（*The Disability Rights Movement*）（2000—2001）、《进退两难：美国血汗工厂史，从 1820 年至今》（*Between a Rock and a Hard Place: A History of American Sweatshops, 1820-Present*）（1998）、《美国生活中的科学》（*Science in American Life*）（1994 年开展）、《争取公共场所：男同性恋、女同性恋和双性恋的骄傲，1969—1994》（*Claiming a Public Place: Gay, Lesbian, and Bisexual Pride, 1969—1994*）（1994）和《男人与女人：一部服装、性别与权力的历史》（*Men and Women: A History of Costume, Gender, and Power*）（1989）等。这些展览考察了棘手的社会政治问题，而且博物馆很清楚参与其中可能会带来的政治影响。但是，其观念则是，这类风险就是博物馆领域的应有之意——如果我们不挑战公众，那么我们就没有做好我们的本职工作。的确，美国历史博物馆的宗旨明确要求我们，要关注呈现过去的"具有挑战性的思想"。[17]

　　我们不应当害怕尝试不同的东西或者害怕试验新的东西。在企业史、社会史和文化史的语境下重新解释工艺收藏的《美国在行动》（*America on the Move*）（2003 年开展）和《在水上：美国海军的故事》（*On the Water:Stories of Maritime America*）（2009 年开展）展览中，美国历史博物馆已经在那个方向上采取了重要举措，但事实上，美国历史国家博物馆却回避了真正的创新方法和具有历史争议性或模糊性的问题。[18] 的确，它更加知名的展览是庆祝

"国家宝藏"的大众文化展览，《史密森学会里的第一夫人》(*First Ladies at the Smithsonian Exhibit*) 展览（2008 年开展）则从早前更具宏大目标的《第一夫人的政治作用和公众形象》(*First Ladies: Political Role and Public Image*) 展览和以《自由的代价》(*The Price of Freedom*)（2004 年开展）为题的军事史展览中退却了。[19] 最后这个展览试图呈现一部微妙的故事（尽管是以一种不那么具有挑战性的方式），但是其目标却由于它的标题而受到严重阻碍，因为它的标题将这次展览设计成为了对一种非常肤浅的思想不加批判的支持，这种思想就是，对自由的热爱始终在激励着美国人。[20] 博物馆应该进行更多的冒险，而不是放弃冒险。有一位策展人曾提议收集和展览语言，在美国辩论移民问题的语境下，这是一个极具争议的话题。尽管我不确定博物馆会如何策划那个展览，但我的确认为，我们应当让它试试。不幸的是，它并未被列在筹措资金的优先清单上。不过，企业策展人仍然偶尔设法寻找资源设计一些具有挑战性的话题。譬如，美国历史国家博物馆的巡回展览《苦乐参半的丰收：合法临时工计划，1942—1964》（2010 年开放）重点关注的是外来工人，在美国围绕种族、移民和身份认同问题展开辩论的语境下，这是一个敏感话题。[21]

　　的确，种族和族裔问题似乎是美国博物馆愿意打破底线的唯一领域。比如，想想那两场具有挑战但广受欢迎的展览：由国家民权和人权中心（National Center for Civil and Human Rights）设计的巡回展览《无处避难：美国的私刑图片展》(*Without Sanctuary: Lynching Photography in America*)；和在纽约历史学会举办的《纽约的奴隶制》(*Slavery in New York*) 展览（2000—2006）。最近，美国人类学学会和明尼苏达科学博物馆设计了极具影响力的巡回展览《种族：我们有如此不同吗？》（2007 年开放），该展览使用生物学、文化和历史学视角来挑战今天的美国人是如何看待种族问题的。不过，这类展览的成功并不意味着种族已经成为一个简单的话题。尽管这些和其他那些一直在触及棘手问题的展览非常重要，但是，历史学家朗尼·邦奇（Lonnie Bunch）仍然担心，更广泛地讲，博物馆未能考察"美国种族问题的复杂性、相互作用和困难。其实，美国今天所创建的大多数研究机构更适合 40 年前的世界"。[22]

　　对美国的博物馆来说，比种族问题更难对付的是性的问题。一次大胆地探索那个禁忌的努力是在史密森国家肖像美术馆（Smithsonian's National Portrait

Gallery）的一次展览，这次展览的题目是"隐藏／寻找：美国人像摄影的差异与欲望"（2010—2011），这是一次开创性地审视人们对性、欲望和浪漫情感的态度变化的展览。[23] 尽管可以认为国家肖像美术馆是一座历史或传记博物馆（利用人物肖像来探究身份认同），但是，人们仍不禁要问，这种展览是否可行，因为它被视作"艺术"而非"历史"。当然，任何还记得 20 世纪 90 年代文化战争的人都知道，艺术展览，从《西部如何成为美国》（"The West as America"）到罗伯特·梅普尔索普（Robert Mapplethorpe）的作品，始终都和历史一样存在许多问题。无论是"艺术"还是"历史"，《隐藏／寻找》展览仍然是一个例外——它是第一个聚焦于此问题的重要博物馆展览，也是非常罕见地进行冒险的例子，这次展览也是在重大的政治动荡时期史密森博物馆所设计的最出人意料和大胆的展览活动。

除了这些特例之外，令人遗憾的事实是，大部分美国博物馆都在选择保持低调，不是成为了伊莱恩·古里安（Elaine Gurian）所提倡的"危险思想的安全场所"，只不过是成为了安全思想的安全场所。[24] 为什么会这样？一个最简单的答案是认为，这种撤退是 20 世纪 90 年代文化战争的附带结果的一部分。尽管在后"艾诺拉·盖"时代的美国肯定存在走向自我审查的不幸趋势，但仅有那个原因还不足以解释我们为什么不愿意铤而走险。[25] 我更加关心的是博物馆文化内部的变化的影响，这些变化在于我们开展的活动如何塑造和限制了我们的思想议程。譬如，想想资金问题。随着博物馆从外部资源中筹集越来越多的资金，并反过来给捐赠者做出越来越长的承诺，我们常常太满足于我们的展览还不错。当我们花费数百万美元来举办一场必须要展出数十年的展览时，我们不能铤而走险。我们投入了太多的资金，面临失败的风险也太大。与此同时，博物馆还必须与捐赠者和其他利益相关者打交道，那些人也有自己的意识形态议程。我们可以不予理睬这些看法，但是直面它们是很困难的。当然，试图在以体验和旅游为主导的经济中进行竞争，将会使我们失去在当代生活中的平衡角色。

博物馆正在成为挑战性日益缺乏，而娱乐性日益增加的场所。在每一场新的展览中，我们感到我们都必须使用更多技术性的"花里胡哨的东西"来"博取"我们的游客的"喝彩"——而这就是大量资金所流向之处。我并不赞成像某些卢德派分子那样反对在展览中使用技术，而是要彻底想清楚，我们该如何使用技术和媒体，不只是将其用作娱乐或吸引关注，而是用作吸引公众参与对过去思考的工具。几年前，美国博物馆协会的未来博物馆中心（The Center for the Future of Museums of the American Association of Museums）邀请一位嘉宾，前来讲述在博物馆体验中应用在线游戏的原则。她并没有建议博物馆以展览和收藏品为基础开发游戏，也没有建议我们考虑游戏的结构如何可以为我们该做些什么提供一种新的思路，以及新的吸引公众参与的方式。[26]她提议说，我们可以从游戏中学习如何向新的受众重新组织知识和学习，这与只是为了娱乐才加入一些新的"花里胡哨的东西"的做法是非常不同的。

那么，公众历史学家应当扮演怎样的角色？一方面，人们要求我们放弃对公众的权威，另一方面，人们又希望我们走安全路线，学习展览经济学，以及提供信息和娱乐。这是一个相当令人感到沮丧的处境，而且很可能会变得更糟。在《浅薄：互联网如何毒化了我们的大脑？》（*The Shallows: What the Internet is Doing to Our Brains*）一书中，尼古拉斯·卡尔（Nicholas Carr）警告说，我们沉浸于网络提供的所有事物可能会带来深远的影响，它不仅影响我们的思想生活，还影响到了我们的文化："即使因特网让我们方便地获取了大量信息，它也正在把我们变成更加浅薄的思想者，简直是在改变我们大脑的结构。"他警告说，我们将要生活在一个我们的大脑被"重新安装电线"的世界，在那里，上网冲浪比思考更加重要。[27]公众历史学家要么屈服于那种令人悲观的情景，要么与之斗争。我们应该是思想的领袖，而不是思想的追随者——不是等着看我们将来的命运如何，而是试图塑造那种未来。总而言之，我们需要继续探究历史，尽我们最大的努力吸引公众参与，继续践行公众历史——并继续冒险。

注　释

[1] "Web 2.0"这个术语大约创造于2004年，它用来描述这样一个虚拟世界，其中用户是核心，可以通过维基百科、博客、脸书和其他社交媒体的合作使用得到最好的说明——与之对照的是，被动地浏览由网站的创建者制造的内容。这个概念的提出者据说是Tim O'Reilly，关于他对Web 2.0的讨论，参见：Tim O'Reilly, "What Is Web 2.0: Design Patterns and Business Models for

the Next Generation of Software", http://oreilly.com/web2/archive/what-is-web-20.html，2010 年 10 月 5 日。

[2] 参见：Colin Douma, "Radical Trust," *Marketing Magazine*, 2006 年 8 月 28 日, http://www.radicaltrust. ca/about/content/uploads/2017/10/radical_trust.pdf，2010 年 10 月 5 日。

[3] 美国公众史学界关于这个概念的讨论，参见：Tim Grove, "History Bytes: Grappling with the Concept of Radical Trust," *History News*，（Spring 2010），pp. 5-6, http://aaslhcommunity.org/historynews/files/2010/07/spring2010-history-bytes.pdf, 2010 年 10 月 5 日。其他线上讨论亦可见于："Grappling with Radical Trust", http://aaslhcommunity.org/historynews/radical-trust/, 2010 年 10 月 5 日。

[4] Colin Douma, op. cit.

[5] "共享的权威"这一概念源自 Michael Frisch, *A Shared Authority: Essays on the Craft and Meaning of Oral and Public History*, Albany: State University of New York Press, 1990.

[6] 关于这次展览的虚拟版本，参见："September 11: Bearing Witness to History", http://americanhistory. si.edu/exhibitions/exhibition.cfm?key=38&exkey=90. 关于这个展览的数据档案，参见："September 11: Tell Your Story", http://911digitalarchive.org/smithsonian/.

[7] Carl Becker, "Everyman His Own Historian," *American Historical Review*, vol. 37, no. 2, 1931, pp.221-36, http://www.historians.org/info/aha_history/clbecker.htm.

[8] 关于"curating"的含义演变的讨论，参见：N. Elizabeth Schlatter, "A New Spin: Are DJs, Rappers and Bloggers 'Curators'?" *Museum*, January/February 2010, http://aam-/us.org/pubs/mn/newspin,cfm，2010 年 10 月。

[9] "2010 and Beyond: Emerging and Evolving Trends," *Advertiser Talk*, http://www.advertisertalk. com/2010-and-beyond-emerging-and-evolving-trends-12282.zhtml.

[10] 关于网络上原创内容比例的讨论，参见：Nina Simon, "Self-Expression is Overrated: Better Constraints Make Better Participatory Experiences," Museum 2.0 Blog,16 March 2009, http://museumtwo.blogspot.com/2009/03/self-expression-is-over-rated-better.html.

[11] James B. Gardner, "Contested Terrain: History, Museums, and the Public," *The Public Historian*, vol. 26, no 4, 2004, p.19.

[12] 例如：David Glassberg, "Public History and the Study of Memory," *The Public Historian*, vol. 18, no 2, 1996, pp.7-23.

[13] Steven Lubar, "In the Footsteps of Perry: The Smithsonian Goes to Japan," *The Public Historian*, vol. 17, no 3, 1995, p.46.

[14] Gene Weingarten, "A Digital Salute to Online Journalism," *The Washington Post*, July 18, 2010, p.W32.

[15] Howard Kurtz, "In Journalism's Crossfire Culture, Everyone Gets Wounded," *The Washington Post*, August 2, 2010, p.C1.

[16] 参见：Ariana Eunjung Cha, "4chan Users Seize Internet's Power for Mass Disruptions," *The Washington Post*, 10 August 2010, http://www.washingtonpost.com/wp-dyn/content/article.2010/08/09/AR2010080906102.html?sid=ST2010080906103.

[17] For the complete NMAH mission statement 参见："Mission & History", http://americanhistory.si.edu/about/mission.cfm.

[18]《美国在行动》和《在水上》的虚拟版可以在美国历史国家博物馆网站上获取。参见："America on the Move", http://americanhistory.si.edu/onthemove/,2010 年 11 月 23 日；"On the Water", http://americanhistory.si.edu/onthewater/,2010 年 10 月 15 日。

[19]《自由的代价》的虚拟版可以在美国历史国家博物馆网站上获取。参见："The Price of Freedom: Americans at War", http://amhistory.si.edu/militaryhistory/ .

[20] 关于这次展览的学术评论，参见：Carole Emberton, "JOURNAL ARTICLE TITLE," *The Journal of American History*, vol. 92, no 1, 2005, http://www.historycooperative.org/journals/jah/92.1/exr_2.html.

[21] 关于这次展览的虚拟版，参见："Bittersweet Harvest: The Bracero Program 1942—1964", http://americanhistory.si.edu/exhibitions/exhibition.cfm?key=38&exkey=1357.

[22] Lonnie G. Bunch III, "'People Need to Remember': American Museums Still Struggle with the Legacy of Race," *Museum*, vol. 89, November/December 2010, p.47.

[23] 关于这次展览的书目是 David C. Ward and Jonathan Katz, *Hide/Seek: Difference and Desire in American Portraiture*, Washington, DC :Smithsonian Books, 2010.

[24] Elaine Heumann Gurian, "Offering Safer Public Spaces," *Journal of Museum Education*, vol. 21, no 1, 1995, pp.14-16.

[25] 关于文化战争对博物馆的影响的讨论，参见：Lonnie G. Bunch III, *Call the Lost Dream Back: Essays on History, Race and Museums*, Washington, DC :The AAM Press, 2010, pp129-39.

[26] 关于她 2008 年 12 月 2 日的演讲，参见：Jane McGonigal, "Gaming the Future of Museums", http://www.futureofmuseums.org/events/lecture/mcgonigal.cfm.

[27] Nicholas G. Carr, *The Shallows: What the Internet is Doing to Our Brains*, New York: W. W. Norton & Co., 2010. 关于这本书的部分摘录，参见：Nicholas G. Carr, "The Web Shatters Focus, Rewires Brains," *Wired Magazine*, 20 June 2010, http://www.wired.com/magazine/2010/05/ff_nicholas_carr/all/1, 2010 年 10 月 6 日。

多维视角下的公众史学

沈辰成　孟钟捷[*]

摘要：在公众史学走向学科化的进程中，研究者亟须引进一系列"参考坐标"，从而系统地归纳和比较多元化的公众史学模式和公共历史现象。笔者的构想是：借鉴德国史学理论的"历史文化"概念，引入组织、政治、知识和审美四种维度。在多维度交织而成的研究视野中，有序梳理研究对象，整体规划教学内容，进而达成海外理论与本土实践的结合，公众史学与史学整体的融合。

关键词：公众史学、历史文化、多维视角

国内学界对公众史学和公共历史[1]的讨论日益深入。学科建设成为焦点议题[2]。学科化或专业化不但是公众史学内部的深入挖掘，而且是公众史学和史学的融合。在现有研究中，两种范式的地位突出：其一，归纳和移植海外公众史学的学科模式[3]；其二，概括和组织国内公共历史的实践形式[4]。由此，国内相关研究成果既包括多种公众史学体系，也涵盖多种公共历史现象，呈现出多元化趋势。

在此背景下，系统梳理多元模式和多种经验成为学科建设进程的迫切需求。全面的整合则需要通用的参考坐标。坐标从何而来？史学理论进入了我们的视野。在国内公众史学研究初期，陈新教授根据后现代史学理论的解构和文本等要素，曾规划过公众史学的特征，特别是作者、受众和媒体的多元化和互

---

* 沈辰成：德国奥格斯堡大学人文历史系历史学博士候选人。孟钟捷：华东师范大学历史系教授。

动性。显然，这证明史学理论的概念对公众史学的研究具有宏观的指南作用。[5]

在此基础上，本文借助史学理论的概念，建构系统化的多维视角。这些多元视角既需要具备普遍性，成为观察各种模式和现象共通的"切入点"；这些观察维度也需要兼顾基准性，充当比较不同模式和现象异同的"参照系"。它既是研究的分析工具，也是教学的能力类型。如何为公众史学建构参考坐标？本文使用基于"历史文化"概念的四种视角：组织、政治、知识和审美。

一、历史文化和多维视角的理论基础

在学术发展脉络上，历史文化（Geschichtskultur）的概念出自德国历史教育学（Geshichtsdidaktik）。20 世纪 70 年代，德国历史教育学发生范式转型。[6]研究对象不局限于课堂教学。研究的视野对内深化到历史思维的诸多形式，对外伸展到历史呈现的各种现象。根据德国学者的比较研究，德国的历史教育学与美国的公众史学可谓殊途同归。二者克服封闭的专业史学，让史学重返开放的社会空间。[7]

在历史教育学中，历史文化的定义是"历史意识在社会生活实践中的总和"。历史意识是涉及历史的内在精神活动对应历史文化是有关历史的外在物质活动。历史文化有两大功能：其一，划定研究范围：五花八门的涉及历史的客观存在，都是史学研究的对象；其二，启发理论反思：形形色色的关于历史的具体实践，都能进行抽象的诠释。[8] 根据历史文化的定义，无论公众史学还是公共历史，都属于历史文化范畴。而且，在历史文化的框架下，研究者需要对公众史学和公共历史进行抽象反思。此外，相比后现代史学理论，历史文化的特点是超越学术语境，进入社会场域。两相结合，这种范式概括为：通过学术史学的方法，研究超越学术史学的对象。

基于历史文化，德国学者提出两种理论模型：其一是吕森模型。约恩·吕森（Jörn Rüsen）指出：历史文化是文化现象。历史文化分为三种维度：政治维度、知识维度和美学维度。任何历史文化现象中，三种维度不可或缺，不同维度有主次之分。[9] 以人民英雄纪念碑为例：在政治维度上，纪念碑歌颂民族解放和人民革命；在知识维度上，纪念碑刻画中国近代的九件大事；在美学维度上，纪念碑呈现为建筑和雕塑等多种艺术形式。相对而言，政治维度占据主导地位。其二是舍内曼模型。贝恩德·舍内曼（Bernd Schönemann）认为：历史文化是交往系统。历史文化可分为四种因素：机构、专业、媒体以及受众。在各种历史文系统中，四种因素彼此互动，构成动态的历史传播。[10] 仍以人民英雄纪念碑为例：首都纪念碑兴建委员会等机构（机构）组织政界、学界和艺术界（职业），通过纪念碑的形式（传播），建设人民英雄纪念碑，面向人民群众（受众）。

在公众史学领域，吕森模型的三种维度和舍内曼模型的组织结构普遍存在。公共历史实践的动态过程可以归纳为机构、专业、媒体和受众四种介质及其互动；公众史学研究的静态现象可以可分为政治、知识和审美三方面，且有主次之分。相对而言，舍内曼的四种因素联动性较强，吕森的三个维度独立性较强。

在下文中，笔者分别从组织视角、政治视角、知识视角以及审美视角入手，对多元化的公众史学模式和公共历史现象进行系统化的归纳和比较。

表 1：吕森模型：历史文化的三种维度

维度	基本内容	相关概念
美学维度	美 过去作为一种艺术再现	再现和叙述 图像和符号
政治维度	权力 过去作为一种权力斗争	合法性建构 赞同和批判
知识维度	真相 历史作为一种学术知识	学术知识和学术规范 理论研究和实证研究

表2：舍内曼模型：历史文化的四种因素

因素	特征	案例
机构	谁在处理过去？ 有持续性和体系性	官方机构和非官方机构 营利机构和非营利机构 学术机构和非学术机构 其中，学术机构包括： 大学、学校、博物馆、纪念馆等
专业	如何处理过去？ 形成教和学的循环	非史学专业 政治界、新闻界、艺术界和娱乐界等 史学专业 教授、教师、博物馆员和纪念馆员等
媒体	谁存储和传递历史？	学术论著和学校教材 纪念仪式和纪念场所 政治主张 商业媒体
受众	谁是历史传播的对象？	前现代：等级社会的精英 近现代：民族国家的公民 后现代：大众社会的消费者

二、组织视角下的公众史学

在组织视角下，公众史学和专业史学的特点迥然不同。专业史学的特点可以归纳为同质化和封闭性。专业史学研究者建立专业机构，规范相对严格，专注学术刊物，以同行为受众。专业学者拒斥学术圈外的影响，例如政治影响和经济操作。公众史学的特点可以归纳为异质化和开放性。公共历史实践者沟通多种机构，门槛相对宽松，拥抱多元媒体，受众超越同行。公众史学经常"跨界"，既可以拥抱"大众"，也可以坚守"小众"。在公众史学研究层面，组织视角揭示问题意识，可以概括为"公"和"众"。"公"是开放性的体现，在公众史学的互动过程中，总是跨越异质的不同场域。"众"是异质化的表征，在公众史学的互动过程中，总是涉及多元的各类节点。跨越介质和多元节点及其相互关系构成相关研究的重要问题之一。

　　具体而言，特定的公共历史现象，主要涉及哪些机构、专业、媒体和受众？第一，公共历史涉及哪些机构：官方或非官方；营利或非营利；学术或非学术？第二，公共历史涉及哪些专业：历史学科或其他学科；专业为主或非专业为主？第三，公共传播通过哪些媒体：单一媒体或多媒体；传统媒体或新媒体？最后，第四，相关互动面向哪些受众：小众、大众或跨群体？

　　与此同时，除了确定单一因素的属性以外，需要梳理各环节之间如何互动？一个极端是独立自主的个别历史作者通过网络自媒体面向全体公众书写的历史。另一极端是学术机构的专业历史学家借助学术期刊面向学术共同体撰述的历史。通常情况下，上述二者之间存在各种复合式的交往系统。在复杂交往的进程中，历史信息的那些属性保持不变？哪些属性发生变化？

　　在公共历史实践层面，组织视角可以帮助设计者收集和应用相对应的资源。目前，国内许多大专院校开设公众史学课程，许多社会机构组织公共历史活动。不过，当前既有的课程和实践基本限于个别性的"点"，没有形成群体性的"面"。可见，"由点到面"将是未来公共历史实践面临的课题。

　　借助组织视角，实践设计者可以对全国各地区各领域的资源进行分类归纳：机构类：例如企业史：2014 年，华东师范大学设立国内第一所银行史研究所[11]；专业类：例如城市公众史学：重庆大学开设的相关课程，涉及城市规划学科[12]；媒体类：例如大众历史杂志：新历史合作社创办的电子杂志《我们的历史》[13]；受众类：例如中学生，华东师范大学举办的"青史杯"高中生历史剧本大赛[14]。

　　在此基础上，活动规划者可以思考如何"由点到面"，实现全面资源共享：例如，涉及金融机构历史遗产时，重庆城市公众史学可以借鉴上海银行史研究；又如，涉及中学生的历史书写时，组织者可以联合新历史合作社或借鉴其经验，2010 年，新历史合作社前身《看历史》杂志团队发起过中学生历史写作大赛。[15] 此外，还有更复杂的结合形式。

　　在公众史学学科建设层面，在组织视角下，美英法德四国的公众史学模式，可以进一步归类为分散和集中的两种趋向。

　　在美国[16]，公众史学的组织体系呈现分散化趋势。在早期，公众史学指向有限的机构和专业的扩展。典型的体现是 1978 年，罗伯特·凯利（Robert

Kelley）把公众史学的初步定义为：公众史学指的是历史学家的就业方式以及在学术界以外，如政府部门、私有企业、新闻媒体、地方历史协会、各种历史机构……运用史学方法与技能。[17] 在当代，公众史学指向多元的媒体和广大的受众。主流范式是"共享权威"（sharing authority）。[18] 标志性表征是全国公众历史学会对公众史学的定义：公众史学是一场运动，一种方法论和一种途径或方式，推动历史合作和研究，公众史学家的任务是将自己特殊的见解以浅显易懂方式传递给公众。[19]

在欧洲，虽然受到美国模式影响，但是三国公众史学都聚焦在专业要素。在英国，专业的地位极为突出——"非学术和非专业的历史就是公众史学"。相关学者强调："走向公共领域的史学必须带有专业历史研究推理的方法"。[20] 在法国，专业的角色相当显著——人们强调的是"历史学家的公共责任"。与此相应，法国史学分别设置了不同的学位，对应基础研究和实际应用。[21]

在德国，德国历史教育学本身就体现出专业因素在公众史学中的核心地位。无论学校的历史教育，还是社会的历史传播，全都属于历史教育学的研究范围，需要受到抽象化的研究，进行反思性的审视。[22]

通过上述比较可见，欧美各国的公众史学的学科建设存在相似性和差异性。其中，相似性主要是：在发展前期，各国公众史学都侧重专业；差异性主要是：在美国，公众史学更加关注媒体和受众，侧重公共历史中多元群体的"分享"。在欧洲，公众史学更加关注机构和专业，侧重学术史学和公众史学的"贯通"。笔者认为：究其实质，问题的症结依然是前述的"公"与"众"及其互动。强调"兼听则明"——传播过程的跨越性，则走向相对立体的德国及欧洲模式。强调"百花齐放"——传播因素的异质性，则走向相对扁平的美国模式。[23]

三、政治视角下的公众史学

在历史文化理论下，政治维度是指：各种涉及历史的社会实践或客观事物，总是包含权力及其关系。历史呈现带有某种政治立场、观念或价值。[24] 典型案例是国家纪念日、历史之战（history war）或公众史学争议[25]。

在公众史学的领域，无论学界，还是民间，公众史学日益引起人们的关注，重要原因是公共历史现象往往伴随政治争议。政治视角成为公众史学重要问题：如何应对围绕历史的政治角逐？其中的重要指标是话语权[26]和身份认同。

在公众史学的研究上，如何学术地剖析作为研究对象的历史之战？一切历史议题都有"当下化"的可能，多数公共历史热点都涉及立场问题。关于过去议题不是天然存在，而是依附于当下特定的制造者、回应者和讨论者。这里不强调制造者、回应者和讨论者的结构不同，而强调它们的立场差异。在分析公众史学争议时，不但要注意事实之争，而且必须注意话语权之争。简而言之，谁在发声？相关研究需要关注三个"谁"：谁制造议题；谁回应议题；谁在讨论（拥有）这一段历史？三者构成分析历史之战的框架。例如：二战后德国的历史争议，特别是发生在1986年的"历史学家之争"：史学家诺尔特质疑纳粹大屠杀的唯一性；哲学家哈贝马斯炮轰诺尔特粉饰纳粹。左翼支持哈贝马斯，而右翼支持诺尔特。结果是诺尔特及其学术观点遭到压制。专业学者抛出议题（制造者）；政治立场强烈的德国"公知"介入争论（回应者）；讨论蔓延到政界和公众（讨论者）。因此，大屠杀的唯一性，在学术上可以讨论，在政治上存在禁忌。[27]

吕森强调：政治维度中的重要现象是身份认同。简而言之："我们是谁？"问题的答案不是固定不变，而是流动多变，不但涉及"我们"，而且涉及"他者"，历史之战中常见的身份认同主要包括族群、国族和人类共同体等。在全球化背景下，身份认同的复杂性加剧，形形色色的历史之战由此产生。在国家内部，存在国内的历史之战；在国家之间，存在国际的历史之战。对此，身份认同是基本的分析工具。美国、加拿大和澳大利亚是典型的移民社会。认同问题的焦点是多元族群。裂痕在同一时代的不同的族群之间。"我们的历史"和"他者的历史"发生对立。在美国，"熔炉神话"遭到"白人至上论"的挑战；在澳洲，获得政治认同后，土著对土地归属问题提出质疑。[28]德国和印度是典型的非移民社会。认同问题的焦点是处理特定的历史负担。裂痕在同一共同体的不同时代之间。"那些年的我们"和"当下的我们"对立。在德国，症结是如何"克服"纳粹历史负担，建构今天的"好的"德国的认同。在印度，症结是怎样"调和"前现代穆斯林影响和近现代印度教认同。[29]

国际性的历史之战主要是国家之间的历史争议，例如二战衍生的历史议题：东亚的争议激烈，包括靖国神社问题、历史教科书问题和韩日慰安妇雕像冲突；欧洲的争议也很激烈，特别是中东欧国家的苏联红军纪念碑问题。[30]

在国际性历史之战中，虽然出现过一些解决途径，例如合编历史教科书等[31]，但是历史之争不断爆发，规模日益扩大，影响日益增强，特别是反全球化运动，民族认同和普世认同发生激烈冲撞，历史沦为民族主义历史煽动的工具。

在公共历史的实践中，问题是如何理性地管理历史议题的政治性因素？

在政治视角下，公共历史实践者要减少传统学术史学存在的去政治化倾向：通常，专业史学主张排除政治的影响，澄清历史的真相，达成共识，消除争议。反之，公众史学天然带有政治的因素，首要人物是面对历史和政治的结合。

在中国的公共历史运动中，"历史书写[32]"的"再分配"成为旗帜性的指标。相关诉求遍及主要范式，例如：城市历史保护[33]、小历史书写[34]和历史自媒体[35]。其中最简单的表述来自"公众性历史杂志"[36]——《看历史》的发刊辞：

这是一个"公民写史"的时代，它给了我们每个人一支笔，以打破几千年来被官史和史官垄断的历史书写权和解释权。……

社会的进步赋予了公民写史的可能，而记录和传播技术的演进，则给了每个人书写历史的手段。在这个时代，权力或知识的垄断者不再是历史的垄断者……

因此，让我们一起来书写历史。[37]

由此可见，在中国的公共历史实践中，核心的议题是历史话语权的分散化。相应的身份认同的基本格局是：一边是"我们"——分散化的新兴历史话语者；另一边是"他者"——"权力或知识的垄断者"——中心化的传统历史话语者。我们又必须注意到：中心化历史话语者仍然在历史文化中扮演不可或缺的角色。

在政治视角下，作为研究对象的历史之战和作为实践进程的公共历史相通。通过对前者的研究，可以总结话语权和身份认同的模式，应用于后者的实践中。在此基础上，学生将思考：如何凭借，分析公共历史争议，建设公共历史文化，成为有能力、有意愿、勤于思考、善于实践的公共阐释者。[38]

四、知识视角下的公众史学

在历史文化理论下，知识维度是指：各种涉及历史的社会实践或客观事物，总是包含学术知识。简单而言，"历史真相"；复杂而言，作为学术研究的门类，历史知识符合特定的"范式"，例如概念体系、方法系统和呈现途径。[39]

在知识视角下，公众史学遵循什么范式？公众史学和学术史学二者有共性，也有差异：就共性而言，公众史学共享其他史学分支部分范式，例如史料基础，就差异而言，公众史学强调把历史呈现的生成和传播视为统一整体。

舍内曼概括：在不同时代，历史文化形态发生整体变化，兼及形式和功能：在前现代，历史呈现的形式是"范例"，历史传播的功能是指导等级社会的精英；在近现代，历史呈现的形式是"知识"，历史传播的功能是教化民族国家的公民；在后现代，历史呈现的形式是"体验"，历史传播的功能是满足消费者需求。[40]

舍内曼的概括相对简化。事实上，在同时代，历史文化可能存在多种范式。例如：人们通常认为近现代的德国是专业性历史研究和民族国家历史叙述主导。不过，哈特维格（Wolfgang Hardtwig）提出：当时存在至少三种"历史书写"（Geschichtsschreibung）：第一，历史小说、传记以及绘画，由非专业的作者生产，向非专业的受众传播；第二，科普性简史、史话和讲座，由专业性的学者生产，向非专业的受众传播；第三，学术性论文、专著和专论，由专业性的学者生产，在学术界的内部传播。此外，还有两种不常见的方式：其一，专业的著作受到非专业的受众广泛欢迎；其二，非专业的著作受到学术界的接受。[41]

在学术史学研究中，学者主要关注专业学者的成果及其在学术界内的影响。在公众史学的研究中，需要关注不同历史呈现和历史传播途径的范式及其互动。以学术史学的范式为标准，可以通过比较揭示不同形式的公共历史实践的范式。简单的归类方法如下列象限图所示。

非专业作者——专业受众 学术史学的范式严格 （某些公众史学门类）	专业作者——专业受众 学术史学的范式严格 （学术期刊）
非专业作者——非专业受众 学术史学的范式宽松 （历史小说等）	专业作者——非专业受众 学术史学的范式宽松 （历史科普）

在公众史学的领域，知识视角的应用主要立足于公众史学的学术研究层面。培养公众史学研究者时，主要的任务是培养以反思性的视角审视公共历史现象。他们需要意识到，不只是简单地呈现"历史真相"，而是追问真相成立的过程，包括史料基础、因果关系、共识和争议，包括历史呈现中相关要件的静态分布，兼及历史传播中相关要件的动态损益。例如：论文如何成为"帖子"。

五、审美视角下的公众史学

在历史文化理论下，审美维度是指：各种涉及历史的社会实践或客观事物，总是包含艺术、美学或情感的因素。美学因素的主要功能是让历史变得可感知。典型案例是叙述、符号以及仪式等。目前，国内外史学理论界对美学因素和史学整体的关系还存在较大的争议。相应的，在公众史学的领域，审美视角的应用主要立足于公共历史的社会实践，特别是其中的实用性考虑。[42] 理论上，审美视角与感知属性相关。实践上，历史传播受到历史呈现影响。当历史传播的媒体是大众媒体，对象是社会大众，审美维度的影响就更加显著。简答的案例，大众历史杂志中，对相同历史事件，不考虑使用图片等其他因素，如何生成引人注目的题目？简单对比如下表所示：

表：大众历史杂志的标题

主题	标题
清华大学百年校庆	《看历史》：毕业生：百年清华的中国年轮 《文史参考》：百年清华的六大拐点
太平天国百年纪念	《看历史》：出天国记：太平天国 160 年祭 《国家人文历史》：天国陷落 [43]

显然，大众历史杂志采取了各种艺术手法，特别是其中的《看历史》杂志：
"年轮"是比喻；"出天国记"是用典；"马关之痛"是拟人；"最蓝"是夸张。可
见，出于实用目标，在公众史学教学中，有必要帮助实践者认识到艺术元素，
进而有意识地利用艺术元素。事实上，人们对公共历史传播中运用艺术元素
或审美途径的做法并不陌生，此处简单罗列具象化和符号化两种现象。在前现
代，具象化呈现是常见的公共历史的表现形式，例如图像和雕像等。例如英国
宗教改革后，亨利八世借助圣经插图，传播"国王是最高宗教领袖" [44]；又如
凡尔赛宫有关"太阳王"的雕塑作品，无一不反映着当时的"制造"成果 [45]。
当下，图像历史呈现又在某种程度上满足了"读图时代"受众的习惯。在近现
代，符号化呈现是常见的公共历史的表现形式，例如符号和仪式等。负面的案
例：20 世纪 30 年代，随着万字符与"嗨，希特勒！"口号的持续重复，"德意
志民族共同体"的历史观，包括种族主义和个人崇拜，得以不断强化 [46]。正面
的案例：南宋灭亡 800 年后，杭州宋城打出口号"给我一天，还我千年！"。

此外，"新闻式标题"的出现，虽然不准确，但是满足了现代人的猎奇心
态，在网络时代成为"历史热"的另一种助推剂。 [47]

公众史学并不否认史学研究对于"真实性"的追求，但主张历史专业的学
生们同时拥有一对"艺术的眼光"，学会用跨学科的方法，用联想、隐喻、对
比、具象化等方式，更为通俗化地叙述历史。为此，在课程体系中，我们需要
安排社会学、艺术史、人类学、传播学、文学、哲学等多学科通识课程。

结语

在理论上，历史文化有两大功能：一方面，历史文化旨在划定研究的范围，包罗万象的涉及历史的社会实践或者客观存在都是学者研究的对象；另一方面，历史文化的作用是启发理论反思，形形色色的关于历史的社会实践或客观存在，都需要进行抽象化的理论诠释，例如形式上的多种节点和内容上的不同维度。

前者可概括为"博"——归纳现象；而后者可概括为"约"——探索规律。在我国的公众史学学科建设中，既有成果集中在"博"，未来潜力集中在"约"。过去，公众史学的开拓者致力于展现的问题是——公众史学可以包括哪些可能？未来，公众史学的后继者致力于探索的问题是——公众史学呈现出了哪些规律？

在探索这些问题时，欧美系统化的公众史学理论体系是值得借鉴的分析工具，例如德国历史文化理论研究提供的组织视角、政治视角、知识视角和审美视角，研究对象既包括正在进行的公共历史实践，而且涵盖已经过去的公共历史现象。关键是对具体现象进行系统剖析，归纳抽象模型再次投入实践。由此，我们可以发现适合公众史学的"中国特色"、"中国模式"甚至"中国震撼"。

注　释

[1] 本文有意识地使用两个意思相近的术语：公众史学和公共历史。二者都对应西方国家的 "Public History"。这样处理的目的是强调论述对象间的差异：公众史学侧重学术学科和研究；公共历史侧重社会现象和实践。这种用法参见：《国外公众史学观察·编者按》，《历史教学问题》2014 年第 2 期。

[2] 公众史学学科化、专业化或学科建设的讨论，参见：姚霏、苏智良：《高校史学人才的培养与公共历史学》，《历史教学（高校版）》2008 年第 10 期；陈仲丹：《公共历史的概念与学科定位》，《甘肃社会科学》2014 年第 1 期；徐善伟：《公共史学在中国高校发展的可行性及目前存在的问题》，《史学理论研究》2014 年第 4 期；李娜：《连接学生与历史实践 —— 公众史学在中国的教育体系建构》，《学术研究》2014 年第 8 期；孟钟捷：《中国大学公众史学培养方案 —— 以德国柏林自由大学为参照》，《辽宁大学学报》2015 年第 4 期；周俊超：《公众史学学科推广的理论与方法》，《中国史研究动态》2016 年第 3 期。

[3] 例如李娜对英语国家公众史学的系统性介绍，参见：李娜：《美国模式的公众史学在中国是否可行 —— 中国公众史学的学科建构》，《江海学刊》2014 年第 1 期；李娜：《公众史学在英语国家

的发展路径——兼论对中国公众史学发展的借鉴意义》，《历史教学问题》2015 年第 3 期。

[4] 例如钱茂伟：《中国公众史学通论》，北京：中国社会科学出版社，2015 年。基于人人都写历史的理念，书中归纳大量的公共历史实践活动，包括：个人史、家族史、社区史、影像史学、公众档案、文化遗产、历史的通俗再现、历史的影视再现和公众的通俗写史等。

[5] 陈新对公众史学的理论论述，参见：黄红霞、陈新：《后现代主义史学到公众史学》，《学术交流》2007 年第 10 期；陈新：《从后现代主义史学到公众史学》，《史学理论研究》2010 年第 1 期；陈新：《"公众史学"的理论基础与学科框架》，《学术月刊》2012 年第 2 期；陈新：《自媒体时代的公众史学》，《天津社会科学》2013 年第 5 期。

[6] 德国历史教育学及其发展概况，参见：斯特凡·约尔丹主编：《历史科学基本概念辞典》，孟钟捷译，北京：北京大学出版社，2012 年，第 85-88 页，"历史教学"词条；孟钟捷：《公众史学学科建设的可行路径——从德国历史教育学改革模式谈起》，《天津社会科学》2013 年第 3 期。

[7] 参见德国学者西蒙·劳特的比较研究：Simone Rauthe, *Public history in den USA und der Bundesrepublik Deutschland*, Essen: Klartext-Verl, 2001.

[8] "历史文化"的定义，参见：斯特凡·约尔丹主编：《历史科学基本概念辞典》，第 90-92 页，"历史文化"词条；约恩·吕森：《历史思考的新途径》，綦甲福、来炯等译，上海：世纪出版集团，2005，第 86-101 页。

[9] 吕森的历史文化理论体系，参见：JörnRüsen, "Historik", *Theorie der Geschichtswissenschaft*, Köln: Böhlau, 2013, p.221-252. 三个维度的定义参见附表。

[10] 舍内曼的历史文化理论体系，参见：Bernd Schönemann, Marko Demantowsky, "Bausteine einer Geschichtsdidaktik", *Bernd Schönemannzum 60. Geburtstag*, Schwalbach:Wochenschau, 2014, pp. 57-112.

[11] 华东师范大学的银行史研究所，参见：http://www.ecnu.edu.cn/_s64/9d/d7/c1833a40407/page.psp，2017 年 8 月 20 日。

[12] 李娜：《城市公众史学》，《复旦学报（社会科学版）》2015 年第 6 期。

[13] 新历史合作社，参见：https://read.douban.com/provider/63688399/，2016 年 8 月 20 日。

[14] "青史杯"全国高中生历史剧本大赛，参见：http://history.ecnu.edu.cn/news_view.asp?id=957，2017 年 8 月 20 日。

[15] "发现身边的历史"——首届全国中学生历史写作大赛公告，主办单位：《中学历史教学参考》杂志社、《看历史》杂志社，参见：http://news.qq.com/a/20110519/001064.htm，2017 年 8 月 20 日。

[16] 关于公众史学的美国模式，除了上述李娜的论著以外，亦可参见王希的论述，例如：王希：《谁拥有历史——美国公共史学的起源、发展与挑战》，《历史研究》2010 年第 3 期。

[17] 参见：Robert Kelley, "Public History: Its Origins, Nature, and Prospects", *The Public Historian*, vol. 1, no. 1, pp. 16；另参见：李娜：《美国模式的公众史学在中国是否可行——中国公众史学的学科建构》，《江海学刊》2014 年第 1 期。

[18] Michael Frisch, *A shared authority, essays on the craft and meaning of oral and public history*, Albany: State University of New York Press, 1990, Introduction；介绍参见：李娜：《美国模式的公众史学在中国是否可行——中国公众史学的学科建构》，《江海学刊》2014 年第 1 期；另参见：王希：《把史学还给人民——关于创建"公共史学"学科的若干想法》，《史学理论研究》2014 年第 4 期。

[19] 译文参见：王希：《谁拥有历史——美国公共史学的起源、发展与挑战》，《历史研究》2010 年第 3 期；李娜：《美国模式的公众史学在中国是否可行——中国公众史学的学科建构》，《江海学刊》2014 年 2 月。

[20] 英国模式，参见：朱联璧：《英国的公众史学》，《历史教学问题》2014 年第 2 期；李娜：《公众

史学在英语国家的发展路径：兼论对中国公众史学发展的借鉴意义》，《历史教学问题》2015年第 3 期。

[21] 法国模式，参见：肖琦：《法国的公众史学》，《历史教学问题》2014 年第 4 期；赖国栋：《谁拥有过去 —— 兼谈法国公众史学的发展》，载于《江海学刊》2014 年第 2 期。

[22] 德国模式，参见：孟钟捷：《公众史学学科建设的可行路径 —— 从德国历史教育学改革模式谈起》，《天津社会科学》2013 年第 5 期；孟钟捷：《德国的公众史学》，《历史教学问题》2014 年第 3 期。

[23] 美国的公众史学和德国历史教育学异同，参见：Simo.ne Rauthe, *Public history in den USA und der Bundesrepublik Deutschland*, Essen: Klartext-Verl, 2001.

[24] 相关论述参见：约恩·吕森：《历史思考的新途径》，第 99-100 页。

[25] 公众史学争议，参见：孟钟捷：《从德国范式看公众史学争议的起因、进程与影响》，《江海学刊》2014 年第 2 期。

[26] "话语权"对应当代美国公众史学的重要概念"sharing authority"，国内出现过几种翻译，王希诠释为"共享权威"，李娜诠释为"共享话语权"；身份认同（identity）和历史建构的关系，参见：斯坦凡·贝格尔、孟钟捷，《通往民族历史编纂学的全球史》，《学海》2013 年第 3 期。

[27] 参见：孟钟捷：《从德国范式看公众史学争议的起因、进程与影响》，《江海学刊》2014 年第 2 期。

[28] Mark Hearn, "Writing the Nation in Australia: Australian Historians and Narrative Myths of Nation", in Stefan Berger, ed., *Writing the Nation. A Global Perspective,* New York: Palgrave Macmillan, 2007, pp.103-125.

[29] Radhika Seshan, "Writing the Nation in India: Communalism and Historiography", in Stefan Berger, ed., *Writing the Nation. A Global Perspective,* New York: Palgrave Macmillan, 2007, pp. 155-178.

[30] 中日历史争议问题，参见已故著名学者步平的一系列著述，例如：步平：《关于日本历史教科书问题》，《抗日战争研究》2000 年第 4 期；步平：《日本靖国神社问题的历史考察》，《抗日战争研究》2001 年第 4 期；步平：《对中日历史问题基本状况的分析》，《中国社会科学院院报》2006 年 12 月。

[31] 德法合编历史课本，参见：爱蒂安·弗朗索瓦、孟钟捷：《共同记忆的形成：德法合编历史教科书 —— 访爱蒂安·弗朗索瓦教授》，《历史教学问题》2010 年第 3 期。目前国内学术界对欧洲二战历史记忆的研究存在一些盲点。注意力只局限于法德和解，而没有注意到东欧南欧国家之间广泛和严重的历史之战。

[32] 历史书写的概念，参见：孟钟捷：《后真相与历史书写》，《探索与争鸣》2017 年第 4 期。

[33] 城市公众史学，参见：李娜：《城市公众史学》，《复旦学报》（社会科学版）2015 年第 6 期；李娜：《谁拥有过去?—— 探索普通人的历史感知》，上海师范大学都市文化研究中心：《都市文化研究（第 12 辑）—— 城市史与城市研究》，上海：上海三联书店，2015 年，第 30-42 页。

[34] 小历史书写，参见：钱茂伟：《小历史书写理论与方法的研究》，《学术研究》2013 年第 11 期；亦可参见：钱茂伟：《中国公众史学通论》，北京：中国社会科学出版社，2015 年，第二章"人人的历史都是历史"和第三章"人人都是历史记录者"。

[35] 自媒体和公众史学，参见：陈新：《自媒体时代的公众史学》，《天津社会科学》2013 年第 5 期；相关问题，亦可参见：马勇：《"自媒体时代"的历史研究和史学表达》，《史学理论研究》2011 年第 4 期。

[36] 公众性历史杂志的概念，参见：陈新：《自媒体时代的公众史学》，《天津社会科学》2013 年第 5 期。

[37] 《看历史》杂志及其发刊词，参见：https://www.douban.com/group/topic/1969835/，2017 年 8 月 20 日。2007—2013 年，《看历史》杂志编辑团队由著名出版人唐建光领导，深入参与中国公共历史运动。2013 年后，《看历史》团队转为"新历史合作社"，出版数字化杂志"我们的历

史"。《看历史》杂志的相关介绍，参见：李鹏：《历史杂志如何经得起历史考验》，《中国图书商报》2011 年 9 月 9 日，C02 版。

[38] 张江：《公共阐释论纲》，《学术研究》2017 年第 6 期。

[39] 参见：约恩·吕森：《历史思考的新途径》，第 101 页

[40] Cf. Bernd Schönemann, "Geschichtsdidaktik und Geschichtskultur." In Bernd Mütter, Bernd Schönemann, Uwe Uffelmann,（Hrsg.）*Geschichtskultur Theorie-Empirie-Pragmatik*, Weinheim: Deutscher Studien Verlag. 2000, pp.26-59.

[41] 参 见：Wolfgang Hardtwig, *Geschichte fürLeser, populäreGeschichtsschreibung in Deutschland im 20. Jahrhundert*, Stuttgart:Steiner, 2005.

[42] 例如海登·怀特提出的元史学概念，相关讨论，参见：彭刚：《叙事、虚构与历史 —— 海登·怀特与当代西方历史哲学的转型》，《历史研究》2006 年第 3 期；陈新：《历史·比喻·想象 —— 海登·怀特历史哲学述评》，《史学理论研究》2005 年第 2 期。

[43]《毕业生：百年清华的中国年轮》，《看历史》2011 年第 4 期；《百年清华的六大拐点》《文史参考》2011 年第 8 期；《出天国记：太平天国 160 年祭》，《看历史》2011 年第 8 期；《天国陷落》，《国家人文历史》2014 年第 12 期。

[44] 赵博文：《图像证史：亨利八世形象塑造与宗教改革》，《历史教学问题》2017 年第 4 期。

[45] 彼得·伯克：《制造路易十四》，郝名玮译，北京：商务印书馆，2007 年。

[46] 提尔曼·阿勒特：《德意志问候 —— 关于一个灾难性姿势的历史》，孟翰译，南京：江苏人民出版社，2008 年。

[47] 王记录：《近十年来"通俗历史热"现象探析》，《四川师范大学学报》2012 年第 1 期。

历史的"公众转向":中国公众史学建构之探索

李娜[*]

摘要： 当记忆、遗产与身份认同难分彼此，当过去、现在与未来的界限日益模糊，当大量民间史料得以发掘与运用，知识建构的模式与权威均受到挑战。历史的"公众转向"扩展了历史研究的范畴与历史解释的维度，同时提出了新的问题，或为老问题提供了新解释、新角度与新方法。公众史学在中国虽迅速发展，似呈显学之势，但学术界仍处于摸索阶段。欲成专门之学，公众史学需要从公众、空间与话语权来定义，需要厘清与相关学科或领域的关系，需要逐步建立起学理框架与概念体系。

关键词： 公众史学、"公众转向"、历史感知、"中国人与过去"、遗产

21 世纪初的 15 年，媒体技术的变革，信息的自由流动，公共空间的日益扩展都为公众提供了获取历史信息的多种渠道。文字不再是历史表征的唯一媒介，变革也不仅仅意味着历史知识传播方式的改变；新媒体在历史的表征、象征、与历史知识的生产、解释中发挥着特殊的作用，并深刻地影响着人们对历史的感知。这一影响不仅局限于智识的感知，还包括心理、情感、直觉和体验。学术的历史感知与公众的历史感知之间的差异变得明显[2]。同时，仅仅传播历史知识，或发掘被边缘化的社群的历史似乎远远不够。历史学家还需要在实践中与公众携手，让他们持续地参与到历史知识的生产和建构中。但是，历史学家对公众如何认识和使用历史知之甚少，历史在普通人的生活中究竟占有怎样的地位，或公众的历史认知与职业历史学家所研究的"历史"之间究竟存

* 李娜：浙江大学历史学系研究员、博士生导师。

有怎样的距离—— 换言之，史家在公众领域的"失语"并不能解释公众对"过去"的热情。

历史的"公众转向"

20 世纪末，美国、欧洲部分国家、澳大利亚和加拿大先后进行了关于公众历史感知的全国性调研。这些项目希望通过量化数据和质性分析深入了解历史知识的受众，回答"过去"如何得以呈现，如何为公众所认知等问题。这些项目虽然获取了全国样本，但缺乏对代表性人群作深入分析，量化分析无法从方法上论证人们对于过去的态度。以美国的"过去的呈现"（*Presence of the Past*）项目为例。尽管罗伊·罗森茨威格（Roy Rosenzweig）和戴维·西伦（David Thelen）在设计和方法上遵循了当时调研的最高专业水准，该项目在收集数据样本上依旧存在不足，在采集样本尤其是电话访谈中依然存有明显的偏向性。这些调研虽然采用了民族志和口述历史的方法，但研究本身既不是民族志研究，也不是口述历史。此外，所有研究都用电脑软件来编码数据，需要在格式和设计上统一，问题的关键是对历史的情感依附作编码与量化分析似乎有悖逻辑。

在这样的背景下，"中国人与过去"项目旨在通过探索普通中国人的历史感知[2]。该项目借鉴了别国研究的经验，也汲取其教训与不足。该项目采用了问卷访谈（interview survey）的基本方法。该方法要求一组具有相似背景（如大学本科以上学生）采访人在接受同样的采访技能训练之后，来到特定的调研现场。该项目与以前的研究有以下不同：第一，侧重"地域"，即公众历史的场所，探索人们对这些地方的态度、情感与记忆，由此分析该地域公众历史项目的成败；第二，项目采用了新媒体和数字叙事方法；第三，增加了对于选定问题的口述历史访谈环节；第四，与本地历史机构合作。[3] 初步结果显示：

一是与过去相关的活动：最常见的寻找身份认同的方式是通过影像记录过去，观看历史影视节目（包括纪录片），参加家庭聚会或其他形式的聚会。这不足为奇，因为包括电影、录像和电视节目在内的大众媒介普罗大众日常生活中的不可分割的一部分。同时，集体回忆和个人回忆往往在对过去的怀旧

"消费"中重叠,而参与公众、周年纪念或历史保护组织等公共活动则是次等重要的。

二是关于过去信息来源的可信程度:档案馆、博物馆、历史遗址或纪念碑、个人或亲历者的描述等都被认为是迄今为止最可靠的历史来源。大多数受访者表示,历史物件比人的解释更加可靠,因为人们会基于不同的动机、价值观和背景对事件做出不同的解释。家庭故事排名也相对靠前,但原因有所不同,因为家庭故事的亲切感营造了一种自然的可信度。这类似于个人或亲历者的描述,大多数受访者将"动机"与"结果"混淆了:事实上,某人没有说谎的动机并不代表他们不会说谎,或者他们的解释就一定可信。当然,政客和媒体人士的排名最低也在意料之中。

三是在特定场合与过去相关联的程度:参观历史博物馆、历史遗址或纪念碑、历史街区或城市在人们建立与过去的关联程度方面排名最高。大多数受访者表示,参与这些活动是一种直接的、真实的历史体验,有一种强烈的参与感或"身临其境"之感。这些活动,特别是在原址重建的博物馆、融"活"的历史的历史街区、历史情景再现等,大大缩短了人们与过去的距离,

四是过去的多样性:中国的过去和家庭的过去的排名最高。事实上,大多数受访者认为国家历史与家族历史密不可分。爱国主义、忠诚、骄傲、"五千年的历史"等词汇出现频率很高,显示了普通人对源远流长的中国历史文化充满真诚的自豪感。

五是公众历史场所或地域:"你在过去12个月里参观过公众历史的场所或地域吗?"大多数受访者对这个问题做出了肯定回答。基于此,问卷提出了七个子问题,以及两个基于某一特定历史场所的开放式问题。[4] 这一部分采取了面对面的深度口述历史访谈。虽然耗费大量人力,但极具价值。口述访谈的文本分析渗透着大量的信息和洞见,体现了受访者对某一特定的历史场所或地域对历史的解释、呈现与传播的批判性认知。

尽管与欧美各国的历史文化传统不同,"中国人与过去"项目的数据也还有待进一步分析,但初步的结果给我们明确的启示:历史开始自下而上,转向公众。当记忆、遗产与身份认同难分彼此,当过去、现在与未来的界限日益模糊,当大量民间史料得以发掘与运用,知识建构的模式与权威均受到挑战。

譬如，口述历史以多样的形式、平实的语言为公众提供了参与历史生产、解释与传播的渠道，因而颇具吸引力。长久以来，口述历史一直在收集和传播中国传统文化和历史中发挥着不可替代的作用。即使在今天，很多少数民族文化也没有文字记载，而仅仅依靠口传心授。但是，近年来，口述历史的盛行和身份认同感的削弱似乎发生了碰撞。人们通过追溯对个人、家庭和国家的历史与记忆来寻觅新的认同感和解释权，而媒体技术的发展无疑加速了这一进程。除了官方形式的传播和保护，口述历史本身富有浓厚的平民主义色彩，在家族中代代相传，在本地社区亦广为流行。大多数口述历史项目由私募基金赞助，不以营利为目的，吸引着技术娴熟、视觉敏锐的年青一代。"家春秋——大学生口述历史计划"与"全国青少年历史记录大赛"是其中的典型案例。同时，口述历史也促使让人们重新思索某些被忽略、被一笔带过，或有争议的历史。这类研究一方面补充官方的、专业的研究，另一方面又巧妙规避、挑战、甚至彻底推翻官方与职业的权威。近年来兴起的关于"文革"的口述历史研究通过亲历者的声音挑战非黑即白的历史论断，生动地展示了历史的复杂性与多样性。

又如，遗产已经变成了一个流行语，从一种热情发展为一种产业。博物馆、历史遗址、纪念碑、纪念馆、历史街区与历史城市数量激增，都表明人们对过去的热情。作为一种公共设施，博物馆伴随着国家建设的脚步共同发展，博物馆兴建已经成为最近中国的普遍现象。1949年，全国只有25座博物馆。很多博物馆在"文革"期间被烧毁，馆藏也相继流失。1978年改革开放以来，城市化进程加快，中国兴起了博物馆建设的热潮。几乎每个省会城市开始建设新馆，或者翻新已有的旧馆。从2010年起，全国人民代表大会已经把博物馆数量增长作为一个指标，加入到连续两个"五年计划"当中。个人和专业艺术品收藏家通常能享受政府为他们提供的优惠地产政策用来建设私人博物馆或艺术馆。尽管那些富有的收藏家通常以此展示自己的财富，创办动机各异，且大多缺乏策展技能，但私人博物馆依然迅速发展，体现出一种与传统博物馆不同的力量与热情。大多数的私人博物馆是艺术馆、文化博物馆或画廊，也有少数具有创新精神的历史类博物馆，如位于成都市郊安仁古镇的建川博物馆便体现了私人收藏与历史的公众呈现之结合。毫无疑问，博物馆人正面临人们日益增长的对过去的需求与热情。

在城市层面，很多城市都在争创"历史城市"，着眼于历史遗址、遗迹的商业开发。以 2004 年开始的红色旅游为例。革命遗址遗迹、爱国主义教育和旅游融为一体。公众可以来到这些经典的红色革命场所，重新体验他们的个人经历。通过参与诸如唱红歌、现场表演、回忆餐等各种活动，旅游参观变成了集体怀旧。翻新的江西井冈山革命遗址是这类红色遗址旅游的代表。与 20 世纪 60 至 70 年代期间对历史建筑的毁坏，以及 20 世纪 80 至 90 年代以"现代化"名义大规模拆除历史建筑、破坏自然环境相比，中国正在重燃对远古的热情、对往昔的渴望。

由此可见，实物文化，如公众历史场所，对公众认知和了解历史十分重要。这些地域空间亦是历史的叙事空间，拥有不同的修辞逻辑，潜移默化地影响普通人的历史感知，引导人有历史意识地进行反思。家庭成为生产、制作历史的重要场所，亲密地影响着普通人的历史感知。同时，公众对体制和职业的权威抱着尊敬的态度，并期待着专业人士能更多地介入、帮助、协调。历史学家和历史教育家面临着具有审辨思维的"公众"。历史之赓续、传统之稳固，并将之体制化，服务于现实和未来。如果说传统中国文化中，学校是传授历史知识、影响历史感知、建构公民身份认同的主要场所，学校的历史教育在很大程度上没有实现这一目标。通过死记硬背预设的理论和数字而获取的历史知识往往"无趣、匮乏、毫不相关"。更深层的启发则是：过去是多样的，与现实生活息息相关，而对过去的认知与解读也不断发展。历史的"公众转向"扩展了历史研究的范畴与历史解读的维度，同时提出了新的问题，或为老问题提供了新解释、新角度与新方法。

中国公众史学建构之探索

历史在公众领域的各种实践可以追溯至一个世纪之前，历史学家在学院之外从业也由来已久。在美国，自 20 世纪 30 年代起，历史学家已经在学院之外，如政府部门、历史遗址、档案馆、博物馆、历史保护机构、公司或企业等供职。第二次世界大战期间，很多历史学家成为战略决策部门的智囊分析师，并开始将口述历史的技能用于战争记录和分析。自 20 世纪 60 年代，美国史学界开始倡导更宽容的历史解读，主张将女权主义历史、少数族裔史、非裔美国史、新文化史等纳入史学研究的范畴。历史学开始自下而上，逐渐回归公众领域。20 世纪 70 年代末，公众史学作为历史学的一个分支学科开始发展，目前已形成了一套日臻完善的教学模式、伦理规范和实践网络。在英国，历史是公民教育的一种形式，历史知识在国家事务、政策制定和公众生活中举足轻重。"人民的遗产"（people's heritage）倡导"非官方知识"（unofficial knowledge），历史成为一种"社会形式的知识"。这种"自下而上"的遗产观其实是 20 世纪 60 至 70 年代新社会史学对遗产保护的一种极为人性的回应，而职业历史学家在公众领域实践亦逐渐呈多元态势。在加拿大，历史学家不过是对历史充满激情却毫无学院训练的一群人，而将历史知识和技能运用于学院之外已有好几代人历史。在澳大利亚，公众史学的起源可上溯到查尔斯·比恩（Charles E.W. Bean）。他在牛津大学研习法律，毕业后成为一名新闻工作者，并撰写国家历史，建立澳大利亚战争博物馆，作为主流博物馆和战争记录的国家档案馆。在新西兰，发掘、解读和记录原住民的历史是历史学家在政府部门从业的重要职能。

　　综观这些国家公众史学的起源和传统，不难发现，公众史学是一种"古老"的研究在学院之外的"过去"的史学实践。当今天的一些学者简单甚至有些粗暴地将公众史学的起源归于 20 世纪 60 至 1970 年代的职业危机时，他们其实忽略了公众史学产生的深层动因。职业危机的本质是对职业终极目标产生信心危机，即通过专业知识和技能服务于社会，并对社会发展做出实际贡献的职业理念遭到质疑，这根源于一直占统治地位人文社会科学研究的"理性"范式动摇。颇具讽刺意味的是，自 19 世纪末历史学家成功地将历史发展成为一门学科，他们也渐渐失去了公众，渐渐有意无意地忽略了公众对历史发展和演进的影响；日益狭隘的学科分支不仅削弱了历史学的整合思辨之力度，也让其渐渐远离其多元受众。

　　进入 21 世纪，对史学公众性的敏感与关怀，融史学技能于社会之需，成为时代潮流。公众史学在中国迅速发展，呈显学之势，成为新的学术增长点。但总体而言，学术界仍处于摸索阶段，尚未形成基本的学理框架与教育体系，这体现在三个方面：

　　第一，缺乏微观、具体的研究，大量基础性工作尚未展开。宏观的解释应基于夯实、深入的具体研究，公众史学的研究重心在"公众"领域，即基层的人物和事件。20世纪初梁启超等提出的"新史学"即主张一种普世、宽容的史学观，"历史不是为权力或智识阶层而作，应当反映普通人的生活，应当是爱国主义的源泉"[5]。遗憾的是，提倡"民史"并没有让历史真正民众化，学者内心没有实现真正的公众化，学术或学究的偏见根深蒂固，因此真正讲述、记录社会民间历史与记忆之史学论著寥寥无几。[6]

第二，研究者的思路基本还是遵循原有的路径、方法与框架，即希望通过学术、概念分析建设公众史学，鄙视实践，质疑其严肃性和学理性。这些学术探索囿于学术界，受制于特定的话语体系和评估机制，很少有学者将目光投向学院之外的"公众"。殊不知，公众史学家并不拥有公众历史。而"以资论辈"、"抢占山头"的旧习气实则与公众史学的基本精神相悖。

第三，跨学科的对话与合作尚未展开。自19世纪末，随着知识的专业化与学科的出现，学者逐渐被孤立于以研究对象为基础的群体。虽然开明的学者也偶尔跨越边界，阅读其他学科的成果，但这与受过不同学科训练的人实现对话与合作不尽相同。公众史学的研究者目前尚未超越各自领域或学科之原有的路向与路径，缺乏群体思索与坦诚对话。[7]

这里，笔者就将公众史学发展成为专门之学提几点浅见。

一、公众史学是什么？

回答这一问题我们需要重新思索某些既定的假设。长久以来，我们试图填补公众史学家和传统史学家之间的鸿沟，而这鸿沟也许并不存在。公众史学在服务对象、研究范围、核心命题、研究方法与路径、所依赖和倡导的文化传统等方面与传统史学不同，这些差异决定了从传统史学的角度来界定公众史学往往行不通，而公众史学在特定的政治文化语境下是否行得通也并不取决于学院内论辩的结果。公众史学定义的核心在于公众、空间、话语权。

"公众"这一概念可溯源至哈贝马斯（Jürgen Habermas）提出的自由公民的公共空间，与私人空间截然对立，而公众作为平等自由的个体相互交流，讨论公共事务。[8]"在高度发达的希腊城邦里，自由民所共有的公共领域（koine）

和每个人所特有的私人领域（idia）之间泾渭分明。公共生活在广场进行，但并不固定；公共领域既建立在对谈（lexis）之上——对谈可以分别采取讨论和诉讼的形式，又建立在共同活动或实践（praxis）之上"[9]。公众不只是一定范围内的个体集合，也不是简单的个人与政府的对立[10]，它涉及公开性批判和社会公正。当公众属于某一社会群体时，他们对于某一问题的态度既不是大众的随意反应，也不是个人观点或意见的简单集合，而是公众舆论（public opinion）。拉丁语里 opnio 指的是不确定、没有完全解释的判断，其可靠性或真实性尚有待确认，这里暗示的是不同意见共存于同一空间。[11] 不过，这些不成熟的未经考证的观点或意见并不能简单地叠加成为公众舆论，而需要公众精神（public spirit）贯穿其中。弗里德利克·福斯特（Friedrich Forester）把公众精神作为个人具有牺牲精神的崇高信念提高为时代精神（大众舆论）的客观形式。基于这一精神，"完整的公正和正确意义以及通过公开论证协调舆论向判断的转化"[12]。

　　近年来，国内史学界相继出现了不同术语，如通俗史学、应用史学、大众史学、公共史学等，试图从不同角度回答"什么是公众史学"。在笔者看来，这些术语都具有合理的成分，无所谓优劣对错。"通俗史学"的提法源于中国本土，在唐宋时曾有"历史演义"或"历史通读物"。1987 年，舒焚在《两宋说话人讲史的历史意义》中正式提出通俗史学的概念并将之定义为"各个历史时期民间的或人民群众的史学"[13]，其特点是用通俗易懂的话语叙述历史，使民众能够理解并接受历史知识。这种将史学知识平民化的过程侧重表述和传播，如葛兆光所言："公众历史"不是使历史庸俗化，不是要历史去媚俗；通俗不等于庸俗，浅近不等于浅薄，提倡"公众历史"的目的是让严肃的历史学家明白，如何在传媒和市场时代，让历史仍然保持它的影响力。[14] "应用史学"侧重区别"纯科学探讨"与实践层面的"有针对性探讨"，这一区分受实证主义思潮影响。"大众史学"，即写给大众阅听的历史，或由大众来书写的历史。"公共史学"则涉及"空间"概念，认为"公共空间"和"公共社会"的存在是公共史学生存和发展的前提条件，

　　这些辨析多为一己之见，而概念与学理的建构是一个不断探索、提炼、纠错的过程，其间的质疑、反复和论辩往往是健康的。"过去"具有开放性、

多样性与多元性，如果从所有权的角度来思索"过去"，公众史学产生需要：A. 能认知和思辨的公众；B. 能自由对话交流的空间；同时，A 能在 B 内进行批判性辩论和理性思索，即 A 对 B 持所有权和自主权（ownership of the space）。鉴此，公众史学是突出**受众**的问题、关注点和需求的史学**实践**；促进历史以多种或多元方式满足**现实**世界的需求；促成史家与公众共同将"过去"建构为历史。公众史学的基本旨趣，亦是其新颖之处，在于多样性与包容性。

二、公众史学与相关学科的关系

"过去"不是按学科来划分的，历史学也不是唯一的研究"过去"的学科。欲成专门之学，公众史学的建构需要厘清与相关或相近学科或领域的关系，如公众史学与历史学、考古学、博物馆学、档案学、口述历史等；与其他社会科学的关系，如公众史学与城市规划学、政治学、计量经济学等。这需要打破学科之间人为的壁垒，需要长期的摸索和磨合，不仅意味着共享通常为某一领域所垄断的资源，也意味着不同领域之间理论与方法的坦诚交流、借鉴与合作。

譬如，作为历史学的两个分支学科，公众史学与口述历史在学科起源、记忆研究、历史呈现方式及研究方法等方面拥有共同关注点。对话性、参与性、叙事性是连接公众史学与口述历史的核心，这其中历史叙事与分析尤为关键。当我们分析口述访谈资料，使用这些资料构建、解读历史，并将之以通俗易懂的方式传达给公众时，我们实际上是通过更宽容的、更具人性的方式书写历史。作为史料证据的来源之一或历史信息解读的新视角，口述历史可作为涉及不同学科、时间跨度较大的公众史学项目的方法环节。同时，口述历史还能帮助我们搜集丢失的或未被记录的证据，从而让在宏大历史叙事中一度"失语"的社群有机会讲述并构建自己的历史。

又如，公众史学与档案学。从学科的演进与发展历程看，档案学者其实可以看作是公众史学运动的先驱。自 20 世纪 70 年代以来，两个学科在解释与保护历史，在实现社会公正的理念，在教育的内容和方法上都存有密切的关联。进入新媒体与数字技术时代，档案逐渐服务于多元受众，这为公众史学与档案学的结合之道提供了新的思索空间。如果说所有的职业都受其使命的激励，实现其使命都取决于公众的认可与约束,并实现与公众有效地交流,那么,"档案为人人"则是"共享权威"的真实体现。

再如,公众史学与城市规划学。当历史保护成为城市规划的有机组成,回答"为谁保护历史"这一问题的关键在于公众的观点和价值能否在保护过程中得到尊重和实现。在文化与语言、权力与理性为核心的叙事基础上,"具有文化敏感性之叙事方法"融公众史学于沟通式规划,不仅诠释历史,还在实践中改变公众对城市的解释并进而影响城市文化景观,这其实是城市规划走向人本主义,这与历史回归公众存有必然的、逻辑的联系。

厘清与相关学科的关系是为真正的"跨学科"研究提供合作的空间,而公众史学的独立性正在建立其宽容性与包容性之上。

三、学理框架与概念体系

逐步建立起完整的学理框架和概念体系是任何学科发展的必经之路,公众史学亦不例外。学理的探索固然重要,但没有具体研究的理论往往是破碎和不完整的;仅仅靠翻译引入抽象的、充满理想主义色彩的概念与命题无法支撑一个学科的建设。公众史学本质上是一种反思性的史学实践。反思的前提是打破偏见,包括社会性偏见、学术场域偏见与学究偏见,如皮埃尔·布迪厄(Pierre Bourdieu)所言,社会的许多偏见常让我们对外界事物缺乏反思性认识,忽略具体问题的重要性。王明珂在此基础上提出"反思史学"让史学家得以进入其熟知的线性历史的一个剖面,一个过去的"当代",社会认同,人际微观互动等。[15]唐德德·塞恩(Donald A. Schön)则认为"在实践中反思"(reflection-in-action),"在现实———即特定的一段时间内,特定的场景下———我们的思维影响我们的行为,对现实进行改变"[16]。公众史学关注各种类型的公众(multiple publics)之需求,在反思式的、平等的对话中重新界定历史话语权,是理论与实践的博弈,亦是一个动态发展的过程。而目前,国内尚无高校设立公众史学项目;尚无完成公众史学项目所需的稳定资金来源;缺乏经过专门训练的师资,及具有专业知识和技能的学生,换言之,原创性理论产生所需条件尚未具备。

　　历史的"公众转向"实质是史料和史观的扩展，其新颖之处在于新的素材、新的方法与新的呈现方式。除传统档案的运用之外，还应重视家书、日记、回忆录、口述资料、实物文化、考古发现等史料的使用，还应重视来自中下层的"非官方"史料。罗志田说得好："新世纪的史家应以开放的心态利用一切可资利用的方式方法研究历史。由于近代中国多变而多歧的时代特征使得框架性的系统诠释和整齐划一的阶段论都有局限性，目前或可考虑将研究重心转向具体的中下层机构、群体、人物和事件，即司马迁所谓'见之于行事'。"[17]宏大历史关心的是转型与巨变，求证的是规律与动因，书写的是权力塔尖的少数人的故事，而普通人的生命历程、体验、情感、梦想与记忆很少进入我们职业训练的范畴。因此，所谓"历史经验教训"显得有些单薄。公众史学研究的路向与路径之重心在公众，在微观与具体。基于公众史学视域的历史教育应当教授对历史事件进行分析和思辨的能力，鼓励历史想象力；应当以思辨和批判的态度，而不是以脆弱的、情绪化的"爱国主义"和"民族主义"将过去的复杂性与多歧性简单化。同时，积累高质量的案例研究，基于"历史的特殊性、传统型和变异性"[18]，对具体研究做甄别与分析，在看似复杂、纷繁的公众史学实践中探寻其内在之精神与传统。

　　公众史学既是一门学科（discipline），又是一种职业（profession），既要求证真实的历史，又要服务于公众。"求真"与"服务"缺一不可，相辅相成。"中国公众史学"暗示着公众史学的个性，用钱穆的话，"历史的个性不同，亦即是其民族精神之不同，也可说是文化传统不同"[19]，其里路之探索当以此为起点。

注　释

[1] 李娜：《历史与媒体》，《学术研究》2017年第8期。
[2] "中国人与过去"项目由六个部分组成：一、与过去相关的活动；二、关于过去信息来源之可信度；三、在特定场合与过去关联的程度；四、过去的多样性；五、公众历史场所或地域；六、个人资料。
[3] 在425个核心样本的基础上，补充了30个台湾子样本，40个少数民族子样本，以及来自与重庆中国三峡博物馆合作的"博物馆与公众：城市景观与记忆"项目的85个子样本。
[4] 重庆市区的主要遗址、遗迹、博物馆、纪念碑和历史街区等。

[5] 梁启超：《中国历史研究法中国历史研究法补编》，北京：中华书局，2015 年，第 8-9 页。

[6] 定宜庄在《老北京人的口述历史》中写道："（有关北京胡同的著作）很少注意到生活在胡同里那成千上万活生生的普通人，注意到普通老百姓在这个特定城市中生活的记忆与感受。而实际上，正是这些人的生活、人的生命，才构成了一个城市的灵魂与神韵，是研究一个城市不可或缺的核心内容。"这是将历史记忆具体化、微观化的典型研究。

[7]《青海民族研究》的一组文章是跨学科的一次尝试：《青海民族研究》2016 年第 2 期，第 27 卷第 2 期，第 1-22 页。
李娜：《公众记忆与城市记忆工程：档案与公众史学》，《青海民族研究》2016 年第 2 期，第 1-6 页；钱锋：《公众史学视野中的遗址博物馆：以重庆抗战遗址博物馆为例》，《青海民族研究》2016 年第 2 期，第 7-12 页；徐峰：《藏品概念的扩展与遗址博物馆的兴起——基于公众史学的视角》，《青海民族研究》2016 年第 2 期，第 13-17 页；邱硕：《城市历史与公众记忆——成都城市形象塑造研究》，《青海民族研究》2016 年第 2 期，第 18-22 页。

[8] Jürgen Habermas, *The Structural Transformation of the Public Sphere : An Inquiry into a Category of Bourgeois Society*, Studies in Contemporary German Social Thought, Cambridge, Mass.: MIT Press, 1991，并部分参考：哈贝马斯：《公共领域的结构转型》，曹卫东、王晓珏、刘北成、松伟杰译，上海：学林出版社，2004 年。

[9] 哈贝马斯：《公共领域的结构转型》，第 3 页。

[10] Craig Calboun, "Public," in Tony Bennett, Lawrence Grossberg, Meaghan Morris, and Raymond Williams, *New Keywords: A Revised Vocabulary of Culture and Society*, Malden, MA: Blackwell Pub., 2005, pp. 282-286.

[11] 在英文里，舆论与真理、理性、判断等之间的判断区分不如拉丁文与法文那样泾渭分明。

[12] 哈贝马斯：《公共领域的结构转型》，第 110 页。

[13] 舒焚：《两宋说话人讲史的史学意义》，《历史研究》1987 年第 4 期，第 98-110 页。

[14] 于沛、王子今、张国刚、杨念群、杨奎松、沈志华、罗志田、茅海建、赵世瑜、徐蓝、桑兵、阎步克、彭小瑜、葛兆光、虞和平：《理论与方法：历史学与社会科学的关系及其他》，《历史研究》2004 年第 4 期，第 35-36 页。

[15] 王明珂：《反思史学与史学反思：文本与表征分析》，上海：上海人民出版社，2016 年，第 298 页。

[16] Donald A. Schön, *The Reflective Practitioner : How Professionals Think in Action*, New York: Basic Books, 1983, pp.13-17.

[17] 罗志田：《见之于行事：中国近代史研究的可能走向——兼及史料、理论与表述》，《历史研究》2002 年第 1 期。

[18] 钱穆：《中国历史研究法》，北京：生活·读书·新知三联书店，2013 年，第 2 页。

[19] 钱穆：《中国历史研究法》，北京：生活·读书·新知三联书店，2013 年，第 7 页。

记忆与公众历史

向公众呈现历史：记忆研究与历史的使用 *

戴维·格拉斯伯格 ﹝David Glassberg﹞ 著

于留振 译

在社会中流传的所有关于过去的可能叙事之中，为什么关于过去的某一种特定解释得到确认并在公众中广为流传？这些共享的历史是如何随着时间的推移而改变的？戴维·格拉斯伯格（David Glassberg）开拓性地将记忆的研究与公众史学联系在一起，《向公众呈现历史：记忆研究与历史的使用》一文从政治、大众文化与地域三方面深入解构了这一关系。"公众历史为地域赋予意义。历史感知与地域感知密不可分；我们讲述地域的历史，而很多时候，我们赋予某一地域的环境价值来自记忆，来自我们与这一地域已有的历史联系。"由此而言，"历史感知"与"地域感知"相辅相成，共同影响着历史的公众呈现方式。

戴维·格拉斯伯格（David Glassberg）：美国马萨诸塞大学（University of Massachusetts Amherst）历史系教授、公众史学项目创始人。他的研究主要集中在美国大众历史与环境感知及其在政治、文化与景观方面的呈现。专著包括：《美国的历史庆典：20世纪之传统的使用》（ *American Historical Pageantry: The Uses of Tradition in the Early Twentieth Century* ,1990)、《历史感知：过去在美国人生活中的位置》（ *Sense of History: The Place of the Past in American Life,* 2001）。他参与了一系列与博物馆或国家公园合作的公众史学项目，包括 W.E.B. 杜博斯（W.E.B. Du Bois）国家历史遗址、自由女神像（the Statue of Liberty）国家纪念碑、明尼苏达历史学会（Minnesota Historical Society）、波士顿儿童博物馆（Boston

---

* 原载：*The Public Historian*, Vol.18, No.2, Spring 1996, pp 7-23. 该文由于留振（重庆大学人文社会科学高等研究院讲师）翻译。

Children's Museum）、位于新泽西州的松林地（Pinelands N.J.）国家保护区、马什 - 比林斯 - 洛克菲勒（Marsh-Billings-Rockefeller）国家历史公园、斯普林菲尔德兵工厂（Springfield Armory）国家历史遗址、科德角（Cape Cod）国家海岸遗址等。自 2014 起，他成为美国内务部 / 马萨诸塞大学的东北部气候科研中心（Northeast Climate Science Center）的研究负责人之一。

在过去的 10 年里，考察西方文化中历史使用的新著剧增。这些新的学术成果包括诸如戴维·洛温塔尔（David Lowenthal）的《过去是一个陌生的国度》（*The Past is a Foreign Country*, 1985）和迈克尔·坎曼（Michael Kammen）的《记忆的神秘和弦》（*Mystic Chord of Memory*, 1991）之类的概述性著作，也包括诸如卡拉尔·安·马林（Karal Ann Marling）的《乔治·华盛顿沉睡于此》（*George Washington Slept Here*, 1988）和拙著《美国历史的魅力》（*American Historical Pageantry*, 1990）这样的学术专著，这些研究从多种角度考察了社会的"记忆"是如何得以构建、制度化、传播和理解的。当前，包括历史学在内的各个学科对记忆研究的痴迷程度，没有表现出任何减弱的迹象。

这些关于记忆的新学术研究，为那些在博物馆、历史遗址和历史保护机构工作的人以及学者提供了共同的知识框架。理解社会思考历史的多种多样的方式，并用它来解释现在，可以阐明文化资源的管理者运作的制度性语境，以及公众处理他们的工作时对历史的思考。此外，从事历史保护和解释的专业史学家，在不同的环境下从公众那里获得的洞见，对于历史知识是如何得以构建、制度化、传播和理解的第一手认知，有助于为整个历史职业和历史的实践注入活力。

记忆的含义是什么？概言之，这些研究试图理解公众视野中不同版本的历史之间的相互关系。它们考察人类学家罗伯特·雷德菲尔德（Robert Redfield）所说的"传统的社会组织"；对历史的不同理解是如何通过多种机构和媒体——这些机构和媒体包括学校、政府纪念仪式、大众娱乐、艺术与文学、家庭和朋友讲述的故事，以及由政府或大众为历史目的所设计的景观特征等——在社会中进行交流的。

根据这种研究路径，学者们已经从研究那些创作历史的机构——学院和大学、政府机构、大众媒体——转移到了研究受众的思想，这些受众汇集了对各种各样的历史的理解。这种新的研究路径，不是假定受众几乎是以同样的方式理解同一个历史形象，而是强调受众对于同一个历史呈现拥有许多不同的理解。一本历史书、一部历史电影或一场历史展览的含义并非固定不变，其含义也不仅仅只由作者的意图所决定。它们的含义是不断变化的，因为受众会将之置于他们自己多样的或个人的背景之下，积极主动地重新解释他们所看到和听到的历史。但是，如果每个人都创造他／她自己的过去，那么怎样以及何时才能产生共识？

许多这些新的学术研究，都考察了个体对历史的记忆是如何通过与他人的对话来构建和确认的。个体记忆是集体交流的产物，与社会的"集体"记忆密切相关。那些与社区人群共事的人，便于考察关于过去的故事是如何在家庭内部流传下来，或者在朋友之间流传开来的。他们还便于比较在家庭、朋友间流传的记忆和在更广泛为的公众范围内——城镇、地区、国家和大众媒体——所流传的历史呈现。譬如，对与第二次世界大战50周年纪念相关的许多口述历史项目的再次审视表明，关于这次战争的家庭故事并不仅仅是个人回忆，而且还是更大的政治文化和大众媒体的反映。

这就引出了一个更大的问题，这个问题也是许多关于记忆的最新学术研究的核心问题：在社会中流传的所有关于过去的可能叙事之中，为什么关于过去的某一种特定解释得到确认并在公众中广为流传？这些共享的历史是如何随着时间的推移而改变的？

政治

研究这些问题的路径之一，就是分析关于过去的普遍印象是如何反映了政治文化的。在围绕以第二次世界大战的结束为主题的史密森展览，或为小学生制定的全国历史教学标准和教科书的内容产生的争议中，不可否认的是，哪种版本的历史被制度化并被作为**那种版本**的历史得以传播的问题是一个政治问题。当代围绕历史的政治学的辩论，只是增加了了解过去对历史的政治利用的新著之重要性，这体现在战争纪念碑、民间庆祝活动、博物馆、档案馆和历史遗址的建立上。

对有些人来说，历史充当了将政治社会中不同的群体连接在一起的神话和象征。用本尼迪克特·安德森（Benedict Anderson）的话说，在缔造"想象的共同体"的过程中，一部共享的历史——过去的某些因素被共同记忆，其中某些因素则被共同遗忘——是至关重要的因素，通过这种共享的历史的创造，不同的个体和群体能够想象自己是拥有共同当下、甚至共同未来的一个集体。有一种分析路径，将公众历史呈现的政治学描述为本质上是双方情愿的行为，这体现在，在族裔和阶级分裂的背后，人们拥有共同的公民信念或国家信念。

其他人则争论说，历史是不同的社会群体在争夺霸权的政治斗争中使用的一种工具。这种分析路径尖锐地指出了两种历史记忆，一种是用来维持现状的官方历史，另一种是普通公民用以连接家庭和社区纽带的许多"民间"记忆。这些学者认为，当政府和大众媒体利用历史影像来推动一种想象的国家共同体时，真正的地方记忆和群体记忆则遭到了压制。

将官方历史与民间记忆相对立的做法，过度简化了塑造共享的历史的力量对比。由于担心对国家的"集体"信仰和价值观的描述可能会危及少数民族的权利，致使这些著作忽视了与共享的历史密切相关的情感的自发性和深度。事实上，有许多种官方历史，同时也有许多种民间记忆。对历史的政治学的分析，不仅必须解释，精英是如何利用民间记忆并将民间记忆转变为官方历史的，而且还必须解释，国家形象是如何在地方性的语境下——譬如族群组织、兄弟会组织和劳工组织仪式和家庭与朋友的交谈等——获得了不同的含义的。

文化资源的管理者不仅要力图平衡相互矛盾的政治力量，他们还要平衡地方性的和更大范围的解释框架，因为他们把地方史置于了更宏大的背景下来解释。由于几乎不可能在任何人仍然关心的历史事件的含义问题上达成共识，文化资源的管理者在开展历史展览、战争纪念和其他纪念活动时，通常故意使其含义模棱两可，以满足不同利益派别之间的需求。这种模棱两可的产物正是詹姆斯·扬（James Young）所称之为"集合的记忆"（collected memory）的例子——这种记忆是指，将相互分散和通常相冲突的记忆汇集到一个公共空间中，位于华盛顿的越战退伍军人纪念碑即是极好的例证。在这种角色中，文化资源管理者应该更加注重为关于历史的对话和收集记忆创造空间，以及确保在这些空间中可以听到各种各样的声音，而不是提供一个对历史事件的既有解释，将最新的专业研究传递给普通公众。

大众文化

当历史出现在商业大众媒体和旅游景点时，其主要驱动力是市场，以及吸引大量人员在休闲时间前往光临的渴求。吸引大众是商业历史企业的生命源泉；随着政府和基金会对历史资金支持的下滑，几乎所有最具学术性的历史研究机构都增加了其市场和推销渠道，以便让更多的访问者进入他们的大门，或者是为他们的工作争取更多的支持者。随着博物馆和历史遗址寻求更多的观众和迎合大众的期待，曾经塑造了其他大众媒体的惯例，将会在塑造博物馆和历史遗址的工作形式和内容方面发挥更大的作用吗？罗伊·罗森茨威格（Roy Rosenzweig）用大量文献，讲述了大众新闻中，能引起读者共鸣的报道故事传统，是如何弥漫于 20 世纪 50 年代和 60 年代的《美国遗产》（*American Heritage*）杂志的历史呈现栏目的。为了争取普通受众，未来的每一部历史纪录片或每一场历史展览都要有一个圆满结局吗？历史遗址和历史街区越来越像主题公园吗，就像迪士尼在弗吉尼亚所规划的那样？

关于记忆研究的最新成果认为，个体既不被动接受，也不积极挑战他们在电视文献纪录片、音乐、电影、小说和旅游景点那里获取的历史信息。相反，正如乔治·李普塞茨（George Lipsitz）在其《时光旅途：集体记忆与美国大众文化》（*Time Passages: Collective Memory and American Popular Culture*, 1990）一书中所表明的那样，他们在大众文化和他们自己的特定亚文化之间进行"谈判"。为了吸引最广泛的合适受众，与其他流行文化形式一样，大众历史呈现也吸收了各种各样的合理特征和主题，不同的受众可以辨别这些特征和主题。即使是最具商业性的历史作品，其背后也包含有不同群体的集体记忆。通过细致分析，历史学家能够揭示这些故事所呈现出来的隐含意义和记忆。但是，个体真的主要是以诸如性别、阶级和族群这样的社会特征为分析范畴来解释历史的吗？还是说，教育和意识形态立场，是如何理解大众历史呈现的更好的决定因素？大部分人在多大程度上，有能力通过重构所呈现的信息和补充被忽视的信息，来揭示大众历史呈现的隐含意义？以及中介机构在引导接受方面的作用是怎样的？我们不仅观看了电影，还读了影评。难道告知参观者他们将要看到的历史解释是"真实的"，不会像种族、阶级和性别等分析范畴那样影响参观者对过去的理解吗？

如果个体积极主动地分析和解释他们所接受的历史解释，那么我们就要找出他们可能听到的其他故事是什么，以及他们认为什么样的资料是可靠的。我猜测，与那些商业电视网的历史呈现相比，一般来说，大部分美国人更加相信历史遗址和博物馆所呈现出来的历史——尽管最近围绕史密森的艾诺拉·盖号轰炸机展览所产生的争议表明这种信任是多么脆弱。

文化资源的管理者和阐释者明白，历史意义不仅是由历史著作的作者创造的，而且还受到他们所供职的研究机构部的塑造，并被不同的受众重新解释。受众研究旨在理解受众对历史的先入之见，受众通过这样的理解接触历史遗址，会帮助所有从事历史保护和历史解释的人，还会帮助普通大众。

譬如，让我们想象一家人在游览国家公园管理局的一个历史遗址的情形。乍看起来，似乎是从位于华盛顿、丹佛或哈珀斯费里的中央管理局传递下来的历史解释，其实是全国管理局和地方管理局之间、公园工作人员和地方利益集团之间，以及国家公园管理局和实地游览者之间相互作用的产物。在选取要向参观者讲述什么样的信息方面，公园管理局的工作人员有很大的自主性，而参观公园的人，仍然根据他们的家庭背景或其他背景，来解释或重新解释他们所看到和听到的历史。即使在资金下滑和政府收益与效果下降的时期，游客教育和游客满意仍然是四个主要运行目标之一。尽管国家公园管理局的每一级管理者都提供了塑造历史意义的背景，但是所有管理者都仍然恪守游客教育的首要目标。在多种层级的文化机构里工作的文化资源管理者和阐释者，能够揭示这些不同的背景和意义，也能揭示游客带来的不同背景和意义。

或者让我们想象一下，观众对诸如肯·伯恩斯（Ken Burns）的《美国内战》（*The Civil War*）这样的大众历史纪录片的反应。1991 年 3 月间，我阅读了伯恩斯在其新罕布什尔的家中收到的信件，以此作为开始理解观众是如何构建他们所看到和听到的美国内战的意义的一种方式。许多来信者都讨论了他们是如何从家庭那里学到了关于美国内战的知识的。伯恩斯收到的信件中，约有三分之一提到了家庭成员，这表明，观众是透过他们的家庭史棱镜来看待这部影片所呈现的美国历史的。

地域（place）

历史不仅能用于传递政治意识形态和群体认同，或者用于牟利，而且还可以帮助个体在特定的环境中定位。历史意识和地域意识是不可避免地交织在一起的。我们把历史与地域联系在一起，而依附于一个地域的环境价值，在很大程度上源自记忆，以及我们所供职的历史研究学会。无论是放映一场关于内战战役的电影，对某个地方历史遗址或街区进行命名、保护和阐释，还是建立雕像或标志物，都会将过去事件的故事与特定的当前环境相联系。当某种环境被认为是"具有历史意义"的时候——无论是由政府指定的还是大众实践赋予的——会发生什么样的认知变化？当公民组织，譬如某个地方商会，创建地图和历史地图集确认某些历史地域而没有确认其他地域时，又会发生什么认知变化？对于文化资源管理者通过历史保护策略来帮助社区界定和保护他们的"特殊地域"和"特色"来说，关于记忆如何依附于地域的最新学术研究具有特殊意义。

在过去的 10 年里，正如历史学家已经研究了历史意识的形成——关于历史的观念是如何创建、制度化、传播、理解并随着时间变化的———一样，其他学科也考察了地域意识，环境心理学、民俗学和文化地理学的学者称之为"地域感知"（sense of place）。心理学家考察了儿童在成长的过程中，是如何将情感上的地域与儿童时代的地域记忆相联系起来的，他们尤其考察了 6 岁至 12 岁的儿童生活的环境，对成年人的个人认同来说，这个年龄段仍然是一个至关重要的节点。一个人的地域感知会被成年时代所参与的社会网络得到进一步发展和强化；一个人在某个地方生活的时间越长，那么对于与家庭和朋友的重要生活经历的记忆来说，环境的影响就越大。心理学家还研究了人与地域之间的这种纽带遭到破坏后的情感影响，当年长者丧失家园或流放者被迫离开他们熟悉的环境和记忆地点时，他们就会感到极为痛苦。在研究 20 世纪 50 年代为了给城市改建项目让路而重新安置波士顿 500 名居民的案例中，马克·弗里德（Marc

Fried）就指出，甚至是搬迁了两年之后，仍有几乎一半居民患有抑郁症。波士顿的"西区"在记忆中获得了一种可能在经历上永远无法获得、但可以理解的地域———一些被破坏的街道，主要通过其被破坏的记忆，成为了唯一的"社区"或地域。

　　心理学家将地域感知与个人认同和回忆联系在一起，文化地理学家和民俗学家则将之与群体社会和集体记忆联系在一起。通过与家人和朋友交谈关于过去的地方性特征、关于天气、关于工作的经历，当地居民把普通的环境转变成了"有故事的场所"。华莱士·斯蒂格（Wallace Stegner）指出："在某个地方发生的事情被铭记于历史、民歌、故事、传说或纪念物之前，任何地域都不成其为地域。"与力图捕捉和保存乡村地区土著人的浪漫"地域精神"的早期民俗研究不同的是，最新的研究集中关注的，通常是在同样的环境下社会群体之间交流的相互冲突的含义，以及"集体"地域感知的发明———就像公众史学的发明那样———是如何成为文化霸权斗争的一部分的，这种霸权则是不同的群体和利益之间权力关系的产物。关注地域形成的意识形态方面内容的地理学家，力图对空间的社会生产进行批判性的分析，以此补充心理学研究和民俗研究对地域的主观经验分析。地理学家关注的是，地域感知是如何受到更大的社会、经济和政治力量的影响———比如说，这些力量决定了某个区域的贫民区和郊区的分布———以及谁获得了体验哪种地域的经历。某个地域的既有意义，以及因土地使用及规划决策而衍生的意义，不仅是某个城镇或社区不同居民之间沟通的结果，还是当地居民和外部世界沟通的结果。

　　关于地域感知的心理学、民俗学和地理学研究提醒我们，管理文化资源不可避免地也是一种管理附着于某个地域的多重环境认知、价值观和意义的努力；当某些地域被赋予具有"历史意义"并且区别于普通地域，或者当这些地域固定化、被修复、抑或甚至重建时，那么哪一种（以及谁的）社区、地域和特征会占据主导地位？在研究游客与历史遗址和文化资源的关系时，这是一个尤其重要的问题。一般而言，游客在某个景观中寻找的是新奇感，也就是哪些东西是与家乡不同的，而当地居民则把这个景观看作是记忆遗址和社会互动的网络。

　　对记忆和地域的研究应当是文化资源管理工作的一项常规内容。资源管理者可以发起一些活动，辨别和保护某个社区的记忆遗址、某些无意保存或由大众实践赋予特殊意义的地域，以及辨别和保护那些被政府赋予了重要集体政治认同的遗址，譬如曾经的战场和总统家乡，以及那些用来吸引游客的地方商会。1991 年，我考察了"城镇性格"（town character）这个概念是如何在三个新英格兰社区使用的：诺斯菲尔德（Northfield），被印在明信片上的一个新英格兰村庄；威尔布拉汉（Wilbraham），第二次世界大战后快速蔓延开来的一个郊区；以及斯普林菲尔德麦克奈特（McKnight）历史街区，一个种族多元化的都市街区。在一系列公众听证会中，居民们讨论了他们各自城镇或街区的"特殊地域"。历史遗址（暗指官方认可的）与社区记忆场所是不同的。比如，对于从贫民区搬进来的中产阶级非裔美国人居民和从郊区搬过来的中产阶级白人居民来说，重新修复的斯普林菲尔德麦克奈特历史街区的维多利亚式建筑具有不同的意义。

还有一些公众项目也能唤起社区的地域感知和历史感知，比如摄影项目、当地居民带领的社区徒步旅行，或者类似波士顿的"地铁上的艺术"那样的公共艺术项目，在该项目中，社区口述史学家与艺术家合作开发的公共艺术，在沿地铁橙线的每个站点都有配置。通过将全国背景加入当地居民的情感依恋之中，文化资源管理者有能力带给当地居民一些地域感。他们可以帮助居民和游客看到普通人看不到的东西：依附于地域的记忆和塑造了地域如何形成的更大的社会和经济进程。

文化资源管理与关于记忆的最新学术研究

关于记忆的最新学术研究有可能为文化资源管理者和学院派学者提供一个新的合作框架。关于记忆的新的研究路径，集中关注的是个人与群体是如何建立了他们对过去的理解的，可以用作以下三种历史活动的操作基础。政治史或官方历史、公众历史以及地域历史都使公众作为参与者加入到这些遗址所创造的历史之中。文化资源管理者和阐释者在这三种活动中发挥着举足轻重的作用。希望本文所讨论的观点，即历史意义是如何被创造出来的，有助于文化资源管理专家和学院派学者准确、有效和全面地呈现过去。

博物馆、遗址与历史保护

公众史学视野中的遗址、旧址辨伪与诠释：以国民政府军事委员会重庆行营旧址的考证与保护为例

钱锋 *

摘要： 传统史学研究如何与城市开发与社会发展的实践相结合一直是一个值得思考的问题。国民政府军事委员会重庆行营旧址在保护与利用过程中出现的争论与波折正好是对这个问题的一种解答。重庆行营的旧址在官方不甚精确的考证过程中出现误差。而来自民间历史爱好者的质疑不仅改变了官方结论，而且激发了史学研究者对历史遗址考证过程中史学方法的探求。通过口述史料、历史文物、影像史料、建筑规划等多方信息的梳理与分析，得出结论的过程是不折不扣的公众史学实践。传统史学与公众史学并不冲突，两者在特定的研究对象面前，相辅相成，互为补充。而在文物建筑考证过程及保护推广过程中，传统史学在挖掘历史内涵方面具有极重要的作用。简言之，公众史学方法有效推动历史遗址考证辨伪，而传统史学方法则巩固强化公众史学研究成果，并将公众史学方法发掘出的历史内涵予以论证传播。对历史遗址、旧址的考证、保护与开发都要求传统史学研究与公众史学实践相结合，这才是最可取的文化遗产保护方法。

关键词： 公众史学、历史遗址、考证、国民政府军事委员会重庆行营遗址（旧址）

遗址是从历史、审美、人种学或人类学角度看具有突出的普遍价值的人类

---

* 钱锋：重庆大学历史文化研究中心常务副主任、副教授，重庆抗战遗址博物馆副馆长，法学博士。

工程或自然与人联合工程以及考古地址等地方。[1] 历史遗址显然就是以历史学的角度来看具有突出的普遍价值的人类工程或自然与人联合工程以及考古地址等地方。按照历史遗址本身的定义与考古学有密切联系。但是相对于古代建筑遗址，近现代的历史遗址则不太需要考古学的介入。尤其是有些遗址还在发挥建筑的基本功能性作用，其建筑的外部甚至内部材料都在使用过程中不断替换或者加固，考古学的运用价值微乎其微。对于这类近现代历史建筑，很多人更偏爱使用旧址的提法。但在文物与博物馆界，我们往往把遗址和旧址混用，譬如 XX 遗址博物馆、XX 旧址群等。因此，从符号学的视角来看，对于我国现存的近现代建筑而言，遗址与旧址两词是没有实质区别的。因为官方定义历史建筑时，并不特别区分古代建筑和近代建筑，遗址和旧址的混用显得非常普遍，这两个词往往是同一内涵的身份标签。但是，问题却出现了。由于考古学无法介入对近现代遗址（旧址）的考证，历史遗址与旧址的准确考证只能寄希望于历史文献、图片和口述史料了。不幸的是，近代中国由于战乱、动荡以及文化因素等等，对于建筑及周边环境往往缺少或散佚详尽准确的文献记录。时至今日，当诸多的历史"遗址"、"旧址"如雨后春笋般被保护起来，并赋予传播历史文化的职能后，其确切身份与功能依然引发不少争论，在历史文献不能明确表述出原型态的遗址旧址面前，如何准确界定其身份便为公众史学的介入提供了广阔的空间。

公众史学，顾名思义就是史学研究主体或者说参与者加入了非专业史学的手段和视野，在某种程度上而言，甚至是研究者本身也来自参与的公众。随着国内第三产业发展的带动，以历史文化为脉络的旅游业也在兴起的过程中对过去被忽视的历史建筑与遗迹提出了重新发掘与认识的需求。当然从社会事务的角度来看，这是一项实践工作；但从学术研究的角度而言，这又是一项以史学为基础的学术辨伪和辑佚活动。尤其是新史学浪潮已深入研究各个领域，对历史细节的探求与把握不仅仅是对宏观叙事的历史观的充实，更是对传统史学的革命性梳理和矫正。尽管马克．布洛赫（Marc Bloch）视历史学以"知其所以然"为宗旨的科学。[2] 但"知其然"却是逾越不过去的基础。在对近现代历史遗址、旧址的探寻过程中既无法用考古学的方法，也缺乏翔实准确的文献记录。那么借助口述史料、影像史料、实地考察等超越传统史学的技艺与方法。

我国的近现代建筑和遗迹往往缺乏完备的文献记录和描述，在今天看来对遗址、旧址的精确求证的意义不亚于对历史事件准确客观表述。因为历史遗址、旧址是使得亲临实地的参观者把历史认知关联起来的主要媒介。

一、国民政府军事委员会重庆行营旧址的由来与界定

重庆市文物局在 2009 年将重庆市渝中区解放西路 14 号的一幢四层带阁楼的建筑确定为重庆市市级文物保护单位。这幢建筑的官方命名为"国民政府军事委员会重庆行营"旧址。其实，更多的当地人将其称为军事委员会旧址，因为在口述资料中，这里也是国民政府军事委员会移至重庆后所在地。按照过去的提法与考证，这里最先成为重庆行营的办公地。重庆行营设于 1934 年夏秋，止于 1939 年 2 月，顾祝同、贺国光先后任主任。红军长征后，蒋介石借围追机会，将在重庆设立的参谋团改为重庆行营，力图将四川纳入南京国民政府直接统治之下，先后完成打破四川防区、统一四川货币等几件大事。但是，自 1939 年 2 月起，随着重庆行营的撤销，这里又作为国民政府军事委员会的办公地。众所周知，国民政府军事委员会是抗战期间，中国最高军事指挥机构，特别是在正面战场上，军事委员会的地位与作用尤为突出。国民政府军事委员会最初成立于孙中山先生领导的护法运动，当时是起着"赞襄联合作战，并任大本营与各省各军之联结"的作用。在第一次国共合作时期，军事委员会逐渐成为广州国民政府的最高军事领导机关，在南京国民政府成立之初一度终止了职能。"一二八"淞沪抗战爆发后，临时迁往洛阳的国民政府决议重新成立军事委员会。其目的在于"捍御外侮，整理军事"，但事实上由于国民党当局执行"攘外必先安内"的政策，军事委员会在抗战前进行了大量的剿共内战活动。全面抗战爆发后，国防最高会议常务委员第 42 次会议决议通过的军事委员会组织大纲，明确了军事委员会作为抗战最高指挥机构的职能。军事委员会在 1938 年底武汉失守后进驻此地办公至 1946 年。[3]

由此可见，这处旧址在民国历史建筑群中具有非常重要的地位。这幢建筑外观上较为独特，坐东南朝西北，占地面积 806.41 平方米，建筑面积 1991.14 平方米。外墙为青砖勾缝，建筑屋顶是歇山与悬山两种。其功能的独一无二性

以及反映的历史人物与事件的重要性都引人注目。那么这幢建筑的身份是由什么证据所认定的呢？在现有的文献中基本没有提及这一处重要的遗址，除了2015年由市规划局和地理信息中心出版发行的《重庆老城抗战遗址地图》把军事委员会与行营隔街双双标注外，就只有2009年全国第三次文物普查对这一建筑的表述是作为军事委员会委员长重庆行营记录。因此这也是命名和定性的主要依据。除此之外，就连档案馆里找有关全宗也无任何明确信息。因此，由于官方的界定这座建筑所饱含的文物价值与历史意义便由此定下。

图片来源：百度百科

二、关于行营旧址确切位置的争论以及现定建筑的质疑

军事委员会重庆行营旧址虽然在2009年后被定为市级保护文物，但很长时间内却一直处于闲置、破损状态。即便在2011年通过了一项保护规划，[4] 也没有更多的史料发掘，更谈不上布展陈列。确实枉费了如此珍贵的文化资

源。但这个现象的背后除了折射出有关部门的效率问题外，其实也隐约反馈出该建筑史料的缺乏。且不说历史人物在此具体的活动，就连这幢建筑的内部功能和具体职能都鲜有文献资料表述。更重要的是，早已有人对其身份标签的准确性提出了质疑。

1. 来自文史爱好者的质疑

2016 年 9 月 18 日，《重庆日报》登载了一篇署名为孟继的文章"重庆行营旧址寻踪"，在文中，作者对解放西路十四号这幢建筑的名称直接提出质疑。[5] 作者认为行营的建筑应为解放西路 66 号，而不是现在标注行营旧址的 14 号。依据便是 1937 年的《重庆市街道图》、1947 年"国防部"史政局发表的《军事委员会抗战留渝经过纪要》，以及 1995 年出版的《陪都遗址寻踪》。这几份文献都明确提出重庆行营的位置是在解放西路 66 号，也就是原川东镇守使署的院子内。

客观而言，这个署名"孟继"的作者提出的质疑是有理有据，从地图到书籍都相互佐证了行营旧址不是目前标注的建筑。而作者本人也已此署名发表了多篇重庆抗战历史文化的文章，他的观点提出绝非空穴来风。此外，作者也指出了解放西路 14 号这幢建筑曾作为军事委员会外事局使用。而这种说法在 2011 年出版的《重庆抗战遗址遗迹图文集》中也有比较明确的表达。那么，人们不禁会问：难道文物三普的工作出现了疏忽，当地文管所也失察了吗？从后来实际了解的情况来看，参与界定的文物工作者在缺少足够文献资料的情况下，更多地依靠了口述史料。而且在第三次文物普查中，文管部门确定的原则是先挂牌，再保护。因此，对解放西路 14 号这幢缺乏资料但又非常气派的建筑，通过若干口述采访求证，迅速定下重庆行营旧址的身份。但接下来的问题是，在外界质疑明显证据比较充分的背景下，官方作何反应，如何处置存疑的建筑标签。

2. 有关部门的反应与处置

这份充满证据的质疑甚至惊动了市政府高层，市文物局很快组织专家论证会对重庆行营旧址进行论证。出席会议的人员包括了博物馆界、史学界有关专家和职能部门负责人。在地方志无法佐证的情况下，其实文章中所列举的几份文献便是最好的证明了。这一点是没人能反驳的。但是重庆行营的具体位置所在何处，依然存在疑点。特别是文章作者提出的解放西路 66 号原川东镇守使署是一片占地数十亩的较大区域。后来成了重庆报业集团的家属院，其中的多幢建筑已被拆毁。重庆行营不可能占据整片区域。至于解放西路这幢建筑作为军事委员会外事局确实存在过，至于能不能算重庆行营相关的建筑，还更待考证。在论证会上，曾经作为重庆市文物局总工程师参与重庆老城区民国建筑系列保护和勘探的专家也对解放西路到白象街一带的建筑功能进行了比较分析。因为他当时刚参与了临近白象街药材工会旧址的修复工作，对这一带街区的主要功能是比较了解。而且他根据考证资料，准确地断言解放西路 14 号这栋建筑最早是作为重庆著名的猪鬃商人的私邸和办公场所。其职能与白象街的商业氛围更为密切。而再往西的解放西路 66 号大院内，的确自清代以来就长期作为重庆的军政办公地存在。因此，重庆行营设在解放西路 66 号的可能性要比 14 号建筑大得多。而曾参与编著《重庆抗战遗址遗迹保护研究》一书的文博专家张荣祥也列出其当年调查考证解放西路 14 号为军事委员会外事局办公楼的理由。[6]

那么文物部门究竟如何处置或者矫正解放西路 66 号与解放西路 4 号这两处区域各自建筑的身份呢？在会上会后对于这个问题的争论实际上已经不局限于重庆行营一个名称了。特别是解放西路 66 号残存建筑只剩下可以明确身份的军事委员会大礼堂，曾经在这里举行过国民参政会，也举办过抗战胜利后的欢庆宴会，毛泽东甚至也在此留下足迹和影像。对于如此重要的历史遗存不可能仅仅以重庆行营泛泛而称。其实，根据军事委员曾集中这一带办公的史实以及军事委员会庞大的机构组成这个事实，可以将解放西路 66 号这一片区域称为军事委员会重庆行营及国民政府军事委员会旧址群，而解放西路 14 号也可以纳入其中或者直接称其为军事委员会外事局亦可。如此一来，则可解决这两个相邻地点历史建筑物的身份问题。事实上，有关部门就是以这种思路来答复相应质疑。

图片来源：《重庆老城抗战遗址地图》，重庆市规划局、重庆市地理信息中心，
2015.9

3. 对行营旧址论证的思考

从民间对重庆行营旧址界定的质疑到论证解决的过程，正是一次典型的公众史学实践。参与者不单是史学专家和职能部门，更主要是民间历史爱好者。在论述其理由的过程中也充分利用了史学严谨的方法，在论证过程中，也引入了口述考证、规划考证等多个相关部门的参与。得出来的结论，则经过各个方面的查验认可。把一个看似不重要，但实际上却容易引起诸多历史研究、传播谬误的问题予以解决。其实，对于历史建筑的考证存在争议与质疑也是较为常见的，尤其是参与考证的职能部门并不总是具备足够资料和毫无偏差的业务判断能力时，对遗址旧址的考证就更需要采取谨慎而博采众议的态度。一方面根据现有史料进行筛选排伪，另一方面借助口述史料、建筑本体分析、历史影像资料、文物取证等诸多方法来缩小争论范围，直到确定唯一答案。

重庆行营身份问题虽然只是个案问题，但却启示我们在重庆乃至国内存在这种身份混淆或者不明确的近现代历史建筑都值得深刻认证与推敲。就重庆而言，民国建筑、抗战建筑虽然破坏程度较大，但时间不算久远，各种参照物还留有痕迹，口述史料还有拓展的空间。如果抓紧时间进行逐一的梳理，能够核查出很多谬误之处。否则，我们在实地参看有关历史文献时，往往就会感到明显的偏差，进而对文献本身提出质疑。这种情况在我们研究重庆城市史和抗战史中已经频频出现，在《蒋介石日记》、《陈布雷日记》等重要文献中，对所提的重要地貌和建筑却往往在现实中难以对应。不仅使得这些本应传承重要历史往事的旧址失去了应有的庄严，还使得史家通过历史细节推敲历史事件出现巨大阻力。

此外，对这些历史建筑旧址的考证与认定应该依靠一个可靠的专家团队，包括历史专家、城建专家、文博专家以及具有丰富经验的民间志愿者，而不仅仅是职能部门工作人员单独进行。而且应该引入公众史学的方法与思路，不应该仅仅依靠少量的孤证文献或者口述史料。从广泛的参与到多种形式资料运用和对比，均是非常必要的认证途径。

三、对重庆行营旧址的保护利用及诠释

在完成对旧址的考证之后，对之充分保护，并对其文化内涵加以准确诠释也是随之而来的任务。在很大程度上，这两个环节的工作密不可分，尤其是在发掘历史文化价值，传播文化效应的层面上，两者相辅相成。

1. 争论中的重庆行营旧址在保护中的困惑

随着 2009 年的全国第三次文物考察将解放西路 14 号作为国民政府军事委员会重庆行营旧址予以挂牌保护后，尽管对其准确身份始终抱有争议，但作为具有历史价值的文物本体得以保存也是幸事。尤其是整座城市正处在旧城改造拆迁的大洪流中，这个举措无疑是积极的。

但是，不幸的事情依然发生了。2012 年 2 月 14 日，包括新华社在内的几家主要网媒与平媒均报道：重庆行营建筑被"保护性"拆除。[7] 尽管重庆市文物局及有关部门专家对建筑拆除的解释和复建的承诺非常肯定，但依然挡不住质疑的声音。这 10 来年，全国因为旧城改造，商业拓展，房地产开发被拆除的文物建筑比比皆是。仅在重庆，这几年被拆除的知名历史建筑就包括刘湘公馆、重庆行营旧址、韩国临时政府光复军司令部旧址等等。尽管文物建筑保护

界喜用《奈良宣言》的环境保护和建筑材料差异来为拆而复建的历史建筑辩解。但事实上，被拆除的近现代建筑多为砖木结构，而在商业开发中被拆除的建筑原环境生态的复原更是天方夜谭。其实这种现象早有人质疑和担忧，"当人们满怀自豪地'保护'文物古迹的时候，却没有意识到，对'原真性'这一基本价值观念的误解与忽视，有些地方的保护结果却是'扼杀'历史。"[8] 保护性拆除后的"行营"旧址在 2015 年复建后，确实印证了这种观点，不仅建筑外观无法精确复原，就连建筑的朝向也发生了 90 度的改变，据说是为附近学校操场提供充裕空间！与拆除前相比，其历史建筑风貌基本无存。那么，传承的历史内涵是否也就此消亡了？

2月14日傍晚时，记者赶到位于重庆市渝中区解放路的行营旧址进行现场采访。记者看到，"重庆行营"已成施工现场，工地周围修起了围墙，有铁门一扇可供进出，西楼一底的旧址屋顶已经完全被拆掉，仅剩砖木残体。现场有不少工人正在施工、搬运砖块、木条。记者在施工现场围墙上未发现有文物保护性修葺的公告。图为2月15日，拆除中的蒋介石"重庆行营"。

图片来源：华声论坛

地方文物保护部门也曾尽力为维护这幢建筑的历史风貌与历史内涵而努力，但结果却不尽如人意。当地方政府最终开始在新修的建筑中准备就重庆行营历史进行专门布展时，又有人对建筑本体的真实身份提出质疑。正如前所述，质疑者的证据是非常充分的，基本无争的事实就是这栋曾经被称为军事委员会委员长重庆行营的建筑充其量只是军事委员会进驻重庆后办公的诸多建筑之一。如果以军事委员会及行营的历史来进行布展是否有价值呢？答案是肯定的。文物建筑的辨伪其实也是有关史实的辨伪，这个过程本身就是对那段历史的考证，在此布展不仅是还其正身，也是在主体建筑已经不复存在的前提下，最大限度地澄清和保留历史痕迹与参照物的努力。

2. 历史内涵的发掘与展示是文物建筑保护的关键

在过去很长一段时间内，文保部门鉴于城市改造和文物破损的速度高于保护利用的速度，就确定了一项"先挂牌，后保护"的原则。于是很多旧建筑被挂上市级保护文物、国家级保护文物的牌子。以为此举能够为文物建筑留得喘息空间。但重庆行营旧址乃至诸多挂牌后的文物旧址依然无法摆脱被拆被毁的命运却发人深思。事实上，文物建筑虽然挂了牌，但长时间的闲置反不如被人使用其功能时的日常维护更能有效保护建筑主体，这样的情况不胜枚举。更重要的是，缺乏对建筑物历史的考证和诠释，则无法将其文化内涵充值。也就使得地方政府在权衡商业利益和社会效益的天平上无法为历史建筑增加必要的砝码。回顾已被拆除的刘湘公馆、重庆行营、"光复军"司令部，哪一栋不是具有厚重历史底蕴和广泛历史乃至现实意义的建筑？但缺少历史内涵发掘与展示也是它们共同的特点。如果这些建筑被挂牌保护后，立即有专业学者对其历史内涵进行充分挖掘研究，并布展陈列，或许其命运就完全得以扭转。建筑物是宿命的，但历史却是永恒的。

虽然我们一再强调专业史学方法在历史遗址考证与保护中的局限性。但我们更不能因此而忽略专业史学研究者在这个过程中对历史文化底蕴与内涵的挖掘整理作用。特别是充分借鉴公众史学研究途径和方法后，专业史家的研究成果的推广在历史遗址旧址的保护和展陈决策过程中具有极其重要的作用。以重庆行营为例，重庆行营过往的历史、人物、社会影响、历史地位乃至整个军事委员会的历史都应当通过专业史学研究者的准确阐释得以梳理。在尽可能客观的语境中，军事委员会与重庆行营对战时中国命运的深刻影响与历史价值也应当得以充分发掘与展示。与之相辅相成的是，这种针对性、参照性的史学研究也是传统的民国史、抗战史、重庆城市史非常必要的完善与补充。其立足点与传统史学实践互为影响。

对重庆行营旧址的争论本身也应当被视为对其历史内涵挖掘的一个重要环节和必要步骤。尽管其出现时已经不能挽回建筑物本体被拆除的命运。但依然保留了我们对这段历史内涵的人文关怀和价值阐释，这在很大程度上应归功于公众史学的视野和方法。

四、对于历史文物建筑保护的公众史学思考

文物建筑都是有生命的，其内涵与意义需要专业而广泛的诠释。历史学家受制于专业领域的视野与研究范式，往往并不能独立承担历史建筑诠释者的角色。这就需要广大的社会参与和跨行业的协作推动。事实上，在伴随重庆行营旧址保护性拆除与身份争论的同时，这个临近街区乃至整片范围都已被纳入所谓"白象街"历史文化街区的论证开发环节中。虽然这显而易见又增加了文物建筑保护的难度，但以公众史学角度来看，却未尝不是一个空间的拓展。

商业地产开发至今，其实也已逐渐走出简单拆建的模式，尤其是高品质的地产也逐渐需要充分的历史和文化内涵来沉淀润饰。在白象街历史文化街区的打造中，投资方就邀请了重庆市社科院组件专业团队对整片街区包括重庆行营及军事委员会建筑群进行了全面的考证与历史挖掘。在开发立项之前便把历史文化定位写进了规划之中。试想，这个环节按照常规的历史学研究模式是无法介入其中，只有以实地调研、团队协作的方式与开发商之间形成共赢模式，将历史文化内涵注入商业运营之中，反过来用商业资本去重新帮助梳理这些支离破碎的历史研究空白。在这个过程中，不仅仅是史学研究者，甚至连开发商本人也会成为公众史学实践的参与者。事实上，学者与普通民众总是易于把开发商归为单纯的利益谋求者，却往往忽略了开发商对其产品的市场反馈和文化品牌效应的诉求。在绝大多数场合，文化定位本身也决定了地产的商业价值。白象街的开发商正是意识到了这一点，在渝中半岛寸土寸金的地产市场上，并不是所有房地产都能以溢价的方式赚的瓶满钵满。谋求单一的房产销售恐怕是最吃亏的，而找准了街区的历史文脉与文化内涵可带来意想不到的增值效应。所以，我们看到白象街开发商在处理解放西路到解放东路这一线的建筑时，并不是采取以拆开路的粗暴形式。反而是修复了包括药材工会、渝商旧居等一大批

历史建筑，形成独特的历史风貌区，其野心甚至扩展到我们提及的军事委员会及重庆行营旧址一带。或许这里有政府规划的蓝图，但付诸实施的决心必然来自开发商。所以，历史学家、建筑规划师、布展设计公司、历史遗迹保护志愿者乃至对历史有兴趣和情怀的开发商，都是不折不扣的公众史学实践者。

图片来源：重庆社科院白象街历史文化调研小组的规划图

　　当然，重庆行营旧址保护与争论的事例本质上是对传统史学研究者和有关部门的一次震荡。倘若残存的历史建筑不能尽快地挖掘各种史料并且将这些历史通过展陈、著述推向公众与社会，那么这些历史连同建筑终将灰飞烟灭。历史学家的责任感与良知也会因此蒙受质疑。为了避免这种局面的出现，历史学家和爱好者在公众史学实践中的协作是不可或缺的。

注　释

[1]《保护世界文化和自然遗产公约》第 1 条，1972 年 11 月 23 日，巴黎。
[2] 马克．布洛赫：《历史学家的技艺》，张和声译，北京：北京师范大学出版社，2014 年，第 26 页。

[3] 王建强：《南京国民政府军事委员会始末》，《民国春秋》1999 年第 5 期，第 3-7 页。

[4]《重庆市文化广播电视局关于市级文物保护单位国民政府军事委员会旧址重庆行营保护的批复》，2011 年 4 月 22 日，渝文广行管〔2011〕-62。

[5] 孟继：《重庆行营旧址寻踪》，《重庆日报》2016 年 9 月 18 日。

[6] 黄晓东、张荣祥：《重庆抗战遗址遗迹保护研究》，重庆：重庆出版社，2013 年，第 274 页。

[7] http://news.163.com/12/0215/08/7Q9Q4BUB0001124J.html.

[8] 杨鹏：《历史遗产保护的原真性——从〈威尼斯宪章〉和〈奈良宣言〉谈起》，《中州建筑》2014 第 9 期。

《美国国家历史保护法案》50 周年纪念文章系列之一 *

　　20 世纪以来，美国的历史保护（historic preservation）从全国各地分散的抢救修复名人故居的努力逐渐演变为一场有组织的社会运动。20 世纪 30 年代，弗吉尼亚州的殖民地威廉斯堡镇的重建和修复凝聚着联邦政府历史保护机构 —— 国家公园管理局（National Park Service）—— 和建筑、历史、考古、景观设计、城市规划等一系列民间力量的共同努力；南卡罗来纳州的查尔斯顿的保护则导致美国第一部关于历史保护的区域规划法规的出现。历史保护在这些学跨学科力量的联合努力中，深入到政府机构和私人组织的文化地缘政治，1966 年 10 月 15 日，林登·B. 约翰逊（Lyndon B. Johnson）总统签署通过《国家历史保护法案》（National Historic Preservation Act, NHPA），这标志着历史保护得到官方认可与法律保障。至此之后，全国各地从个人到社区，通过如《国家名录》（National Register）、各州和各部落历史保护局、106 条款评审机制（Section 106）等逐渐建立起保护机制与权力结构。这些努力不仅让我们关注记载着各地、各州与国家的历史场所或地域，使其免受拆毁之厄运，也让我们的后代有机会通过这些重要的历史遗址、遗迹解读往昔的故事。

　　《国家历史保护法案》对公众史学的发展有着重大的意义。1965 年创立的国家人文基金会（National Endowment for the Humanities）以及 20 世纪 70 年

---

*   本期选编的纪念文章系列由接下来的八篇短文构成，均由张烨凯［美国布朗大学（Brown University）历史学博士生］翻译，李娜校对。

点评的文章包括：Madeline Cirillo Archer, "Where We Stand: Preservation Issues in the 1990s," *The Public Historian* 13, no. 4 (Fall 1991), pp.25-40, http://tph.ucpress.edu/content/13/4/25; Leondra N. Burchall, "Emphasis on the Public," *The Public Historian* 32, no. 4 (Fall 2010), pp. 62–68, http://tph.ucpress.edu/content/32/4/62; Stephen W. Grable, "Applying Urban History to City Planning: A Case Study in Atlanta," *The Public Historian* 1, no. 4 (Summer 1979), pp. 45–59, http://tph.ucpress.edu/content/1/4/45; Theodore J. Karamanski, "Logging, History, and the National Forests: A Case Study of Cultural Resource Management," *The Public Historian* 7, no. 2 (Spring 1985), pp. 27–40,http://tph.ucpress.edu/content/7/2/27; J. Meredith Neil, "Is There a Historian in the House? The Curious Case of Historic Preservation," *The Public Historian* 2, no. 2 (Winter 1980), pp. 30–38, http://tph.ucpress.edu/content/2/2/30;John H. Sprinkle Jr., " 'Of Exceptional Importance' : The Origins of the 'Fifty-Year Rule' in Historic Preservation," *The Public Historian* 29, no. 2 (Spring 2007), pp. 81-103, http://tph.ucpress.edu/content/29/2/81.

代初设立的各州人文学科理事会（state humanities councils）标志着国家对公众史学项目与研究的支持，而《法案》也成为这种国家支持的一部分。值纪念《法案》通过 50 周年之际，美国公众史学委员会（National Council of Public History, NCPH）委派了一个由历史学家、考古学家、活动家、城市规划师等组成的专家团队点评了《国家历史保护法案》的实施、意义及影响。他们的点评形式是回应自《公众史学家》（*The Public Historian*）自创刊以来发表的关于历史保护的一系列文章。与被点评的文章一道，这一系列文章构成了基于当下的观点、理念与实践对《国家历史保护法案》以及历史保护的深度反思。历史扎根于地域，对我们的个人和集体身份认同极为重要。正因为此，地域的用途和解读也随着时间而改变。尽管建筑的往昔和未来都是历史保护的重要评判标准，建筑所记载和讲述的故事才是最终对我们有意义的，也是我们保护历史建筑的真正原因——这些故事赋予地域，赋予我们的生活以不平凡的意义。

历史学家能帮助规划师创造更美好的未来吗？ *

莱昂纳多·瓦兹奎兹（Leonardo Vazquez）**

史蒂芬·格拉布（Stephen Grable）于《城市史在城市规划中的应用：以亚特兰大为例》（1979，"Applying Urban History to City Planning: A Case Study in Atlanta"）中的许多论点业已被城市规划师所接受。[1]他重点关注了亚特兰大贝德福—派兹地区（Bedford-Pines）的综合利用发展，批评规划师忽略了城市史家的真知灼见。假若他们请教城市史家，后者一定会告诉他们，一项发展计划不能强行遏制人口离开市中心的趋势。[2]他提出，在缺乏历史视角的情况下，规划师、建筑师与开发商对人类行为做出了不切实际的假设，进而误导城市官员做出了错误的决定。

然而，今天的规划师更严肃地看待历史。他们在城市或社区的总体规划中纳入了地方史。一些规划师成为了历史保护专家，利用他们对土地使用条例与城市规划的知识来保护老建筑和历史遗址。攻读城规项目的学生也必须学习规划与人类定居区的历史。

鉴于上述进展，格拉布的观点是否仍然恰当？城市史家是否应更多地参与城市规划与发展？作为一名具有 20 年经验却几乎未受过史学训练的城市规划师，我认为历史学家应该积极地向城市规划师、开发商、建筑师、社区与经济发展的专业人员和政府官员提出建议，因为他们的工作都会改变各地的形制与

* 发表于 2015 年 1 月 6 日。

** 莱昂纳多·瓦兹奎兹（Leonardo Vazquez）是美国规划学会执业规划师（AICP/PP），任"全国创意空间设计协会"（National Consortium for Creative Placemaking）执行会长，同时也是俄亥俄州立大学（Ohio State University）奥斯汀·诺尔顿建筑学院（Austin Knowlton School of Architecture）访问教授。

功能。

格拉布提供了四种历史分析方法帮助城市规划师与建筑师避免类似错误，这些方法是：城市传记，新城市史，口述史与城市结构分析。他建议采取城市结构分析法，是因为它自身就"将环境特征意识与塑造了住宅和商业模式的历史发展结合了起来"。相比于孤立地看待一个发展项目，城市结构分析向分析人员提出了挑战，要求他们探索"一个城市不同地区，包括居民区、商业区与郊区的发展"（52）。如此之目的在于考察所探讨的地区在更广阔的背景区域中是如何存在的，也在于考察相关区域怎样构成一个整体。

1889 年从州政府大厦俯瞰亚特兰大市区的图景。很少有人能预料到，至 21 世纪初，该市会比其郊区发展更快。图片来源：《亚特兰大宪报》（Atlanta Journal Constitution）。

这与在城规中强调了数十年的系统思维类似。系统思维鼓励从业者将环境视为由相互连接的各个部分所组成的系统。系统中某一部分发生任何变化，都会对其他各部分产生影响。城市结构分析为系统思维提供了历史视角，而这种视角可以帮助从业者从空间和时间的角度分析一个区域。例如，格拉布对亚特兰大的分析并没有考虑到当大量人口迁移到郊区时也会在当地带来犯罪和拥堵问题，尽管一般认为这些往往是出现在市中心的问题。亚特兰大市民第一次外迁时所享受到的田园绿地将成为住房开发区、停车场和连锁快餐店。而现在人口迁徙趋势已经扭转了。据《华尔街日报》报道，至 2011 年，亚特兰大市区的人口增长速度已快于郊区。[3] 亚特兰大并不孤单：51 个主要大都市区中，27 个的市区增长速度都超过了郊区。

今天，城市规划师和建筑师们忽视了自己社区的历史，但这样的做法也给他们的事业带来了潜在的问题。20 世纪 70 年代，许多政府官员才刚刚开始认识到百年老建筑的内在美。今天，越来越多的人意识到营销历史建筑、遗址与街区的游览体验能够带来经济价值，因为这种实地体验不是花了钱就能在互联网上切身感受到的。以营销历史和真实文化体验为基础的文化遗产旅游如今已成为一个日益发展的领域，在景点营销人员的推介组合中也是标配。在格拉布时代新成立的历史保护组织今天可能在城市发展中发出有力的声音且有巨大影响力。事实上，我还曾听到新泽西州的一些发展官员对他们所谓的"疯狂的保护专家"颇有微词。

历史保护专家与城市规划师加强对话对双方皆有裨益。在许多社区，规划师和建筑师都认为古色古香的旧建筑与遗址应该得到保护。在一个日益多元化的社会中，我们既要维护一部分社区成员的利益以保护他们的遗产，又要关照其他成员的利益以令其在公共领域展现自己的历史，问题的关键就是如何在二者间取得平衡。19 至 20 世纪城市的发展很大程度上由来自其他地区的移民（如从南部到北部城市的非裔美国人）推动的。为了保护维多利亚时代的护墙楔形板，我们是否应禁止一个葡裔家庭在 2014 年给墙壁贴上装饰砖？如果一个小店主来自于偏好斑斓色彩的加勒比地区，他是否仍应依规遵循本地设计审核委员会（Design Review Board）为过去英裔美国人制定的色彩标准粉刷店铺门面？这样的问题就牵涉到了阶级间、种族间、族群间棘手的权力关系争议。这是因为，有的事物在某些人看来不过是丑陋的建筑或是无足挂齿之事的纪念符号，但对另一些人而言却象征着其在该社会中的长期利益。格拉布为历史学家提供了一些足以终身受用的优良建议。职业史学家可以教授城市规划与设计领域的专业人士以不同视角看待一个社区的历史。规划师在接受社区分析的训练后便可以学会用新的方法思考一处场所。

在过去 20 余年的规划实践中，我很少请教地方史家的意见。关于一个社区的历史，我很乐意阅读浓缩的、取得了共识的版本。这种地方史虽然有趣，但对未来并不十分有用。最近，我参加了一个在新泽西北部规划一公园的项目。读过格拉布的文章后，我致电该市历史协会负责人，并邀请他参加了项目指导委员会的工作。

1939 年世博会的"明日世界"展（Futurama）启发了许多城市规划师。他们的兴趣在于一个超现代的未来而非理解过去。图片来源：Wikimedia Commons。

注　释

[1] Stephen W. Grable, "Applying Urban History to City Planning: A Case Study in Atlanta," *The Public Historian* 1, no. 4 (Summer 1979), pp. 45–59, http://tph.ucpress.edu/content/1/4/45.

[2] 遗憾的是，我们并不清楚格拉布的观点是否正确。根据拉里·基廷（Larry Keating）的《亚特兰大：种族、阶级与城市扩张》，格拉布描绘的城市发展规划为该市增添了 1400 个居住单元，但其中只有很少一部分如所期待那样划拨给了中低收入居民。在缺乏更多数据的前提下，我们很难知道这些单元是否吸引了更多居民前往亚特兰大或帮助该市留住居民，又或，它们仅为坚持留在该市的居民提供了新的居所。

[3] Conor Dougherty and Robbie Whelan, "Cities Outpace Suburbs in Growth," *Wall Street Journal*, June 28, 2012, http://www.wsj.com/news/articles/SB10001424052702304830704577493032619987956.

艰难的配对：历史保护中的历史 *

丽兹·艾尔姆利（Liz Almlie）**

    1966 年，J. 梅里迪斯·尼尔（J. Meredith Neil）在华盛顿州立大学取得历史学博士学位。11 年之后，他来到西雅图历史保护署，成为该署职员大军中第一位历史学家。直言不讳地说，他把在此新角色上的经验乃至沮丧都写进了 1980 年载于《公众史学家》的文章《屋中可有史家？作为诡异案例的历史保护》（"Is There a Historian in the House? The Curious Case of Historic Preservation"）中。[1] 尼尔认为，历史学家需要参与历史保护以证明历史是有相关的、民主的，且在历史保护中与审美或经济因素一样重要。从南卡罗来纳州的平等学校（equalization schools）[2] 到粗野派（Brutalist）建筑，人们已成功运用历史要求保护一些在建筑或经济上并不具吸引力的场所。我在为一个州的国家历史保护局工作的过程中也时常看到 [3]，尽管历史学与历史保护常有交集，但两项事业的动机、参与人员以及目标都并不相同。历史学家参与历史保护十分重要，但最成功的案例往往都是多样化支持网络带来的结果。

    由于战后的发展让美国城市的建筑环境发生了迅速而无序的变化，所以历史保护运动的支持者们试图在国家层面建立一个系统的方法来优先考虑和保护历史遗址，由此便诞生了 1966 年的《国家历史保护法案》。[4] 历史保护也迅速职业化以适应法案所创造的需求。尼尔认为，首先落实历史保护的是规划师和建筑师，因为他们已习惯于在监管系统中工作，而当时来自学术界的历史学家往往成为教授或图书馆员。尼尔认为，当时迫切需要"认为积极参与公共事

---

*   发表于 2015 年 1 月 23 日。
** 丽兹·艾尔姆利（Liz Almlie）是南达科他州历史保护局的地区性历史保护专家。

务将如课堂教学或写作学术论文一样充实"的历史学家（38）。他希望历史学家能够接受培训，能够与规划师和建筑师合作，进而能在同一个体系内游刃有余，这样，《国家历史遗址名录》中强调的"历史意义"[5]才在历史保护事业中有真正的意义。尼尔希望更多的历史学家能够认可公共服务的意义，并得到历史保护方面的训练。事实上，过去几十年来，从事公益项目的公众史学家与传统史学家的数量一直在稳步增长。

　　在尼尔看来，20世纪70年代后期的历史保护基本上受审美与经济因素主导，这极易导致历史遗址"在人为因素下脱离其原有历史背景"（34）。虽然尼尔提到一些如新奥尔良法国区（Vieux Carré）与查尔斯顿市（Charleston，位于南卡罗来纳州）等的保护计划优先考虑了历史延续性，但他担心过度保护会冻结一个地方随时间流转而变化的历史特征，反而对历史造成了不良影响。所谓的"美学派"保护专家所为之奋斗的事物在历史学家看来往往微不足道，比如在尼尔提及的西雅图先锋广场（Pioneer Square）保留过时的金属火灾逃生梯或其他在今天格格不入的小标志，就是如此。目前，在我们讨论历史街区中新建朝街车库的设计、20世纪50年代现代化改造后的商铺门面、城市官方确认已不再有用的"锡罐"水塔（"tincan" water tower）、殖民时代风格的小屋中匠人工作台的招牌以及空置的乡村教堂的经济价值等问题时，审美、经济与历史方面的考量仍相互冲突。当老城维护影响到（不管是实际的还是论者以为的）边际效益时，人们时常要牺牲历史材料与传统技艺。尽管历史与"讲故事"可以有效地唤起公众对历史保护的支持，但在各方达成一致的过程中，历史往往要让位于其他因素。

这张先锋广场的旧明信片展示了建筑上的大标志与金属火灾逃生梯。
图片来源：西雅图市档案馆

　　另一方面，追求广度与多元化的潮流似乎在历史与历史保护间形成了相互支持的关系。比如，战后与现代主义建筑与风景的历史似已吸引了一群热情的追随者。一些有重大影响力的事件，比如拆毁葛底斯堡国家公园的塞克罗拉马楼（Cyclorama building）与芝加哥普伦蒂斯医院（Prentice Hospital），以及针对迈阿密水上运动馆（Miami Marine Stadium）、明尼阿波利斯皮维广场（Peavey Plaza）和纽约州戈申（Goshen）的奥伦治县政府中心（Orange County Government Center）所做的持续保护 [6]，已引起人们对新近建筑和现代主义建筑家的关注。然而，在资源与时间都有限的条件下如何确定哪些建筑才有价值？这个问题在保护专家间（更不必说在公众间）仍存分歧。当现代主义建筑或工业建筑的美学受到质疑时，你要如何为某些人以之为丑的建筑的历史呼告呢？当资金与政治支持短缺甚至转向反对方时，你要付出多大的努力，又有谁愿意与你一同奋战呢？

　　要保护好一处历史遗址，我们必须为其未来制定至少一个可行的规划，并坚定不移地发展支持力量，实现这一规划。我们中的许多人正在尝试培养一系列技能与知识储备，进而能建立一个由历史学家、规划师、建筑师、风景

设计师、地产商、开发商、手工艺人、政府官员、技术专家、技术保护专家
（technical conservationists）、导游、历史遗址管理者等组成的强大支持网络，好
让他们更好地发挥自己的专长，在为记忆、教育、旅游、居住区改造、经济发
展、可持续发展、精明增长等而拯救历史遗址。历史保护正日益多元化，这些
人群并不总会拥有一个共同的愿景。他们时常会坦诚（并且激烈地）表达不同
意见。如果历史学家们希望保护历史，那么我们就应参与相关对话。关键就在
于，我们在不断前行的同时，应当相互学习、相互沟通，这样才能为历史保护
事业找到平衡的解决方案。

华盛顿特区的联邦调查局总部大楼是粗野派建筑的代表。当前相关人士正仔细考
察该流派以决定此类建筑是否应得到保存。图片来源：Wikimedia Commons。

诺伊特拉（Neutra）设计的葛底斯堡塞克罗拉马楼内景。图片来源：国会图书馆。

注　释

[1] J. Meredith Neil, "Is There a Historian in the House? The Curious Case of Historic Preservation," *The Public Historian* 2, no. 2（Winter 1980）: 30–38, http://tph.ucpress.edu/content/2/2/30.

[2] 译者注："平等学校"来自南卡罗来纳州 20 世纪 50 年代开始推行的"学校平等项目"（school equalization program）。该项目在黑人争取平等权利的背景下出台，试图通过改善黑人学校的各方面条件以维护南卡罗来纳州"隔离然而平等"（separate but equal）的种族教育政策，其本质仍在于维护南方白人种族主义者崇奉的种族隔离制度。见 Rebekah Dobrasko, "School Equalization", http://polisci.usca.edu/aasc/Equalization%20Schools.htm.

[3] https://www.nps.gov/nr/shpolist.htm.

[4] http://www.achp.gov/nhpa.pdf.

[5] https://www.nps.gov/nr/index.htm.

[6] https://www.wmf.org/project/cyclorama-center; http://docomomo-us.org/news/learning_prentice; http://www.marinestadium.org/; http://tclf.org/landscapes/peaveyplaza; https://www.wmf.org/project/orange-county-government-center.

地上、地下、地面：实践中的文化资源管理 *

娜塔莉·佩林（Natalie Perrin） **

地域够反映代际、文化与时代的变迁。西奥多·卡拉曼斯基（Theodore Karamanski）在《林间小屋、历史与国家森林公园：一项文化资源管理的个案研究》（载于《公众史学家》1985 年）[1] 一文中说，不论你在何时何地进行文化资源管理，"认识到过去的复杂性"始终都是这项实践的头等大事。然而，若要知道哪些资源能够揭示历史背景的复杂层次，这不论在田野还是在图书馆都是一大挑战。

代际层垒是卡拉曼斯基于 1985 年揭示的种种挑战，也是笔者职业生涯当前面临的挑战的核心。尽管我在历史保护和建筑史方面受过训练，但过去六年间于历史研究公司（Historical Research Associates）[2] 的工作中，我的职责已发生转变，囊括了考古调查的管理工作。我已学会流利地使用"考古行话"找到相应的法律法规，也与几位供职于州政府的考古学家建立了较为密切的关系。然而，这种大胆尝试也让我得出了卡拉曼斯基文中的结论："考古学家与历史学家都不可或缺，而且他们的工作必须结合起来"（39）。尽管"文化资源"的定义似乎日益扩展，但在许多方面，监管环境似乎并没有改变。

比如，在卡拉曼斯基的时代"没有人严肃地考虑过管理伐木场这种历史资源"（28）。但今天，我在西北地区太平洋沿岸进行文化资源管理，而与林木业息息相关的木材采运作业与公司小镇就是我在工作中要接触的最基础、最核心的工作。这里，更相关的问题是，一处遗址究竟只是年代久远还是有真正的历

---

* 发表于 2015 年 3 月 3 日。

** 娜塔莉·佩林（Natalie Perrin）是俄勒冈州波特兰历史研究公司（Historical Research Associates）的一名建筑史家与历史保护专家。

史意义。要解答这个问题，我们必须知晓自己的过去，而这就需要若干来自多个学科的优秀田野调查者了。

尽管考古学家与建筑史家运用同等重要的不同史料，然而他们都在透彻重建历史背景这一方面受过研究方法训练。比如，考古学家若不考虑历史学家能够提供的全面研究，就不能意识到哪些地点适合做调查。考古学家思考植被、动物种群、土壤和历史上的土地利用模式，并能提供精确的调查技术。保护专家与建筑史家提供地图、历史照片与有关建筑技术的一般知识，以帮助他人了解该领域的发现。在调查中完全依赖单一学科——无论是考古学、历史学还是历史保护，都是不正确的。

今天，像这个 1941 年摄于俄勒冈的伐木场遗址需要多角度的历史调查。图片来源：国会图书馆。

近期在中俄勒冈（Central Oregon）开展的一项调查中，历史学家发现了关于某特殊文化群体的迁徙模式的信息。这一群体是一群 1909 年迁徙至俄勒冈沙漠地带的独身女性；她们来此的部分原因在于当年的《扩大宅地法》（Enlarged Homestead Act of 1909）。这些女性定居者像他人一样在她们的宅地上建起了简单却又独具特色的建筑：木结构的小屋与棚屋、一个公厕、一个手挖井以及一个临时风车房。沙漠地区的繁荣时代持续很短，到 20 世纪 20 年代便戛然而止。由于这一建筑区地处农村地带，鲜有历史地图会将此类建筑活动标注于图上，但相关信息至少能给向地下看的考古学家与向地上看的建筑史家与历史保护专家，田野里可以发现什么资源。只要你愿意将相关素材结合起来，就能创造一出知识、专业技能与文化资源管理大师共同推出的文化盛宴。

实地调研是文化资源管理调查的重要组成部分。然而，为未来研究人员提供这些调查结果的相关规定也许会是一个挑战。我要特别指出，通常由国家历史保护局管理的文化资源调查名录。[3] 在卡拉曼斯基讲述其经验后的 30 年中，一些调查名录仍然以考古学主导，而另一些名录则主要收录有门牌号码的个别建筑物。这两方面为记录不完全符合机械定义的资源带来了挑战；这一类资源包括线条状资源，如传输线和运河；包括史前与有记载以来的多层人类定居点的文化景观；以及兼具考古性与历史系的资源，如废弃的铁路、路面电车轨道和老化的公用事业系统。国家公园管理局（National Park Service）在 1990 年推出的《国家评价标准条目》[4] 对我们评估文化资源的价值大有帮助，但绝大多数州和联邦机构想要把这套评价标准应用于记录了全国各地越来越多文化资源的调查名录上，还要颇费一番功夫。

迈克尔·福克纳（Michael Faulkner）、娜塔莉·佩林（Natalie Perrin）、布拉德·鲍登（Brad Bowden）与波特兰历史学会（HRA Portland）的克里斯·克努特森（Chris Knutson）就一项考古发现展开合作。这个团队共同确定出土物的时间区间并追溯其原始宅地出处。图片来源：娜塔莉·佩林。

　　调查方法、调查形式与数据库缺乏一致性与灵活性给文化资源记录人员带来了许多问题。遗弃的伐木社区是否应被记录为建筑物、历史街区或考古遗址？该地的记录要做得多详细？记录应该侧重于考古学方法，对废损石片（在制造石器的场所发现的废料）进行深入描述，而对现有建筑资源不予评论吗？一名建筑史家要详细记录一条溪边小屋里的覆盖物和窗户却略去以石制小屋形式存在的、人类定居 4000 年的证据吗？调查文字中的史前与历史背景是否准确、详尽、并有深入研究和恰当引用做支撑，还是以单一的二手史料为基础？又或，调查中是否径直忽略了历史背景呢？

　　总而言之，最好的文化资源调查需要称职的调查团队以及充分的时间和资金。有的人要负责审视文件、地图、照片与历史书籍，有的人需要负责田野考察，有的人要考察景观。这在过去 30 年内并未改变；如果要说有什么改变，那就是我们在跨学科合作方面已取得长足的进步。卡拉曼斯基的个案研究呼唤史学家改变联邦政策以使文化资源管理更重视历史学。如今，不论是在组织层面还是联邦政策的修订层面，这样的改变似乎已在发生。美国内政部长已为强调研究的重要性的历史学、考古学与建筑史通过了《职业水平标准》(Professional Qualification Standards)。[5] 尽管探索地下与关注地上的朋友们仍想宣称他们的道路并无、不应也无法产生交集，卡拉曼斯基还是对此问题给出了最好的解答："历史资源管理是一项跨学科事业，它需要历史学家、建筑史家与考古学家通力协作"(29)。

注　释

[1] Theodore J. Karamanski, "Logging, History, and the National Forests: A Case Study of Cultural Resource Management," *The Public Historian* 7, no. 2 (Spring 1985)：27–40,http://tph.ucpress.edu/content/7/2/27.

[2] 译者按：该机构为学术研究与咨询公司，而非传统意义上的学术研究机构。该公司成立于 1974 年，现总部位于蒙大拿州，主要向客户提供历史研究、诉讼支持与文化资源管理方面的服务。参见：https://cn.linkedin.com/company/historical-research-associates-inc-; http://hrassoc.com/.

[3] https://www.nps.gov/nr/shpolist.htm.

[4] https://www.nps.gov/nr/publications/bulletins/pdfs/nrb15.pdf.

[5] https://www.gpo.gov/fdsys/pkg/FR-1997-06-20/pdf/97-16168.pdf.

构筑公众信任：历史保护事业步入中年？ *

隆达·辛卡维吉（Rhonda Sincavage）**

曼德琳·西里洛·阿切尔（MandelineCirrillo Archer）发表《我们所处何方：20 世纪 90 年代的历史保护问题》（"Where We Stand: Preservation Issues in the 1990s"）一文 [1] 时的目的，在于分析一个历时四分之一世纪的运动所面临的挑战。1991 年时，我很快就对历史保护产生了兴趣。如今我已成为国家历史保护基金会（National Trust for Historic Preservation）[2] 的项目与出版主编；以此身份回顾这篇文章及其所记载的那个时代给了我一个机会反思如下问题：当年引领我走入这个领域的原则与思考以及当时的学科基础如今是否依然成立？那些观念与理想在今天是否仍会引起我们的共鸣？ 25 年后呢？如今，业已成熟的历史保护事业相比其"青年"时代有何不同？相比于阿切尔的预测，我们今天又所处何方？

阿切尔强调了她认为是本领域所面临的巨大挑战的问题，包括历史保护的资金支持、建立历史保护区、宗教与非营利事业免税权、中产阶级化、与政府关系、整体保护以及如何确定值得保护的对象。令人诧异的是，直到 2015 年它们仍能列入历史保护运动的关切列表中。诚然，本领域当前的一些关注要点，包括分享少数族群的历史、新技术的影响与应对日益严峻的气候变化威胁，在 1991 年尚未得到重视，但在大多数情况下，阿切尔关注的问题依然存在。

去年，我参加的几个会议所讨论的问题与阿切尔当年提出的问题别无二致。我们仍在为历史保护寻找创新性的资金支持方式，也为一些诸如联邦历史

---

* 发表于 2015 年 5 月 5 日。

** 隆达·辛卡维吉（Rhonda Sincavage）是国家历史保护基金会的出版与项目主任。

建筑修缮抵税计划（federal historic rehabilitation tax credit）等现有政策存在的弊端而感慨。我们现在仍在争论《国家历史遗址名录》的入选标准以及《内政部建筑修缮标准》（Secretary of Interior's Standards for Rehabilitation，[3] 颁布已有50年）是否应当修改。同时，业内也一直在讨论重组国家公园管理局以更公平地管理历史保护与文化资源项目（也有一些运动在支持此事）。显然，阿切尔对25年内所面临的挑战做出了极为正确的预判。这也提出了下列问题：为什么这些年间我们进展甚慢？有关方面是否因其他挑战与更急迫的问题疏于考虑我们的事业？我们的努力是否最后落实不到位？是否这些问题太重大、太复杂，因而难以在25年内解决？也许最重要的问题是——我们能够从中学到什么？

阿切尔一文发表时，历史保护运动正处于其"青年期"，因此也在经历越来越多的阵痛。它已从孩提时代的错误（比如纽约宾夕法尼亚车站的拆毁以及围绕着城市重建展开的无数斗争）中吸取教训，但仍在寻找着自身的特性、优先考虑的问题与发展方向。因此它也不时面临着新的挑战，例如有关其资产阶级化的持续批评、无序发展与大规模扩张，以及保护对象和保护方法等问题。然而，这个运动需要巩固阿切尔所指出的若干关键的优先考虑事项与发展方向。尤为重要的是，它需要更广泛地争取支持者。

历史保护面临的一个问题是如何使人认可为保护而保护的重要性。在从就业与经济角度论证历史保护方面我们已做得越来越好，但正如阿切尔在1991年评论的那样，"虽然这些经济上的辩护颇有用处，但整个运动本身都被忽视了，而金钱则主导了关于历史保护的价值的公众讨论。历史保护专家确实需要明确并且清晰阐述历史保护在历史与文化方面的价值。"

这种观念并不新颖（哪怕是在1991年），而阿切尔一文最重要的一个见解就是，上述议题在历史保护的"青年期"就一直存在，其中就包括1979年在威廉斯堡（Williamsburg）举行的全国历史保护会议（National Preservation Conference）关于改善历史保护与其他生活品质议题关系的建议，以及住房与城市发展部（Department of Housing and Urban Development）出版的《来自过去的未来》（*A Future from the Past*）。该书提出："促进对话不仅有实用方面的意义。它对社群环境的健康与宜人性至关重要。为了一个再发展计划大规模地摧毁一个社区的物理结构，会摧毁人们生活的稳定锚……[如此]他们心目中的世界就不再是他们生活中的一部分……[历史保护] 让地方社区获得力量并长久延续下去。"

爱荷华州锡达拉皮兹（Cedar Rapids）的布鲁斯庄园（Brucemore）于 1981 年被捐赠给国家历史保护基金会。图片来源：Wikimedia Commons。

贝伦尼斯所摄的 1935 年至 1938 年间的宾夕法尼亚车站。图中的老宾夕法尼亚站于 1963 年被拆毁。图片来源：纽约公共图书馆（New York Public Library）米里亚姆与伊拉·D. 沃拉齐艺术、印刷品与摄影品分部（Miriam and Ira D. Wallach Division of Art, Prints and Photographs），馆藏影集。

　　在宣扬历史保护的无形价值方面，我们已开始取得一定进展，而我在历史保护基金会的同事汤姆·梅耶斯（Tom Meyers）正是这场讨论的领军人物。汤姆是罗马美国学院（American Academy in Rome）2014 年的历史保护研究员，去年全年他都在研究古旧场所为何重要的问题（见其博文《古旧场所为何重要？》，Why Do Old Places Matter?）。他的研究中心主要关注环境心理学、情感因素与美学因素等问题，而正是这些问题促使我们反思如何启发公众认识到历史保护的重要性并思考人们为什么应该关注这个问题。这就触及了阿切尔所谓"保护主义者最关键的任务"的核心——将历史保护的象征性作用告知公众。

　　即便没有梅耶斯的研究，在历史保护运动的第二个 25 年，历史保护专家也已开始推广阿切尔所谓的"历史保护的人文主义伦理精神"（"humanistic preservation ethic"）。我们看到为濒危建筑呼吁的"濒危场所名录"（endangered places lists）、"'此地重要'运动"（This Place Matters campaigns）和"拯救我"（"save me" messages）以及"爱心轰炸"（heart bombing）等项目已向公众发出了简单而深刻的信息，告知公众历史遗址的重要性。[4] 此外，历史保护运动已触及更多元的受众，也成功处理了一些棘手的议题。这其中包括对争议性与令人不悦的往事的保护（preservation of controversial or unpleasant pasts），如曼哈顿计划（Manhattan Project）、日裔美国人集中营（Japanese American internment camps）与黑奴居所（slave dwellings）等话题。[5]

　　这些进展说明，我们在处理阿切尔指出的或是历史保护工作最大挑战这一方面已大步向前——我们在历史保护理论框架发生变化的同时将其作为一个拥有广阔基础的大众运动予以推进。在《国家历史保护法案》通过 50 周年的今天，各全国性组织与联邦机构把握此契机以反思历史保护运动的发展历程与我们在未来面临的任务。我们也已规划了若干由历史保护专家与相关领域人士参与的峰会，目的就在于思考如何令历史保护与更广阔的受众间联系更加紧密。阿切尔的观点可以、也应当在这些讨论中成为有用的工具。

　　《我们所处何方》一文结尾处提出了历史保护领域进入其中年期后业内领军人物应当思考的一个问题："公众必须看见并理解政策与战略背后的逻辑，在历史保护拓宽其传统定义的时代尤应如此。如果有广泛、明确、有力的支持，历史保护运动将在下一个世纪迎来属于它的时代。"

注　释

[1] Madeline Cirillo Archer, "Where We Stand: Preservation Issues in the 1990s," *The Public Historian* 13, no. 4（Fall1991）: 25–40, http://tph.ucpress.edu/content/13/4/25.

[2] https://savingplaces.org/.

[3] https://www.nps.gov/tps/standards/rehabilitation/rehab/stand.htm.

[4] https://savingplaces.org/11-most#.WAElVcnzaiw; https://savingplaces.org/this-place-matters#. WAEl1cnzaix; http://saportareport.com/its-time-for-atlanta-to-demand-designexcellence-lets-save-20-hilliard-st/; https://savingplaces.org/stories/heart-bombs-2014-five-events-showed-historicplaces-love/#.WAEmscnzaix.

[5] http://www.getty.edu/conservation/publications_resources/newsletters/17_2/dialogue.html; http://forum.savingplaces.org/blogs/forum-online/2013/05/15/themanhattan-project-interpreting-controversial-history; http://forum.savingplaces.org/viewdocument/preserving-the-sitesand-telling-th;http://slavedwellingproject.org/.

"五十年"绊脚石 *

卡萝尔·范·韦斯特（Carroll Van West）**

为《国家历史遗址名录》[1]评估提名建筑绝非易事。一个令人信服的提名不仅要求评估者兼具建筑描述与分析的技能，也要求能够在历史语境中评估建筑，并通过现有文献思考该建筑所代表的时代。接下来便要落实一项条款：除非"意义极其重大"，受评估的建筑必须至少有 50 年的历史方可提名。国家公园管理局史学家约翰·斯普林克（John Sprinkle）曾睿智地说，这不过是一条"所谓的"（"so-called"）50 年规定。斯普林克 2007 年为《公众史家》撰写的文章《论"意义极为重大"：历史保护中"五十年条款"的起源》（"Of 'Exceptional Importance': The Origins of the 'Fifty-Year Rule' in Historic Preservation"）[2]分析了该条款诞生的过程、应如何理解该条款，以及它在两代人间对美国历史保护产生的影响。

斯普林克准确地强调，之所以产生这一规定，主要是为了避免评估过程卷入新近的历史之争，并将历史保护的早期重点放在年代更久远、历史更悠久的建筑上。然而，历史保护专家在过去 10 年反复呼吁要用心理解并保护"新近的过去"，尤其是 20 世纪 60 年代，一个美国现代主义设计应者寥寥却批评者众的时代。他们害怕对不同历史时代厚此薄彼的后现代主义风潮将会抹去 20 世纪 60 年代的景观。这些"新近的过去"的支持者发现，他们的努力常在另一些用心良苦的历史保护专家处遇到阻碍。这些专家坚持所谓的"五十年条款"：你得等到 2017 年或 2018 年才能拯救那幢建筑。但显而易见的是，在城

---

* 发表于 2015 年 9 月 22 日。

** 卡萝尔·范·韦斯特（Carroll van West）是田纳西州立大学（Middle Tennessee State University）历史保护中心主任，同时也是供职于田纳西州州政府的历史学家。

市再发展的过程中，让房龄等到 50 年意味着有些建筑在可能获得《国家历史遗址名录》提名前就已消失许久了。

斯普林克的文章大力破除了那种以为"五十年规定"确是指导纲领的错误观念。真正决定了历史意义的并非建筑年龄而是与该建筑相关的历史。毫无疑问，在过去 30 年中，这个思想一直指导着我为《国家历史遗址名录》工作。在文化资源管理领域，我有幸在生涯起步阶段就通过与时任蒙大拿州历史保护局副局长马塞拉·谢尔菲（Marcella Sherfy）的共事经历获益良多。

由左至右：亚拉巴马州塞尔玛塔伯纳克浸礼堂内景。图片来源：卡萝尔·范·韦斯特。南部联盟总统杰弗森·戴维斯（Jefferson Davis）故居布瓦尔庄园（the Beauvoir Estate）遭受卡特里娜飓风灾情七月后的情形。图片来源：联邦紧急事务管理署（Federal Emergency Management Agency, FEMA）。民权运动分子在 1965 年从塞尔玛至蒙哥马利（Montgomery）的游行中穿过埃德蒙·佩图斯大桥（Edmund Pettus Bridge）时受阻。该桥如今是国家公园管理局国家历史道路（National Historic Trail）的一部分。图片来源：宾州特藏集。蒙大拿州埃塞克斯镇艾扎克·沃尔顿旅店。图片来源：卡萝尔·范·韦斯特。

蒙大拿州历史保护局在行政上隶属于蒙大拿州历史学会（Montana Historical Society），谢尔菲赴学会就任前曾供职于国家公园管理局《国家历史遗址名录》主编办公室。事实上，谢尔菲还是首卷《国家历史遗址名录公报》（至今已出版超过四十卷）的合著者之一；该卷当年讨论的就是如何思考"五十年规定"与如何在《国家历史遗址名录》遴选过程中应用它。谢尔菲教会我"意义十分重大"不仅意味着数量稀少。相反，这个表述还意味着你能否就一处物产在地方、州和国家层面的意义还原出一个令人信服的历史背景。

她还通过一处当时建筑年龄刚过 40 年的物产帮助我理解并运用这些原则。该物产是 1939 年建于蒙大拿西北的艾扎克·沃尔顿旅店（Izaak Walton）。这座小楼几乎就是埃塞克斯镇的一切：铁道工宿舍、社区中心、邮局、酒吧都在这里；同时它还是观光景点。地方史告诉我们它对当地有着重大意义，而该建筑也在 1985 年入选名录。这个旅店是最初少数几个我有幸为《国家历史遗址名录》评估的"年限不足五十年"的物产。特别是近 10 年来，我将"意义极其重大"的指导思想应用于南方一些与民权运动有关的物产。2000 年至 2004 年，我在亚拉巴马州伯明翰与本地历史学会伯明翰民权学会（Birmingham Civil Rights Institute）以及当地教会成员就《国家历史遗址名录》的一项多建筑联合提名开展合作。我们在提名中把历史意义时期延长至理查德·阿灵顿（Richard Arrington）当选市长的 1978 年；在当年，该事件可谓民权运动的一个阶段性标志事件。伯明翰民权运动史有丰富的文献记载：学界就重大的事件、人物与地点达成了共识。在我评估每处产业时，相关学术成果都对我还原该处产业的历史背景产生了深刻影响；同时，在多建筑联合提名及准备各地产单独提名的过程中，这些研究成果也为我与本地产业主和过去的当事人的持续对话提供了必要信息。

类似的方法对处理亚拉巴马州塞尔玛（Selma, Alabama）的民权运动史的相关提名也很有价值。该多建筑联合提名的年限延长到了 1972 年——当年该市最终达成了"塞尔玛协定"（"Selma Accords"），允许非裔美国人在市议会中拥有多数席位。最近，该市地方运动的两位领袖——牧师弗雷德里克·里斯博士（Rev. Dr. Frederick Reece）与塞尔玛首位非裔美国人市长詹姆斯·帕金斯（James Perkins）在观看了 2014 年的电影《塞尔玛》（*Selma*）后与我讨论了"协定"的重要性。里斯博士与帕金斯都强烈认为，直到该协定与 1972 年地方选举让非裔美国人在市议会中掌权，当地的民权运动才告终结。

在塞尔玛的整个工作进程中，阿拉巴马黑人遗产委员会前主席鲁列塔·温伯利（LourettaWimberly）领导承担了识别该市与民权运动相关的地标的任务。温伯利在 2013 年于渥太华举行的美国公众史学委员会（National Council on Public History）年会上就此问题发表了讲话。在纪念"流血星期日"（"Bloody Sunday"）及其对投票权运动（voting rights movement）影响的活动于 2015 年 3 月拉开帷幕的同时，塞尔玛也会有若干地标入选《国家历史遗址名录》，其中就包括杰克逊公馆（Jackson House）和塔伯纳克浸礼会教堂（Tabernacle Baptist Church）等直到 20 世纪 60 年代后期仍在发挥重要作用的建筑。诚然，塔伯纳克浸礼堂可以作为 20 世纪 20 年代古典复兴风格（Classical Revival style）建筑入选，但作为 1968 年马丁·路德·金博士在塞尔玛的最后一个大规模集会地点，它不同样有着"极为重大的意义"吗？

2015 年 3 月，塞尔玛还有更多——共计 13 处——与民权运动有关的产业名列《亚拉巴马州遗产名录》（Alabama State Historic Register）。这份州名录只要求入选产业满足 40 年的最低年限。《国家历史遗址名录》与州名录间的这个差异似乎说明，废除"五十年规定"让更多新近事件与建筑得到评估机会的时机已经成熟。

我是在 2006 年历史保护顾问委员会[3] 于新奥尔良就历史保护召开的特别会议上首次考虑这个问题的。距此不久前，卡特里娜飓风才给该州造成了巨大的破坏。在我参加的几个《国家历史遗址名录》特别讨论会上，与会同人们都认为，"五十年规定"对于建立更具包容性的《国家历史遗址名录》项目而言是一个绊脚石，并呼吁废除这一规定。当时我对该提议是否恰当并不确定，并在 2015 年的政治气候中对此更加怀疑。若要修改历史保护的基本规定，当前还不是接触国会的最佳时机。更何况，我在阿拉巴马的经历已清楚表明此举并无必要。除非我们想墨守成规，所谓"五十年规定"也没有实际意义。这项规定不过是一条评估指导纲领，而如果受评物产确实与一些在地方、州或联邦层面有重要意义的事件相关，那么我们总有办法提出自己的论证，也总有先例可依。

注 释

[1] https://www.nps.gov/nr/index.htm.

[2] John H. Sprinkle Jr., "'Of Exceptional Importance': The Origins of the 'Fifty-Year Rule' in Historic Preservation," *The Public Historian* 29, no. 2（Spring 2007）, pp.81-103, http://tph.ucpress.edu/content/29/2/81.

[3] http://www.achp.gov/.

我亦歌唱美国：在历史保护中融入所有美国人的声音[*]

达林妮·泰勒（Darlene Taylor）^{**}

历史保护之所以存在，是为了讲述我们作为一个民族、一个国家所历经的旅程的故事。当历史学家和保护专家在讲述美国故事时，非裔、拉丁裔、亚裔与原住民群体的故事却被抹去或掩盖了。当我们庆祝 1966 年《国家历史保护法案》[1]（NHPA）立法 50 年之时，美国的历史记录很显著地偏向于少数精英。我们应当严格评估、记录并回顾得到保护的与被忽略的遗址。我们要问：当遗产保护成为少数特权者的愿景时，美国公众的利益是否得到了满足？

在美国记忆中并非主流声音的群体发出的呼唤，与兰斯顿·休斯（Langston Hughes）一首诗的标题相呼应。这就是讲述了遗忘在我国集体记忆之外的人民、群体与历史的诗歌《我亦歌唱美国》（"I, Too, Sing America"）。[2] 这表达了一种对族群包容的向往。值此周年庆祝，这首有着重要历史意义的诗歌向保护专家和历史学家提出了挑战，要求他们保证每个美国故事都能有一席之地，因为当大多数人的历史被忽视时，我们的民族意识就会遭到破坏。

在《强调公众》（"Emphasis on the Public"）一文中 [3]，莱昂德拉·伯查尔（Leondra Burchall）与我们分享了建筑保护、博物馆展览、历史书写和历史学术研究会如何与个人及社区体验历史的方式脱离关联。伯查尔认为，当历史记录只反映强权或精英的观点时，未得到充分代表的群体就只能更被边缘化。要

---

* 发表于 2016 年 1 月 1 日。

** 达林妮·泰勒（Darlene Taylor）是沃特曼·斯蒂尔集团（按：休斯敦的一家房产代理商）的文化遗产与社区发展主任经理。她同时也是一名文化活动家，致力于通过故事讲述来保存遗产和文化。她是《她自己的房间》（A Room of Her Own）女性文艺作家奖、金比里奥（Kimbilio）黑人文学奖和卡拉卢（Callaloo）文学奖获得者，同时也曾是国家女性艺术博物馆（National Museum of Women in the Arts）博物馆学研究员。

缩短这其中的距离并让每个人都能感受到历史的意义，博物馆人、学者、历史学家与保护专家就应当消除文化偏见。这些历史的仲裁者必须审视他们的历史叙事实践，为地方、区域和国家叙事中的其他声音留出空间。

作为一名文化活动家，我支持和倡导为包容地反映社区声音、经验与视角而做出的努力。我在美国民权运动遗产方面的工作促使国会立法支持那些囊括了边缘化群体在内的博物馆与数据收集行动。在与国会领导人和政府高官谈论美国丰富的遗产时，我的重点都在于同多元受众建立联系。作为一个艺术家，文学使我能够将艺术与行动相结合。

文学、诗歌与视觉艺术能以生动活泼的方式吸引受众，并以新的方式体验国家叙事。前美国桂冠诗人娜塔莎·特雷塞韦（Natasha Trethewey）的诗集《本土卫士》（*Native Guard*）反思了美国的过去，也反对抹杀他人贡献、将这些贡献视为在美国成长历程中无用之物的行为。[4] 她的诗给我们许多教益。作为历史中的幸存者，我们有义务善待我们父母的墓碑以及那些为建设这个国家而牺牲的人。我们继承的遗产铭刻在许多纪念物上，例如窄小的校舍、商店、门廊、赌场、旅馆、农场、水路与山脉，人们正是在这些地方抚养家人、分享音乐并传下故事。

已故的克莱门特·普莱斯（Clement Price）博士曾是罗格斯大学纽瓦克分校（Newark, NJ）的历史学家、历史保护顾问委员会[5] 成员以及国家历史保护基金会（National Trust for Historic Preservation）[6] 理事。他在任上时曾对初入历史保护领域的我多有教导。我们都信奉非裔美国人的传统：重视祖传知识并通过参与家庭活动保护墓地、教堂和文化故事。从这方面说，养育我们长大的是同一种文化，一种敏于认识、敏于保护、敏于拯救普莱斯所谓"记忆与仪式之港湾"的场所文化。教育我们的还有这样一些人：他们未经历史保护技术正规训练却敬重遗产，而我们正是从他们的实践中获益良多。

普莱斯在其文章《通往大娘房屋之路：历史保护、记忆与非裔美国人的历史》（"The Path to Big Mama's House: Historic Preservation, Memory, and African American History"）[7] 中插入了一个新的叙事。他写到了一栋建于 20 世纪 20 年代南卡罗来纳州的简易平房。正是这个小屋让他反思他所珍视的"一处场所的力量及个人对保护故地与记忆的兴趣"如何以深刻、微妙且富于意义的方式塑造了他的学术研究。

去年，无辜教徒在南卡罗来纳州查尔斯顿（Charleston）举行的一场《圣经》研习会议期间被谋杀，此事震惊了美国和世界。该事件使我们的目光转向了对美国历史的呈现与解释。在事件中，南部联邦旗被用以象征仇恨而非历史。这个悲剧给我们提出了挑战，促使我们检视自己对遗产的解读，也促使我们在理解过去的基础上更深刻地呈现过去的价值、更深刻地培养历史意识。它督促着我们在记忆时顾念整体。

历史与人民同在，并非一成不变；因此，至关重要的是寻找恰当的方式，以包容所有身份，而非在不同族群间厚此薄彼而造成历史偏见。伯查尔在与百慕大的学生合作的过程中处理了叙事中的差异，让青少年找到他们自己的故事并将其融入往昔。世界遗产名城、百慕大圣乔治（St. George）的青年通过"赋予历史生命"研习营，运用艺术手段创造了对历史街区的诠释，让自己在叙事中得以发声。

百慕大圣乔治镇港,2006 年。图片来源：维基百科英文版，奥德杜布（Aodhdubh）摄，https://creativecommons.org/licenses/by/2.5/

百慕大圣乔治自治领议会大楼旧址，建于 1620 年。图片来源：维
基百科英文版，奥德杜布摄，https://creativecommons.org/licenses/
by/2.5/

　　除了重新诠释业已书写的历史外，我们还需重点关注未能得到充分代表的
声音，同时应准备好必要的文件、调查与记录。如此我们才能确定哪些是重要
的场所。国家历史保护基金会的报告称，美国大约有 1500 万人从事保护活动，
另有约 5000 万人认同历史保护的价值。

　　尽管这些人中许多人可能认为自己并非保护专家，但国家历史保护基金会
正在开展相关工作，接触、教育并给予他们工具和技能，使他们能够保护那些
与他们的社区息息相关的场所。当这些历史保护的新倡导者开始行动，在历史
保护中纳入边缘化群体的故事时，他们就会在实现《国家历史保护法案》相应
目标的道路上成为我们的强大合作伙伴。

　　自 1872 年以来，人们就在得克萨斯州休斯敦市的解放黑奴公园（Emancipation
Park）集会并庆祝自由与社会公正之愿景。目前休斯敦的社区与商业领袖正在
与政府合作重建这个公园。这样的努力活跃在全国各地，社区中的个人收集着
各种故事，并要求以设立公园、遗址与保护建筑及反映社会变化的场所等方式
将这些故事融入国家记忆中。

　　史密森学会（Smithsonian Institution）通过美国印第安人国家博物馆（National Museum of the American Indian）向公众讲述了一个宏大的美国历程故事。华盛顿特区国家广场附近一所关于非裔美国人历史文化的博物馆也将近竣工。[8] 马丁·路德·金的雕像反映了我们对美国民权历程的纪念。此外，国会立法批准建立一座妇女史博物馆。国家公园管理局也积极研究并资助来自拉丁裔、女性及其他弱势群体讲述他们的美国故事。奥巴马总统（按：前总统）与国会应继续鼓励将所有声音融入美国的历史——尽管一些人群的地方和文物也许脆弱而濒危。

　　重要的是，由于历史保护专家反思了《国家历史保护法案》历经 50 年留下的遗产，文化与资源保护在未来的核心任务是成为一个更包容的运动，为未得到充分代表的声音提供项目规划、技能培训与教育方面的支持。传统的保护组织、其领导力量，以及历史保护项目的资金支持方必须代表他们所服务的公众。为避免伯查尔提到的袖手旁观现象，保护专家与历史学家必须努力在不同人群中发现人才并为他们提供培训。虽然为这些举措提供资金并不容易，但保护专家、学术项目与文化组织必须引导资源支持这些尝试。

　　只有让那些承载着记忆与仪式的场所、那些讲述历史保护故事的人囊括了所有歌唱"美国"的人和地方，历史保护才能真正体现美国的遗产和多样性，才能真正体现《国家历史保护法案》与时俱进的精神。

得克萨斯州休斯敦解放黑奴公园鸟瞰图。图片来源：OST ／阿尔梅达人口稠密区再开发处（OST/Almeda Corridors Redevelopment Authority）增量税金再投资区（TRIZ）第七区。

注　释

[1] http://www.achp.gov/nhpa.pdf.

[2] https://www.poetryfoundation.org/poems-and-poets/poems/detail/47558.

[3] Leondra N. Burchall, "Emphasis on the Public," *The Public Historian* 32, no. 4（Fall 2010）, pp. 62–68, http://tph.ucpress.edu/content/32/4/62.

[4] Natasha Trethewey, *Native Guard: Poems*（New York: Houghton Mifflin, 2007.

[5] http://www.achp.gov/.

[6] https://savingplaces.org/.

[7] Clement Alexander Price, "The Path to Big Mama's House: Historic Preservation, Memory, and African-American History," *Forum Journal* 28, no. 3（Spring 2014）, pp.23-31, https://muse.jhu.edu/article/543388#img03.

[8] 非裔美国人历史与文化国家博物馆于 2016 年 9 月 24 日在华盛顿特区开馆。

《国家历史遗址名录》
——佐治亚州梅肯市的实践成效与挑战

金·坎贝尔（Kim Campbell）*

尽管《国家历史遗址名录》[1] 在历史保护业内与许多学术类历史著作中饱受非议，但事实证明它是历史保护的有力工具。值得一提的是，尽管源于《国家历史遗址名录》的历史保护抵税计划常常招致热议与批评，但哪怕这个制度并非尽善尽美，它对历史保护和社区重建都起了重要作用。当前流行的对《内政部建筑修缮标准》（Secretary of the Interior's Standards for Rehabilitation）[2] 的解释突出了《国家历史遗址名录》的问题，包括我们在继续前行的道路上必须处理的完整性（integrity）与历史发展（historical development）问题。在佐治亚州梅肯市（Macon, Georgia）的修缮项目凸显了《国家历史遗址名录》的取得成功的潜力与当前的缺陷。

如果要让佐治亚州提名一座"历史名城"，梅肯也许不是大多数人的首选城市。[3] 对于绝大多数人而言，有着悠久历史与知名历史建筑的萨凡纳（Savannah）显然才是"历史名城"。然而，自 2010 年以来，梅肯—毕卜在州内每种历史建筑修缮抵税项目数排行榜上都保持领先；它有 182 个联邦抵税项目、280 个物业税冻结项目与 301 个州抵税项目。[4] 相比之下，萨凡纳同期只有 172 个联邦项目、131 个物业税冻结项目和 127 个州抵税项目。[5]2010 年，梅肯—毕卜县只有 91351 名居民。查塔姆县，包括萨凡纳市在内，则有 265128 人。那么为什么梅肯—毕卜县在居民与遗产旅游记录都更少的情况下

---

* 金·坎贝尔（Kim Campbell）是佐治亚州梅肯市梅肯历史基金会的历史保护与教育协调专员。她是该基金会历史建筑修缮抵税项目咨询工作的首要联系人。

却在历史保护抵税方面取得如此成功呢？答案在于其《国家历史遗址名录》历史街区。

　　截至 2016 年 6 月，梅肯拥有 14 个历史街区，其中包括 6000 多座相关建筑，其中许多建筑在 2010 年前已空置破败。[6] 梅肯的经济，尤其是其历史街区与市中心一带，从 20 世纪 60 年代便开始衰落。20 世纪 70 年代以来，市中心外建起的一座新的室内购物中心，使得市区经济持续快速下滑。梅肯经济直到二十一世纪都十分衰败，根本没有资金来更新或拆除一座历史建筑。这样的结果是建筑状况不佳，但它们与历史意义时期（period of significance）相比基本没有变化。这样，有数千栋建筑都符合历史保护抵税资格。[7]

　　当基层社区重建工作于 2005 年前后启动时，这些税款抵免措施至关重要。由于当地物业价值低且总体上缺乏有足够可支配收入的消费人群，在没有这些激励措施的情况下为初创企业或住房修缮建筑物绝非明智投资。这些措施能让开发商收回 25% 至 45% 的历史建筑投资，这为他们将经济开发的重点从该地不断扩张的北部地区重新转移到梅肯市中心历史街区提供了足够的动力。这些激励措施保证投资回报水平足够高，而让开发商考虑修缮历史建筑，因此即使在 10 年后仍有存在的必要。如果一处建筑不在历史街区内，抵税项目就不会推进。如果没有《国家历史遗址名录》历史街区带来的历史建筑修缮抵税项目，梅肯的历史保护不可能获得国家认可，社区重建工作也不可能持续推进下去。

哥伦布街 1094 号，布什制冷公司（Bush Refrigeration Company）。尽管市场上对此处物产有多次询价，但由于它与历史街区无关而无法获得历史建筑修缮抵税优待，故开发商都不愿修缮这栋好建筑。图片来源：梅肯历史基金会（Historic Macon Foundation）。

尽管梅肯在历史建筑修缮抵税方面取得了巨大的成功，但目前对《国家历史遗址名录》的反复使用和解读，也证明它存在缺陷。例如，材料与设计的完整性对建筑物是否符合入选标准，因而也对其是否符合抵税政策至关重要。然而，一些持续使用的建筑往往需适应居民的需求，在低收入社区尤其如此。依《国家历史遗址名录》的标准，这些小规模改建往往会改变了建筑原来的完整性，但通常距今不到 50 年，使其不再具有入选《名录》的资格。[8] 在南方，这个过程经常发生在历史上的非裔美国人社区，因此这些街无法入选《名录》。

完整性也会影响修缮计划。如果一些建筑的建筑特征损坏过于严重而无法维修，最佳处理方式是同类置换，譬如对于百年以上的旧木窗，这就是很好的做法。然而，对于建筑年龄不过 50 年的房子而言，地面铺设的乙烯砖材是其核心特征，那么我们应当将这些地砖更换为寿命只有 10 年的现代乙烯砖材吗？佐治亚州州一级就"完整性"所给出的解释已不仅限于"感官完整性"（integrity of feeling）。满足"感官完整性"只需营造出与历史意义时期相符的格调，但佐治亚州已将这项要求替换为满足材质完整性（integrity of materials）。这种解读能够防止开发商在同类置换时使用危险（如石棉）或不耐用的建材，但它仍未在联邦层面上推广开来。

与完整性相关的是证明被修缮建筑能延续其历史发展[9]。梅肯最大的《国家历史遗址名录》历史街区——梅肯历史街区的历史意义时期止于 1942 年，因为该区上一次改造的时间始于 1992 年。梅肯市中心在 20 世纪六七十年代的衰落导致其景观特征发生了巨大变化，其中一些变化迄今已有 50 年历史。例如，许多建筑的二层、三层的石膏墙已多年未得到维护。依照《标准》的定义，这些墙壁现在就有一个显露了灰泥及其内层砖石的"范本"外观。抵税项目通常不允许保留这种"范本"外观，而是必须将墙壁恢复到旧的平整度。然而，市中心的衰落是讲述梅肯复兴故事的重要组成部分，值得保留。没有如此严重的衰退，梅肯现在就不会有如此数量与质量的历史建筑群。让"范本"石膏墙保持原样是在物理上证明其历史发展，同时又在现代生活中保证建筑安全性与可用性的一种方式。毕竟，修缮并不意味着在时间中"冻结"建筑，而是要保持其特性、同时允许其继续有效使用。人为扭转 50 年、40 年、30 年甚至 20 年的变化，隐藏了建筑物完整的物理叙事，由此也对后代造成了不利影响。

《国家历史保护法案》[10]、《国家历史遗址名录》与历史建筑修缮抵税制度绝不是完美的。我们要如何继续修订完整性的意义才能令其涵盖从移动房屋到美森耐复合壁板（Masonite siding）的种种事物？我们又要如何避免抹去一幢建筑的部分历史？这两个问题只是美国的保护专家在接下来的 50 年中必须解决的许多问题中的两个。然而，尽管《国家历史遗址名录》给我们提出了挑战，但它仍是历史保护的有力工具。想要看到这个工具是如何运作的，就到梅肯来观察《国家历史遗址名录》在实地保护中是如何取得成功的吧。

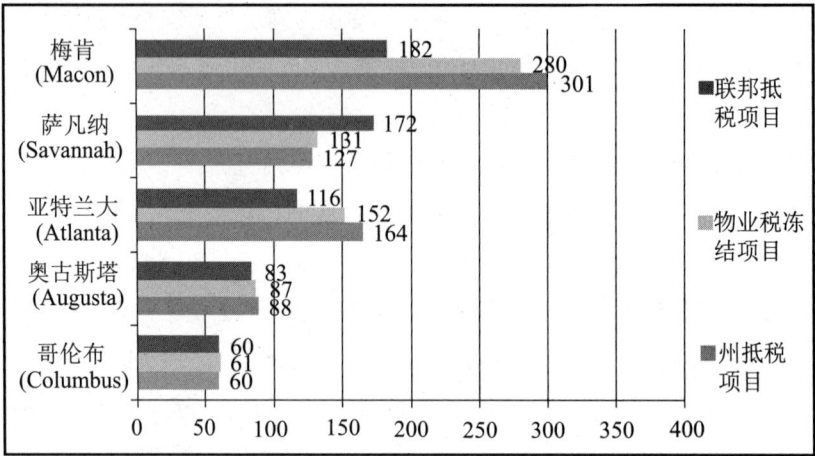

佐治亚州 2009 年 7 月至 2016 年 3 月抵税项目数前五城市。
梅肯在 2010 年至 2015 年间获得的抵税项目数在佐治亚州各市中名列榜首。根据佐治亚州历史保护局，梅肯在 2012—2013 财年至 2014—2015 财年递交了最多的抵税申请，在 2015—2016 财年也暂时领先。

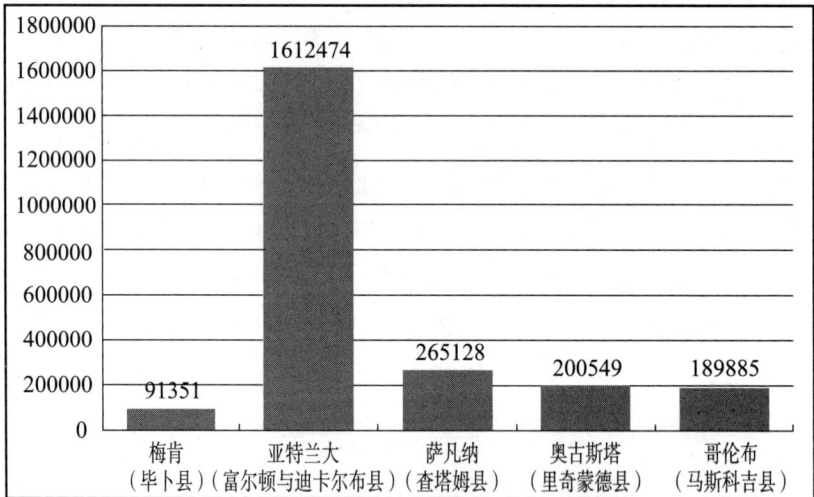

佐治亚州抵税项目数排名前五各县人口，数据来源为美国 2010 年人口普查。梅肯比哥伦布市所在县、排名倒数第二的马斯科吉县还要少一半人口。

老 D. T. 沃尔顿路 535 号摩羯录音办公楼。摩羯录音（Capricorn Records）于 20 世纪 70 年代早期开创了南方摇滚风格（southern rock）并于 1973 年添加了这面独树一帜的临街墙面；然而，这种风格随着该公司 1983 年宣告破产而逐渐退出潮流。这座办公楼是梅肯的第一座整体式办公楼，它在摩羯录音公司倒闭后状况迅速恶化，并发生多起泄露事件。图片来源：梅肯历史基金会。

摩羯录音办公楼内景。楼内渗水极其严重，使得地面某些部分坍塌，有些天花板也已消失。2015 年时，一个有意挽救这幢建筑及其历史的本地开发商买下了它并计划利用抵税项目对其进行修缮。临街墙面使这幢建筑目前不符合入选规定。由于建筑年久失修，佐治亚州历史保护局认定它缺乏充分的材料完整性以入选《国家名录》。该局建议，如果这幢建筑能重建 20 世纪 70 年代的内部样貌，则可凭感官完整性入选《佐治亚州历史遗址名录》（Georgia Register of Historic Places）。图片来源：梅肯历史基金会。

梅肯市中心的一处商业建筑。砖墙上的石膏墙面只有在水火侵蚀与疏于维护的情况下才会呈现这种特征。我们要在修缮中用石膏或石膏灰胶纸夹板将墙面恢复到原始外观，以抹去这种衰败的历史吗？图片来源：梅肯历史基金会。[11]

注 释

[1] https://www.nps.gov/nr/index.htm.

[2] 《内政部建筑修缮标准》是州与联邦两级审核官员用以评估历史修缮抵税申请时确认所提出的建筑保护方案是否得宜的十条标准。国家公园管理局将"完整性"定义为一处物产表现其历史意义（即其历史与这段历史为何重要）的能力。传统上说，"完整性"应通过以下七个因素考量：地点、设计、环境、建筑材质、工艺、感官及其历史联系。一处建筑必须有足够的"完整性"才能入选《名录》，而《标准》出台的目的就是在保持一处建筑"完整性"的同时将其更新以适应现代用途。"历史发展"则意指建筑随时间流逝如何演变。参见 https://www.nps.gov/

tps/standards/rehabilitation/rehab/stand.htm.

[3] 梅肯—毕卜县是一县市合一政府（Macon-Bibb County）。"梅肯—毕卜"在本文中作多义词使用。所有抵税数据以县计，故横向比较的其他城市抵税数据实际上是对应县一级的数据，而城市名只用于指出数据来源地。

[4] 不论是梅肯一市抑或佐治亚全州，它们在抵税项目上取得的成功都源于佐治亚州的历史保护激励计划。佐治亚有两个营利性和居住性地产都可申请的项目。一是州已历史产业修缮抵税计划（State Tax Credit for Rehabilitated Historic Properties），它能向符合条件的修缮支出（Qualified Rehabilitation Expenditures, QRE）返还 25% 至 30% 的费用冲抵收入税。二是已修缮历史建筑征税评估特惠（State Preferential Property Tax Assessmentfor Rehabilitated Historic Properties），它将冻结按照修缮前产值冻结一处已修缮的历史建筑的征税额度并保持八年半。符合条件的支出可以是任意与改善该历史建筑各方面条件的支出。

[5] 所有抵税数据都来自佐治亚州自然资源保护局历史保护署技术支持室 2009 年 1 月（1 号）至 2016 年 8 月（13 号）的活动报告。

[6] 相关建筑数并不包括历史建筑、历史物件或历史遗址。一个相关建筑、物件或场址应位于《国家历史遗址名录》历史街区地理范围内，并且是促使该历史街区入选名录的资源之一。尽管"相关资源"并不单独入选《国家历史遗址名录》，但它们享有与单列资源同等的待遇，包括抵税政策。

[7] 一处场所的"历史意义时期"（"period of significance"）是《国家历史遗址名录》中意指与此地之历史与重要性相关的、并令其得以入选名录的时期。比如，如果一座由著名建筑师设计并建造的房屋入选名录，那么它的历史意义时期就是竣工年份。此竣工年份代表了该建筑最符合建筑师意图的时代，也会是该建筑入选名录的理由。

[8] 任何建筑年龄超过 50 年的建筑在美国都被视为"历史"建筑。1966 年《国家历史保护法案》规定，任何建筑年龄不满 50 年的建筑都不得入选《国家历史遗址名录》，以法律形式为《名录》确立了 50 年的限定。如果提名建筑有"重大历史意义"，"五十年条款"才能被豁免。例如，民权运动领袖马丁·路德·金遇刺的洛林汽车旅馆（Lorraine Motel）在建成未满 50 年时就列入《国家历史遗址名录》，因为当年此地发生的事件对我国历史产生了深刻影响。

[9] 一幢建筑的"历史发展"是其随时间变迁而发生的改变。通过明确建筑的"历史意义时期"，《国家名录》事实上打击了延续建筑历史发展的积极性；如果一处建筑相比其处在"历史意义时期"的原貌差异太大，它就不再有得以入选《国家名录》所需的完整性。

[10] http://www.achp.gov/nhpa.pdf.

[11] 特别感谢佐治亚州历史保护局的所有工作人员。他们不仅回答了我关于《国家历史遗址名录》与历史建筑修缮抵税的许多异想天开的问题，也花时间为本文准备了数据。感谢你们的辛勤劳动，感谢你们为我们州历史保护的无私奉献。

历史学对《国家历史遗址名录》而言重要吗？

丹尼尔·维维安（Daniel Vivian）*

　　尽管历史学与《国家历史遗址名录》[1] 很少被一并提及，但后者与其他项目一样，难以跟上不断转变的思潮。《国家历史保护法案》[2] 五十周年纪念为我们提供了一个机会，以思考《国家名录》究竟有没跟上了历史学转变的步伐。在大多数情况下，它都落后于历史学潮流。该项目一直以来都保持了它重要意义与活力，这证明了国家公园管理局（National Park Service）工作人员在 20 世纪 70 年代制定《国家历史遗址名录》标准与历史意义门类时的远见卓识，也证明了提名人与各州历史保护局工作人员的创造力和智慧。在绝大多数时候，每年都会有超过一千处产业新入选《国家历史遗址名录》，这表现了它的优长而非缺点。然而，如果没有不时地更新，即便是最重要的项目终究也会过时。为保证《国家历史遗址名录》的现实意义而对其进行适当修改，能够确保它在未来若干年仍能对历史保护发挥根本性的作用。

　　这篇文章对已出版的《国家历史遗址名录》指南提出三个修改意见，旨在使整个项目的运作跟上当代史学的趋势。这些修改意见并不彻底，所关注的也是语言和措辞，而非实质性内容或操作程序。它们不会改变《国家历史遗址名录》的基本框架。相反，每一条建议都试图使项目的根本组成部分能契合当今历史学家对过去的思考和书写。

　　历史意义门类（*Areas of Significance*）。一处物产必须满足以下四个项目标准中至少一个才能列入《国家历史遗址名录》。《如何填写〈国家名录〉登记表》

---

* 　丹尼尔·维维安（Daniel Vivian）是肯塔基大学（University of Kentucky）历史系副教授、历史保护项目负责人。他曾是《国家历史遗址名录》历史学家。

(How to Complete the National Register Registration Form) [3] 第 37 页中规定了如下这些标准：

A. 美国历史上的重大事件或主要特征的历史遗址

B. 与某位历史名人有关的历史遗址

C. 建筑与设计独具特色的历史遗址

D. 具有考古意义的历史遗址

一项《国家历史遗址名录》提名需通过"历史意义陈述"（narrative statement of significance）证明该处物产的重要性并将其与其他案例相比较。除撰写这一陈述外，提名人为该处物产必须选择一个或多个"历史意义门类"，并在适当的情况下选择合适的子类别。《如何填写〈国家名录〉登记表》第 40-41 页列出了历史意义门类。

历史意义门类之所以重要，有如下几个原因。如今历史学家们认为计算机数据库有着巨大的分析潜力，而历史意义门类也是为收集数据而开列的；但虽然如此，它们的主要影响仍在于如何为提名者的工作提供必要信息，以及它们会为将入选名单作为二手文献的读者提供何种信息。历史意义门类是《国家历史遗址名录》信息分类方式的核心——事实上也是它历史思考方式的核心。然而，某些过时、蹩脚且不合时宜的语言却颇为扎眼。尽管有才华的历史学家能为尽可能有力地论证一处物产的历史意义字斟句酌，但若必须将论证与选定的历史意义门类勾连起来，仍会对论述产生一些消极影响。此外，由于《国家历史遗址名录》提案是各类学校组织、地方史家及其他利益相关方使用的公开文件，措辞便非同小可。非专业人士从名录中获取的信息部分取决于提名表第 8 节规定的历史意义门类。这是读者了解一处物产的历史以及它何以入选名录的首要信息来源。

因此，国家公园管理局有充分理由仔细研究现有的历史意义门类划分，并作出相应修改以反映当代的史学实践。例如，"族群遗产：黑人"（"Ethnic Heritage: Black"）一直困扰着提名人员。[4] 对绝大多数遗迹而言，"非裔美国人史"才是更好的分类标签。"社会史"也显得过时。更宽广的"社会文化史"可以更好地概括被要求归为"社会史"的许多历史故事。"环境保护"

（Conservation）仍有意义，但在很大程度上已被"环境史"（Environmental History）所取代。环境史目前是一个及其重要的研究领域，包括了人类与自然界的更广泛的互动。同样，"劳工史"（Labor History）一直缺席《国家历史遗址名录》，"性别"（Gender and Sexuality）也同样如此。这两个领域几十年来都是重要学术领域，但都未得到《国家历史遗址名录》的认可。

为历史意义门类所给出的定义也值得关注。有若干定义可使用更好的措辞，另有一些则多歌功颂德而缺乏批判力。比如，《国家历史遗址遗名录》把宗教定义为"就人类与人所认为的超自然力量的关系而形成的有组织的信仰、时间和传统体系"，但当宗教学者在给出宽泛、包容的定义时，他们通常使用诸如"信仰"（"faith"或"belief"）这样的词语。在这种情况下，"人所认为的超自然力量"是有误导性的，也会冒犯一些有信仰的人。同样，《国家历史遗址名录》将"军事"定义为"捍卫一个民族的领土与主权的体制"，但绝大多数历史学家都会迅速注意到，美国长期以来都有进攻性军事行动的传统。

简单地说，批判地审核列出的历史意义门类并对其做适当修订将是更新《国家历史遗址名录》的重要一步。虽然列出的大部分领域仍有现实意义，但也有明显的缺陷，有些描述也需作改进。

肯塔基州路易斯维尔人对其公园深感自豪。其中几个公园由弗雷德里克·劳·奥姆斯泰德（Fredrick Law Olmsted）设计于 19 世纪 90 年代初。路易斯维尔的奥姆斯泰德公园系统在 1982 年入选《国家历史遗址名录》。一如同时期其他入选遗址，它的表格提供的历史信息十分有限，也没有具体说明入选物产的边界，或指出形成其历史意义的相关资源。修订、更新名录的记录方式将极大提高其教育价值与规划参考价值。图片来源：本文作者。

修订。有经验的提名人知道，提名机构（州、联邦或部落的历史保护官员）能在有理据的情况下更改入选物产的记录。《如何填写〈国家历史遗址名录〉登记表》第 71 页详细规定了修改记录的常见原因及相关步骤。新信息、物产的物理变化，以及添加最初并未明确列出的历史意义门类都是修改一项已入选提名的合理理由。（例如，因其建筑而以标准 C 入选的许多物产也可能符合标准 A）由于修订能在一处已入选物产出现重大变化时提供相关信息，所以它具备管理层面的意义，但同时它也会提高入选提名的教育价值。改良后的历史与描述性信息能使提名对研究人员、教师和业余历史学家更有用。

在关于修正方案的讨论中，最显眼的缺失在于这些讨论并未提及看待历史的视角会如何随时间流逝而改变。任何历史作品，不论有多高的水准，最终都会过时。历史学家提出的问题与做出的解释总是受到他们所处环境的影响。国家公园管理局将会虚心接纳得到广泛接受的、建设性的历史观念，同时强调把握机会、修改文献记录以反映新的学术研究、新信息和不同的诠释。可以肯定的是，现有的指导纲要可以适应这种修订。它们具体列出了"附加标准"、"新增历史意义门类"与"新增历史意义时期"（"additional periods of significance"）作为修订《国家历史遗址名录》相关标准的理据，而这些理据也能够使人信服。然而，一篇平实易懂的英文陈述仍是有用的。通过承认历史学是一个不断研究和重估的过程，国家公园管理局会鼓励修订已严重过时的提名，最终使《国家历史遗址名录》中提供的历史信息更有用。

主观性。自国家公园管理局于 20 世纪 70 年代出版《国家历史遗址名录》以来，历史学家研究过去的方法发生了巨大变化。文化或语言转向使学界关注语言、文化、符号、话语、叙事以及方法论与经验论的各种难题，由此带来的影响从根本上改变了史学家提出的历史问题问题与历史研究方法。关于理论、知识、结构主义、后结构主义等颇为棘手的争论与《国家历史遗址名录》虽无密切关系，但也非毫无影响。也许，在这方面最重要的趋势是更多地认识到知识固有的主观性。历史学家对他们就过去提出的观点及史料诠释变得更加谨慎。客观性信仰的崩溃和后现代主义的挑战令我们别无选择。[5]

虽然业内人士长期以来都认识到《国家历史遗址名录》的"历史意义"这一概念并不是客观标准，但《名录》指南大体上忽略了如何评估历史意义及如何能就历史意义给出有力论证的问题。[6]《如何在评估中使用〈国家历史遗址名录〉标准》（*How to Apply the National Register Criteria for Evaluation*）[7]囊括了历史背景信息、在相关背景中评估被提名物产以及四项标准中各项的范例物产（第7-24页）。然而，它并没有提到，关于历史意义的论点总是需要历史论证来支撑的。说到底，这就是《国家历史遗址名录》登记表第8节中历史意义陈述的作用。历史意义陈述根据历史证据、二手文献提供的信息以及对该物产与其他案例的分析，论证其历史意义。它所呈现的，是基于历史学家研究过去的方法所给出的判断。即便精心撰写的历史意义陈述未必客观，但它是评估一处物产的意义的坚实基础。严谨的分析、有力的论证和对一、二手史料的掌握是历史学家用以构建史论的工具。

通过解释何种历史意义陈述更具说服力，国家公园管理局能使提名过程更加透明，从而改善而非削弱《国家历史遗址名录》。将"历史意义"的概念去神秘化能让公众更易理解整个项目，并使他们认可每项提名背后的努力与思考。它将突显每项提名及其审核过程中的研究与分析。当一处物产被列入《国家历史遗址名录》时，已有国家和联邦层面（某些情况下是地方层面）的经验丰富的专业人士对其进行仔细审视，而它也通过了专家委员会的审核。此过程与评估提交给学术期刊出版商的稿件所采取的过程大致相当。简而言之，尽管历史意义在某种程度上是主观的，但《国家历史遗址名录》对它的评判方式绝不马虎。评审过程反映了历史学研究的传统。《国家历史遗址名录》应当相信这个过程；我们也应当对其予以强调。

尽管我们可能还有许多修改《国家历史遗址名录》的方式，但这里建议的三个方面可以极大改善《国家历史遗址名录》而无须大费周章。这些策略能令项目事半功倍地紧跟当代史学实践趋势。此外，它们还能强调项目及其相关标准的质量。历经50年后，《国家历史遗址名录》仍是我们认定与我国重大历史事件与人民有关的物产的有力工具。若有少许修订，《名录》就能保持其价值，并随时间推移发挥越来越大的作用。

注　释

[1] https://www.nps.gov/nr/index.htm.

[2] http://www.achp.gov/nhpa.pdf.

[3] https://www.nps.gov/nr/publications/bulletins/nrb16a/.

[4] 一些学者，如乔治·M. 弗雷德里克森（George M. Frederickson）提出，种族（race）与族群（ethnicity）的运作方式是相似的。弗雷德里克森写道，种族可被视为源自一群共同祖先的历史集群。所以，种族是"当族群被视为不可或缺且恒久不变的因素且形成阶级后的产物"。参见：George M. Frederickson, *Race: A Short History*, Princeton, NJ: Princeton University Press, 2002, pp.154–55. 尽管弗雷德里克森的观点被广泛接受，下列观点也有道理：对于《国家历史遗址名录》所认可的、有关非裔美国人的历史而言，"非裔美国人史"是更好的描述语。

[5] 关于这方面的发展，参见：Victoria E. BonnellandLynn Hunt, eds., *Beyond the Cultural Turn: New Directionsin the Study of Society and Culture*, Berkeley: University of California Press, 1999; James W. Cook, Lawrence B. Glickman, and Michael O'Malley, eds., *The Cultural Turn in U.S. History: Past, Present, and Future,* Chicago: University of Chicago Press, 2008; Lynn Hunt, ed., *The New Cultural History: Essays*, Berkeley: University of California Press, 1989.

[6] Michael A. Tomlan, ed., *Preservation of What, for Whom? A Critical Look at Historical Significance*, Ithaca, NY: National Council on Preservation Education, 1997; Randall Mason, "Fixing Historic Preservation: A Constructive Critique of 'Significance,' " *Places* 16, no. 1, 2004, pp. 64–71.

[7] https://www.nps.gov/NR/PUBLICATIONS/bulletins/nrb15/.

口述历史

跨越文化：口述历史与公众史学 *

吉尔·利汀顿（Jill Liddington）

格雷厄姆·史密斯（Graham Smith） 著

田乐 译

　　迈克尔·弗利西（Michael Frisch）在 1990 年提出的"共享权威"（authority-sharing）成为口述历史与公众史学对话的基础。他认为口述与公众历史实现了对历史话语权的重新界定。历史不再只服务于权力和统治阶层，而是开始在更广泛、更草根的阶层上被分享。公众史学，或是口述历史的"公众性"，直接挑战职业历史学者对历史知识的所有权和解释权，如社区历史、民众生活的录影、劳工剧院、口述历史等，都成为重新定位历史话语权的途径，让普通民众的声音，尤其是被主流历史研究忽略或一笔带过的社会群体的声音，进入历史书写和传播的范畴。[1] 唐纳德·里奇（Donald Ritchie）更明确地指出："公众史学系统地、有组织地将真实的历史准确地传达给公众，口述历史是实现这一使命的重要工具。口述历史和公众史学运动有着天然的默契，两者都吸引着与传统的历史写作不同的实践者，都关注公众；两者都使用录音或录影，都在课堂和学院之外的博物馆展陈、戏剧表演等有着广泛的应用。"[2]《跨越文化：口述历史与公众史学》一文探讨了口述历史与公众史学的关系，关于过去的公众呈现是理解这一关系的核心。同时，我们理解、回忆自身过去的方式也受到不同公共呈现方式的影响。个人的直接经验、我们所熟悉的古老传说以及我们身处的社会叙事体系，都参与了我们理解、记忆过去的建构过程。该文促使我们更

---

* 原载于：Jill Liddington and Graham Smith, "Crossing Cultures: Oral History and Public History," Oral History, Vol. 33, NO. 1, Re-presenting the Past, Spring, 2005, pp. 28-31. 该文由田乐（浙江大学公众史学研究中心）翻译。

深入地思索公众史学在塑造历史意识和记忆方面所扮演的角色。

　　格雷厄姆·史密斯（Graham Smith）：英国纽卡斯尔大学（Newcastle University）教授，口述历史项目负责人。他的专著包括四卷由路特雷奇出版社"历史研究中的核心概念"系列出版的《口述历史读本》（*Oral History Reader*）。他曾担任伦敦大学皇家霍洛威学院公众史学项目负责人，《口述历史》（*Oral History*）杂志"公众史学"专栏的编辑，以及口述历史学会（Oral History Society）主席（2004 年至 2017 年）。

　　吉尔·利汀顿（Jill Liddington）：英国利兹大学（University of Leeds）的荣誉研究员，作家学会（Society of Authors）成员，以及皇家历史学会（Royal Historical Society）成员。她的研究主要是关于妇女史，以及 19 至 20 世纪英国的性别与阶级、空间与地域之间的关系，专著包括：《为选举而消失》（*Vanishing for the Vote,* 2014），《女性的命运：安妮李斯特的日记》（*Female Fortune: the Anne Lister diaries,* 1998），《呈现过去：来自哈利法克斯的安妮李斯特》（*Presenting the Past: Annie Lister of Halifax 1791—1840,*1994, 2010）等。她还参与了英国广播公司（BBC2）的纪录片《安妮李斯特身世之谜》（*Revealing Anne Lister* ）的制作。

　　史学繁盛并未走远：越过重建的内战场景，如今教育网站上打出广告"BT 宽带令历史重生"。在广阔的公众史学领域中衍生出各种各样的方法、形式和热情，其中一些领域与口述历史领域交叠，另一些则相距甚远。

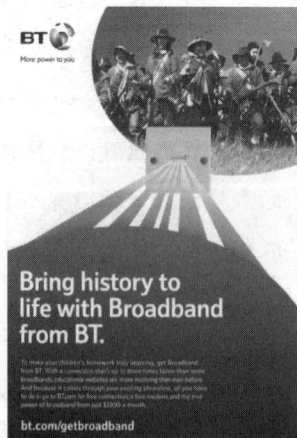

公众史学的时间跨度从昨日一直回溯至史前。公众史学关注于这样的过程："过去"如何呈现给广泛的观众和读者群体，此一过程通常需要历史学家和其他专业人士通力合作。而对于口述历史学者来说，这些意味着什么呢？口述历史广泛关注采访记录中个人记忆、通常是新近历史记忆的叙述。口述历史的兴趣在于记忆过去并且将这样的过去组合为口头叙事[3]。我们认为，这两个时间关注点、研究方法完全不同的历史学领域，却在某些重要方面重叠、融合甚或冲突。我们将主要通过电视领域的三个例证阐释上述观点。

《英国史》（*A History of Britain*）是由历史学家西蒙·莎玛（Simon Schama）编写主持的黄金时段电视纪录片，该片带领观众完成了一次从石器时代到20世纪的英国历史旅行。节目将莎玛的解说词直接呈现给观众，同时拍摄了许多壮丽地貌，包括一些宏伟的重建遗迹。这部作品单独展现了一位历史学家的权威声音，而非探索记忆或对过去回忆的叙事。虽然存在针对这部作品的批评，但这并不影响它成为评价其他历史节目的参照标准[4]。

另一例证同样为BBC出品的节目。由格里夫·莱斯·琼斯（Griff Rhys Jones）主持的《复原》（*Restoration*）红极一时，它动员每位观众为自己最喜欢的古老建筑投票。建筑师托勒密·迪安（Ptolemy Dean）和建筑调查员玛丽安·苏（Marianne Suhr）针对隐藏的建筑瑰宝，为当地老居民做口述采访，这些采访重唤起对记忆与地理空间的重视。电视观众开始打电话参与节目的投票活动，这是他们此前未曾做过的事。同时，《复原》也关注到伦敦之外的地区，例如曼彻斯特的维多利亚浴池获得了超过250000份投票。300万人收看了《复原》纪录片，这些都是新的观众群体。此前，这些观众没有任何途径对"英国国民托管组织（National Trust）"和"英格兰遗产委员会（English Heritage）"发表看法。

第三个例证是BBC2频道的家族历史侦探剧《客从何处来》（*Who Do You Think You Are?*）。此剧通过记录名人追寻自己祖辈的故事，成功地在电视节目中引入宗族研究。例如，演员阿曼达·莱德曼（Amanda Redman）发现了自己一位神秘的舅舅，也第一次和从未知晓的表姊碰了面。剧中主要通过档案研究方法，利用数字检索新技术，（例如：1901人口普查系统，出生证明系统）发掘主人公的新亲属，以此串联起主人公对祖辈的个人记忆。

　　回顾上述三个例证：鉴于其所涉及的历史时间广度，莎玛的纪录片主要依靠文本材料而非口述历史记录。相对而言，《复原》也涵盖了广阔的历史时段，却利用遗迹的视觉呈现与当地口述历史访谈交织的方式，唤起人们对每栋建筑的重要记忆。而《客从何处来》贯穿运用家族祖先的档案和口述历史。三个电视节目，各有其独特性，也互相重叠、交融。

公众史学：其拥护者与批评者

　　公众史学？没错，通过电影、广播、纪念馆及遗迹、博物馆与网页，以及电视节目的方式，以通俗的方式向广泛的受众呈现历史，这或许是理解"公众史学"的最好方式。然而在此种宽泛的理解背后，存在广泛甚或激烈的争论。例如，在曼彻斯特的维多利亚浴池获得 2003 年《复原》最高投票的一年之后，其建筑几乎没有被修复过。主要原因在于，电视节目有赖于能够快速完工的翻新工作，而历史遗址的修复工作缓慢、复杂而且昂贵。[5] 对电视节目需要即时满足感的特征的警惕，与一种更尖锐的批评不谋而合，这种批评认为时下电视节目迷恋于重演先辈经历的老战场（二战是著名的例子[6]），并且，电视节目有时仅为数分钟专家讲解的场景而随意掠取利用其他历史学家的学术成果。[7]

　　而另一方面，盛极一时的公众史学也有其拥护者，包括声名卓著的学院派学者。其中一位最坚定的支持者是伦敦大学高等研究院历史研究所（Institute of Historical Research, IHR）的英国史教授戴维·康纳丁（David Cannadine）。他兴致勃勃地多次公开论辩"我为什么认为电视节目应该有更多历史内容"这一问题；2002 年，他在伦敦组织了一场以"历史与媒体 (*History and Media*)"为主题的会议，并以此次会议内容为基础编著了《历史与媒体》一书[8]，其中一个章节由莎玛所撰写，本书收录了西蒙·迪奇菲尔德 (Simon Ditchfield) 为此书撰写的评论文章。[9] 除此之外，一群备受尊重的历史学家成立了一个"历史与政策"小组，同时建立网站，发表供政策制定者和政治家参考的历史小文章。这些人的确是一群有别于数以百万电视观众的公众群体，但这无疑扩大了历史阅读所涵盖的受众。[10]

　　然而，批评的声音依然存在。在"历史与媒体"研讨会上，莎玛放映了纪录片《英国史》之《两个温斯顿》(*A History of Britain,* "The Two Winstons")
中的一个片段，其中展现了 20 世纪 30 年代乔治·奥威尔（George Orwell）曾
造访的工人工作场所。在讨论中，当莎玛的制作人不经意提到这是再现的场景
时，许多在场的历史学家都感到震惊，因为他们本以为这是档案录像资料。[11]
《历史与媒体》一书中包含《英国史》之《两个温斯顿》的会议展示，但并未
加入讨论内容。《英国史》的支持者以及许多公众史学家认为并不需要这样吹
毛求疵的学究式要求，"印刷文化中对参考及引用材料的精准要求并不适用于
电视这类传播媒介"[12]。不过，反对者对此持保留意见。

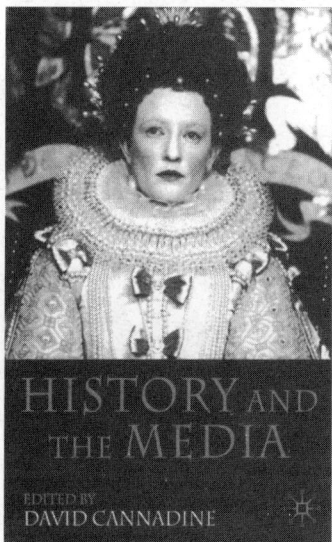

英文版《历史与媒体》

口述史学者与公众史学

　　然而所有这一切对口述史学者来说意味着什么呢？对"过去"的公共呈
现的讨论与口述史学者具有两方面特定的联系。第一是呈现问题。《口述历史》
(*Oral History*) 杂志为口述历史呈现给公众的不同途径提供平台，我们尤其关
心呈现那些隐藏在历史文本之外的生命。例如：克里斯丁·兰多夫 (Christine

Landorf) 关于采集澳大利亚矿脉采矿业记忆的讨论，阿尔·约翰森 (Al Johnson) 根据洗衣女工回忆所制作的装置艺术项目"洗衣房之域"，以及托尼·巴克利 (Tony Buckley) 有关阿尔斯特博物馆 (Ulster's museums) 中口述历史、真实和多文化视角的评述。[13] 我们始终致力于为读者呈现国内外的口述历史案例。

　　然而，我们理解、回忆自身过去的方式也同样受到各种公共呈现方式的影响，这是探索公众史学与口述历史关系的另一重要路径。例如，20 世纪 80 年代初，伊莎贝尔·麦克林恩 (Ishbel MacLean) 曾在比利·凯所主持的广播节目《奥德赛》(Billy Kay's Odyssey radio series) 中指出，20 世纪 30 年代来自苏格兰工业城市的拓山者，常常会用罗伯特·塞韦思 (Robert Service) 所写的 19 世纪美国淘金歌曲和诗歌来塑造他们的记忆。[14] 另一例证是女性选举的历史：20 世纪 70 年代第一代女性选举者的女性后代也到了选举的年龄，然而在近 70 年之后，这些人对于当年她们母系先辈争取政治权利运动的记忆，却渐渐被时下媒体的描绘所替代，例如流行一时的电视剧《肩并肩》(*Shoulder to Shoulder*)。[15] 近期，凯瑞·戴维斯 (Kerry Davies) 报告了精神病患者通过他们人生早期看过的电影来塑造其口述叙事，最著名的一部电影是《飞越疯人院》(*One Flew Over The Cuckoo's Nest*, 1975)。[16]

　　换言之，我们越来越多地通过书籍、电影以及电视节目这些大众历史呈现方式，来塑造自己对过去的理解。当然，这些公共呈现方式并非唯一甚或主要的影响记忆塑造的因素。个人的直接经验、我们所熟悉的古老传说以及我们身处的社会叙事体系，都参与了我们理解、记忆过去的建构过程。而此时我们应该更深入地思考公众史学在塑造历史意识和记忆方面所扮演的角色。

《口述历史》(*Oral History*) 杂志

　　口述历史是一个综合领域。《口述历史》杂志将一如既往地刊登文章，展示口述史学者参与公众史学实践的案例，以为此领域提供更多指导和启发。实际上，我们已经尝试将街头采访引入公众史学，以此拓宽这一领域的范畴。我们共邀请十几位人士参与此项实践，包括博物馆人与口述史学者、一位电影制作人兼广播评论员、一位中学老师、数位智障人士自救运动成员，当然也有教授公众史学项目的学者。他们的地域分布不仅涵盖了英国的不同地区，同时也扩展到美国、南非和澳大利亚。我们邀请每位参与者挑选出他们最喜欢的一件公众史学作品，他们的选择结果不仅有最受欢迎的博物馆、电视节目、电影，也包括摄影作品、广播节目、音乐、网站以及书籍，还有一些不同形式的组合，例如与遗址相关的口述证据。

街头受访者也被邀请回答这样一个问题：公众史学对我来说意味什么？其答案难免千差各异，有"我们的爱情故事与电视历史"所带来的喜悦，也有对时下电视节目迷恋于战争和夸张的战后重建的厌恶。参与者既有知识渊博、温文尔雅的历史学家，也包括那些兴致勃勃地认为公众史学能够使民众的历史呈现给相应观众的人。对我们而言，公众史学可以达到上述所有目的。公众史学始终关心如何做到完美，关注于拓展公共受众群体以及延伸至新的阅读群体，更重要的是，无论从学术角度还是利用价值方面，公众史学都能够提供最高水准的历史内容。[17]

如果你对这样的街头采访有兴趣，可以阅读西蒙·迪奇菲尔德为戴维·康纳丁《历史与媒体》一书所写的评论文章，文章结尾部分编注了一系列文献，以供《口述历史》读者进一步从学术角度探索公众历史、系统思考与之相关的争论。需要再次强调的是，这份清单中的文献题目体现出其宽广的多样性：既包括如同英国一样相较"公众史学"更习惯于"遗产"一词的古老文化，也涵盖一些相对年轻的国家，包括像美国这样通过"合众国"，或像澳大利亚这样通过区别于殖民历史，而创建的国家。

总之，我们希冀为有关公众史学与口述历史（特别是记忆）之间互动的深度论辩提供平台。

注　释

[1] Michael Frisch, *A Shared Authority : Essays on the Craft and Meaning of Oral and Public History*. Albany: State University of New York Press, 1990, pp. xxi. & xxii.

[2] Donald A. Ritchie, *Doing Oral History: A Practical Guide*. 2nd ed. Oxford: Oxford University Press, 2003, p.42.

[3] Anna Green, "Individual Remembering and "Collective Memory": theoretical presuppositions and contemporary debates", *Oral History*, vol. 32, no 2, 2004; and Penny Summerfield, "Culture and Composure: creating narratives of the gendered self in oral history interviews", *Cultural and Social*

History, vol.1 no. 1, 2004.

[4] 例如：Justin Champion, "Seeing the Past: Simon Schama's 'A History of Britain' and Public History", *History Workshop Journal*, 56, 2003, pp. l53-174.

[5] "Victorian baths win viewers' votes in TV poll", *Guardian*, 15.9.2003; "School awarded Restoration's £3 m, but last year's winner is still waiting", *Guardian*, 9.8. 2004.

[6] 译者注：原文为 "notably against Hitler"。本文写作于 2005 年，恰逢第二次世界大战胜利 60 周年，此处应指关于二战的媒体呈现。

[7] "Broadcaster gets apology from BBC as history repeats itself: Historian hears his own words in documentary by rival presenter", *Guardian*, 28.5.2004 on plagiarism.

[8] David Cannadine (Eds.). *History and the Media*. UK: Palgrave Macmillan, 2004.

[9] Simon Ditchfield, "Review: History and the Media by David Cannadine", *Oral History Journal*, Vol. 33 no 1, Representing the Past, Spring, 2005, pp. 103-104.

[10] "Time for your history lesson, prime minister", *Times Higher Education Supplement*,1 3 .9.2002.

[11] Jill Liddington, "History and the Media" conference, Report Back, *History Workshop Journal*, 55, 2003, pp. 26 7-8.

[12] 参见：Champion, "Seeing the Past", pp.165. 此处的争议在于：通过巴贝多人种植、生产蔗糖来呈现奴隶制度的 "档案" 画面实际上拍摄于 20 世纪 30 年代。

[13] Christine Landorf, "A sense of identity and a sense of place: oral history and preserving the past in the mining community of Broken Hill", *Oral History*, vol. 28 no 1, 2000; Al Johnson, " Land of laundries", *Oral History*, vol. 26 no 2, 1998; And Anthony D. Buckley, "Conflicting histories: approaching the ethnic history of Ireland", *Oral History*, vol. 30 no 2, 2002.

[14] 参见 Ishbel MacLean, "Mountain men", in Billy Kay, *Odyssey: Voices from Scotland's recent past*, Edinburgh: Polygon Press, 1980. 塞韦思（Service）曾是加拿大育空一位银行职员，1908 年他出版了自己第一本诗集。他死于 1958 年。20 世纪四五十年代塞韦思在家中阅读其诗作的录像可见于 http://www. robertwservice.com/modules/ library/artide.php?artideid=6.

[15] Jill Liddington, "Rediscovering Suffrage History", *History Workshop Journal*, 4, 1977, pp.201.

[16] Kerry Elisabeth Davies, " 'It wasn't high walls and loony bins' : Private and public narratives of mental health and illness in Oxfordshire since 1948", European Social Science History Conference, The Hague, 2002. http://www2.iisg.nl/esshc/ abstract2.asp?id=2709.

[17] Jill Liddington, 'What is Public History? Publics and their Pasts, Meanings and Practices' , *Oral History*, vol. 30 no 1, 2002, pp.83-93.

数字公众史学

数字公众史学 *

塞尔日·努瓦雷（Serge Noiret）著

李娟 译

　　随着 Web 2.0 的到来，历史学和记忆研究不再是学术界的专利：通过直接和参与式的写作方式，在网络上任何人都可以参与过去。任何人都可以通过互联网公众参与（众包）闯入知识社区，利用各种形式的参与活动，获得多领域知识。具有基本知识和技能的公众都可以对数字内容作整合、管理。"数字转向"（digital turn）改变了历史学家对待档案、生产和交流历史知识的方式。数字史学挑战着传统历史叙述方式，也以新的方式协调个人记忆与集体记忆。"数字转向"为公众史学的发展带来了怎样的机遇和挑战？公众史学家在"数字转向"中肩负着怎样的责任？数字公众史学（digital public history）如何实现本土化、全球化与全球本土化？塞尔日·努瓦雷（Serge Noiret）的《数字公众史学》一文回答了这一系列问题。该文关于数字公众史学的一些前沿的文献与经典的案例值得细致、深入的研读。

　　塞尔日·努瓦雷是欧洲大学学院（European University Institute）公众史学教授，主要研究方向是历史信息科学、公众史学的历史、数字公众史学、数字人文科学与信息读写技能。他是"公众史学国际联盟"（International Federation of Public History, IFPH-FIHP）主席、意大利公众史学协会（Associazione Italiana di Public History AIPH) 主席。

---

* 　该文的英文版：David Dean, ed. *The Companion to Public History*, Wiley, 2018, *forthcoming.* 该文由李娟（兰州大学历史文化学院讲师）翻译。

数字史学还是数字时代的史学?

数字史学已经改变了历史学家使用的材料类别，以及他们访问、收集和管理材料的工具，但是还没有人全面讨论这些新工具的重大作用。数字工具、编程语言——元数据、软件和数据库语言——正改变着历史学家和数字资源之间的关系，这一点在学术环境中尤为突出。在历史学领域，传统历史书写方式前景堪忧，而描摹往昔的新数字化方式又横空出世，放眼国际，数字转向已经在史学领域造成了大量的认识论和方法论问题。数字史学精通新的数字化行为，因而重新定义和解释了历史学科。[1]历史学家的专业研究发生了巨大改变，这也被称作一种新的历史主义[2]，所以我们必须仔细讨论，数字史学对传统历史叙述方式的冲击有怎样的来龙去脉。[3]由于这些技术是公开的，许多数字工具都在公共领域，扪心自问，历史学家必须严肃对待自身和公众之间的关系，后者正是个人记忆和集体记忆的载体，并且仔细研究历史学——专门研究过去的科学。[4]

法国社会学家米歇尔·韦维尔卡（Michel Wieviorka）说，今天的社会科学中"数字化势在必行"[5]；美国历史学家安东尼·格拉夫顿（Anthony Grafton）认为，历史学必须数字化，否则将在不久的将来消亡。[6]但这些观点并非人人称是。实际上，历史学家掌握（甚至创造）数字技术的经验，必然形成某些少数派，并且让那些努力与数字转向纠缠的同行们感到沮丧。因为驾驭数字技术并不简单，但数字技术正变得越来越大众，而且数字技术往往被"外行"运用得风生水起[7]，卡尔·贝克（Carl Becker）早在 20 世纪 30 年代，就把这些"外行"叫作"人人先生"。[8]2002 年，罗兰多·米努蒂（Rolando Minuti）[9]就写下"变化的不确定性"；丹尼尔·科恩（Daniel J. Cohen）和罗伊·罗森茨威格（Roy Rosenzweig）则在他们 2006 年发布的数字史学手册上[10]，警告人们注意"数字史学的前景和危险"。甚至在 2013 年，加泰罗尼亚学者阿纳克莱·庞斯（Anaclet Pons）还写了一本《数字化混乱》（*Digital Disorder*）[11]，提及博尔赫斯（Borges）所描述过的：数字资源一团乱麻，掌握它们更是困难重重，局面一片混乱。[12]在法国，米拉德·杜埃希（Milad Doueihi）强调，由于新的数字方法现在可以用于审视文化主题，因此必须重新思考数字化对人文学科的影响。[13]

　　另一些对待数字史学的方法既不乐观，也不悲观，却反映了另一些人的关注点，他们希望从一种批判性的积极角度理解这些技术变革，也就是科恩和罗森茨威格所谓的"技术现实主义"（technorealism）[14]——他们虽然对数字技术的角色和影响感兴趣，但持不偏不倚的态度。在托尼·韦勒（Toni Weller）在他的《数字时代史学》（*History in the Digital Age*）[15] 中指出，使用数字资源的人并非都是"数字史学家"。他强调，将数字革命施加于史学家在其专业传统内之前存在的实践活动，才是数字革命的不良影响。[16] 作为对韦勒的响应，美国有一项影响深远的研究，针对历史编纂中运用信息技术，强调"……许多历史学家的根本研究方法仍然是相当有辨识度的，即便是引入了新的工具和技术，但是所有历史学家的日常研究工作已经彻底改变了……"[17]

数字史学不等于数字人文科学

　　我们应该重视数字史学作为一个学科的特殊性，以及历史学家的数字化研究——在网上搜索不同资源和叙事。如果，数字人文提供的实践和方法论，真的为人文学科所共有[18]，那么这些实践和概念在单个学科内就会发展得更好。数字历史恰好如此，它旨在形象地再现往昔，并且建构并不完全依赖文献的叙事。[19] 那么，更确切地说，数字历史就涉及一个专门针对历史学家的认识论角度的问题。历史学家需要回答关于往昔的疑问，调动数字资源，建构他人可知、可检验的叙事与内容。数字人文向所有人文学科提供方法和工具，但是，史学家运用的数字工具，有时与数字人文学者不同，后者面对的是用计算机处理文献和语言、文本分析、文本编码和注释。乔治·梅森（George Mason）历史与新媒体中心的主任史蒂芬·罗伯逊（Stephen Robertson）认为，数字历史的确不同于文献研究，应该被视为另一学科。2014 年秋，该中心举办 20 周年庆[20]，重申了罗伯逊从前人处继承的观点——数字媒体是打造新历史学的重要力量。[21] 罗伯逊强调了两点："首先，线上资源的收集、展示和传播，是数字历史更加核心的部分……第二，至于数字分析，数字历史在数字地图方面比数字文献研究上有更多的工作要做，后者更加重视文本挖掘和范式塑造。"[22]

　　沙伦·利昂（Sharon M. Leon）的《以受众为本的数字史学》（*User-Centered Digital History*）[23] 正是将往昔转译成历史，帮助读者将往昔形象化，让读者们像她一样在网上检索和管理数据，交流有关华盛顿广场上民族纪念碑的历史和记忆。[24] 公众历史学家必会自问："历史如果不是写给公众，又所为何事？"因此通过数字化方式接触读者，是公众史学家的必备技能。

　　历史学家的工作中有诸多广为人知的难题：如何建立研究假设，如何寻找文献和其他多媒体素材，如何获得并管理这些材料，如何建构可靠的叙事，特别是如何交流作为一种叙事的研究结果，并且最终如何教授历史。这些工作在今天部分或者全部都可以通过电脑屏幕在网上进行。

　　但是，数字历史作为数字人文跨学科研究中的特殊领域，不仅仅有方便传统研究的新数字化工具，还必须考虑建立帕特里克·曼宁（Patrick Maning）所提出的"世界历史档案数据库"（a world-historical archive of data）。[25] 彼得·哈伯（Peter Haber）也曾提及往昔"数字化"的一般过程[26]：大数据管理针对可作为资源使用的海量数据，满足对所收集文献进行跨学科数据挖掘。[27] 统计计算、地理定位、图像像素分析程序、绘制历史地图、文本编辑的提高和综合处理等等，都关乎数字历史，并且还包括这些将改变研究性质的技术之间，不断发展的密切关系。随着数字时代的到来，历史学家也要在新背景下工作，因此可以就他们的历史分析提出新的方法论问题，并收获新答案，其中一些在大卫·阿米蒂奇（David Armitage）和乔·古尔迪（Jo Guldi）的《历史学宣言》（*History Manifesto*）中已经被明确提出了。[28] 当阿米蒂奇和古尔迪自问历史学家今天扮演什么样的社会角色时，他们提出由于数字转向改变了历史学家对待档案、生产和交流历史知识的方式，因此要积极面对它带来的挑战。他们对于大数据的讨论，也没有停留在这场数据革命的表面，而是举例说明，历史学家该如何改变研究方法，来对付海量数字文献。乔·古尔迪研究了今天应如何对待大数据，以及如何通过新的数字技术，掌握她所谓的"黑色档案"（dark archives）或者隐形档案，政府并不想让我们发现这些档案，直到它们被解密[29]，或者在政府不允许的情况下，通过维基泄密（Wikileaks）获得。[30] 比如，英国的老贝利数字计划（Old Bailey digital project）就以研究一个小型档案文献为基础，提炼出了"长时段"概念（long termism），以反对《历史学宣言》重点批判的短时段概念。[31]《历史学宣言》的作者还研究了能够有效开发数字原始资源的新工具和技术。他们利用佛朗哥·莫雷蒂（Franco Moretti）的《遥读》（*distant reading*）提供的文本挖掘能力来面对大数据 [32]，遥读是一种非常不同于近读（*close reading*）的单一原始材料理解方式，而近读刚好导致了史学研究中的短时段范式。[33] 对材料进行遥读，研究者们就可以回答一些"大问题"。

当我们研究数字历史时，遥读和近读这两种审读文件和资料的方法缺一不可，但对于其中浮现的专业问题，只有少数历史学家掌握了回答它们的工具。甚至只有极少数人能编写新程序——比如古尔迪的纸机（*Paper Machines*）[34]——根据数字分析提供的假设，产生新的分析模式，以及研究数据、同数据互动的新方法。[35]

今天，很多历史学家都是"使用数字工具的历史学家"，而非"数字历史学家"或者"数字人文学者"。但是不管单个历史学家或者史学团体，以何种方式同数字转向、数字人文以及数字（公众）史学发生联系，历史学本身（材料和编纂）以及历史记忆，实际上已经被数字化了。虽然数字人文缺乏制度化框架（比如在英国 [36]），但是积极接受数字技术已经让历史学科获益良多。尽管如此，所谓的数字公众历史，即通过网络对有关往昔和个体的记忆进行公共扩散和广泛传播 [37]，并非全部由数字公众史学家进行，而且这些历史通常缺乏史学意识，对材料和背景的内容与外延也鲜有批判。比如，现在许多数字档案馆都提供数字化历史图片，这些图片都来自网络，但关于它们的原始来源，并没有任何开放的关联数据。因此，我们在使用和引用这些图片的时候，往往忽略了每张图片背后的信息，这种情况如今大量发生在社交媒体图像档案库，比如 Instagram 或者 Tumblr。这些散落在社交媒体和网站上的图片，原始标题和元数据管理都渺然无踪，当历史研究和公众史学关注它们，并从庞大的图片库中将它们检索出来时，它们也变得没用了。数据管理的缺失让专业历史学家在数字世界中面临重重挑战。[38]

Web 2.0 与众包（crowdsourcing）[39]

　　因为数字技术，历史学家的很多活动都发生了改变，因此我们必须深入探讨数字历史对传统历史编纂造成的影响。对集体记忆、个人记忆或者历史书写进行数字叙事，将改变我们对于时间跨度、古今差异的感受，弗朗索瓦·哈托格（François Hartog）曾用"现时主义"[40]（presentism）这一概念描述这种过程。[41] 只有问及公众在历史中的存在状态，我们才能处理这些重大问题。

　　当论及数字公众史学实践的时候，要考虑的事情很多。从过去和历史在社会中的呈现情况来看，由于任何人都可以将记忆和历史文献上传到网络，因此网络已经取消了学术研究和"人人先生"的公众历史研究之间的分野。一大群人将自己的回忆以自传体的方式叙述出来，放在网上交流，如今这已经成为一项普遍的世界性活动，比如在社交媒体上"自拍照"（selphies）的泛滥。2006年，《时代周刊》的一期将"你"（You）作为年度风云人物登上了封面。随后，我（me）、本人（self）、自己（I）、我们（we）都上了封面，因为"正是你们（我们）掌控着信息时代"。[42]

　　2004 年左右，伴随着全新的 Web 2.0 参与式互联网时代到来，任何使用网络的人都可以叙述历史。此外，网上写作也有了新方式，比如博客，作者和读者之间不仅可以为丰富、讨论观点而交流，更可以直接、即时地补充文献材料。也因此，当对往昔的叙述出现问题时，Web 2.0 所提供的大众参与技术，可以让读者同历史叙事的作者展开互动。[43] 数字公众史学，就是要通过社交媒体和网络项目，搭建网络技术和历史学之间的关系。由此让各类公众接触到"高级文化"，而且最好经由专业公众史学家，或者通过以某种参与形式进行的权威活动共享，来过滤"高级文化"，此外还要让"高级文化"同特定的某一社群或公众正面交锋。[44]

　　随着 Web 2.0 的到来，历史学和记忆研究不再是学术界的专利：通过直接和参与式的写作方式，在网络上任何人都可以被卷入过去。通过互联网公众参与（所谓的众包[45]），利用多种参与分工的方式和各领域知识，任何人都可以闯入知识社区，因此任何有机会、有基本技术知识和足够历史知识的人，都可以对数字内容进行整合管理。此外，按照 Web 3.0 的含义，互联网将培育出充满活力和可共享的公众历史，人人都能参与互动，历史不再仅仅是专业历史学家的工作，后者也经常将他们的传统研究成果公开在网上，不过总是以 PDF 这样的封闭格式发表。比如，19 世纪纽约饭店的菜单，可以直接进入纽约公共图书馆的数据库[46]；再如，由于欧洲数字图书馆（Europeana）1914—1918 众包项目，法国和其他欧洲国家的一次大战纪念活动，可以成为一种收集个人和家族文献与记忆的普遍方式，而这些东西在此之前从未公开。[47]

我们正在经历参与式互联网时代，而这些众包的形式——比如对重要数字资源的集体管理与收集[48]——组成了数字公众史学的明确互动活动。梅丽莎·特拉斯（Melissa Terras）曾推动"边沁手稿"项目（Transcribe Bentham），这是首批网上众包项目之一，现在也被视为人文学科中公众互动的典型案例，她对"众包"的定义是：一种集体工作，需要一个专业核心以评估每项贡献。[49]数字人文的多个领域和主题下，广泛存在着完成公众史学项目所需的公众知识和集体劳动，并伴随着强烈公众兴趣和参与活动。

另一方面，像美国的马克·吐温档案馆[50]，艾德加·爱伦·坡档案馆[51]和赫尔曼·梅尔维尔（Herman Melville）图书馆[52]，瑞士的"卢梭在线"（Rousseau on line）[53]，由互联网专家参与发展的孟德斯鸠词典（Dictionnaire Montesquieu）[54]，以及最近的一战网络数字百科全书[55]，都是从编辑委员会获得技术和专业支持来整理历史资料，并没有利用任何我们前面提到的外部支持和众包程序，而这些才是 Web 2.0 上数字公众史学实践的典型。这些都是专业数字史学计划，而非数字公众史学计划，要么因为设计它们的方式，要么因为其目标受众，而且公众也并不是这些项目的直接推动者。有时，数字公众历史要求公众补充自己的故事和文件来完善网站内容。比如美国的"墨西哥短期劳工历史档案馆项目"（Bracero History Archive Project）就是如此，该项目"收集并公开有关墨西哥短期劳工计划的口述史和物品，由一位外来劳工发起，时间跨度 1942—1964"，项目吸引了百万计墨西哥农业劳工。"墨西哥短期劳工历史档案馆"现在仍继续收集有关这项劳工计划的故事，每个人都能对它有所贡献。[56]不久前，丹尼丝·梅林戈洛（Denise Meringolo）的"2015 巴尔的摩暴动档案馆项目"（Baltimore Uprising 2015 Archive Project），就面向当地民众，请人们帮助区别哪些材料是对弗雷迪·格雷事件暴动（Freddie Gray uprising）的解释，而哪些是记录："……历史经常被官方说辞塑造……2015 年 4 月 19 日弗雷迪·格雷死后，发生了一系列抗议活动，因此'保存巴尔的摩暴动'就是一座数字博物馆，我们争取保留并公开社区成员、草根团体和抗议目击者捕捉、创造的原始材料。"[57] 这样的数字公众史学计划也事关政治斗争和捍卫公民权。这项计划收集到了各种素材，从文字记叙到照片、视频、口述录音、音像制品（produced recordings）和邮件。这是优秀公众史学家们的一项专业贡献，他们也是美国公民社会运动的一分子，推特为这些社会运动冠之以"黑人的命也是命"（Black Lives Matter）的标签。

如前所述，数字公众史学很大程度上就是集体创造的虚拟数字档案馆。开放的公众历史文化项目吸引着很多有好奇心的人，他们将网络视为鼓励新兴集体合作的空间，让每个人都能贡献自己的知识。如果没有互动式的 Web 2.0 和公众直接参与，一个像边沁那样的著名作家就算有公众帮助，也不可能管理全部文献，而且公众如果不参与，便只能在文化项目的发展中保持沉默。只有掌握了技术、知识和文献的公众积极现身，并且最重要的是，要有能将数字公众历史项目同公众联系起来、容易上手的技术，个人档案才能补充进多媒体档案馆，比如"保存巴尔的摩暴动"、15 年前的"9·11"（这个虚拟数字公众档案馆今天完全由华盛顿国会图书馆监管）[58]、"平行档案馆"[59]（针对 1989 年以前的东欧政治），还有不久前欧洲数字图书馆的"大收集"（Grande Collecte）（2013 年 11 月，在纪念一次世界大战爆发百年之机推出，旨在数字化各种资料和第一人称叙述）。

2007 年，Flickr 上的"诺曼底照片"计划（Photos Normandie），是有关 1944 年 6 月 6 日登陆日和诺曼底战争的照片档案馆，也是首批考虑通过 Web 2.0 技术动用公众知识的尝试活动之一。"诺曼底照片"并不像前文提到的"9·11"计划那样，通过众包活动向某个虚拟档案馆提供个人文件，而是捕捉那些陌生且特殊的读者脑中未曾公开的知识，这些读者不仅对登陆日有兴趣，而且认识这些在 1944 年夏天拍摄于诺曼底的照片上的地方。作为一项数字公众史学计划，"诺曼底照片"寻找对图片的注释，并建议要丰富及（或）改变现存有关登陆和诺曼底战争的 3000 多张照片的文字说明，使之可以再次被当作原始材料而保存下来。[60] 为图片添加新描述性数据的专家和项目管理者，都有权进行活动，这便是这些知识中的公众历史意味。由于本土专家的专业配合，Flickr 档案馆已经发现，公众对于确认和管理照片出乎意料的严格。

尽管如此，对于专业史学家而言，一段历史变成公共的，确实造成了危险。因为这些掌握批判性历史学方法和历史知识的专业学者，无法掌控这场数字转向。而另一方面，庞大的已知数字文件选编并没有为"高级专业研究"带来任何创造性价值，却萎缩了启发式研究的复杂性。结果，就像彼得·拉格鲁（Peter Lagrou）评论的那样，某些主题可用的数字化通道和大数据，能够确定进行何种档案研究，因此，也能够确定选择何种研究主题：任何人都不再有足够的时间和资金进行长期研究并待在档案馆里。[61] 此外，由于职业历史学家并不彻底了解网络，这将导致一个令人不快的结果——降低了整理网上个人历史话语的专业能力。因此，我们将陷入一些历史叙事形式的包围之中，这些形式既没有必要的批判视野，也缺乏历史学家所能提供的专业过滤，无法确认公众在网上的历史叙事和记忆是否靠得住。

由家藏素材和原始资料组成、并由网络资源补充的家族记忆，很容易就能在网络共享。因此新"谱系学家"——最重要的线上活动家之一 [62]——可以在不提供叙述文本、没有必要历史编纂深度的情况下，书写他们自己的历史文本。个人经历在网上不再是某种遥远的、历史般的存在，而是变成当下的情感体验，填平了时间的鸿沟。

为了确保公正地对待过去，搜集文献，选择、调停社区和不同的公众，将他们一起带到网上，以及通过数字技术提供的资源，监管各种新的历史知识，新一代的历史学家们，即我们所谓的数字公众历史学家，必须将自己变成专业的仲裁者，为收集文献、用批判性眼光管理新的虚拟档案馆（即没有实体，且由于个人贡献和众包程序上载到互联网）设计专业框架。

数字公众历史学家将同"参与众包"的公众分享他们的权威，而迈克尔·弗里西（Michael Frisch）早在 20 世纪 90 年代就已经构想出，通过这种方式用最好的口述史实践收集记忆。[63]

协调个人记忆与集体记忆

1998 年，就在互联网诞生 5 年以后，也是互联网开始在世界范围内的大学中传播（1996 年）之后的几个月，美国历史学家罗伊·罗森茨威格和戴维·西伦（David Thelen）就提问：往昔在美国社会如何存在。[64] 他们研究中最重要、最闪光的发现，直到今天仍有助于我们理解的历史学交流模式以及网络（不仅网上）历史资源。他们指出，美国民众明显更偏爱没有中间人的历史作品，或者更确切地说，他们更欣赏没有专业历史学家居中解释的历史。通过在多国展开的有关往昔的公开展示情况和历史学存在形式的研究[65]，我们发现美国、澳大利亚以及加拿大公众，都更愿意从公众历史文化机构，比如博物馆和历史公园，来发现自身的历史[66]，更喜欢通过直接体验历史痕迹，而非专业史学家的解释，来理解过去。

在本土社区中，现在人们也可以在网上"直"面过去，因为 Web 2.0 网站上的数字公众史学活动帮助人们直接面对历史学及其资源。普通民众不仅可以通过公众历史学家的解释，也可以通过直接的网络互动，理解博物馆、展览和实体记忆场所展示的东西。[67] 罗森茨威格和西伦曾分析过，在美国，关于历史学的知识是如何被协调的，他们的分析指明了，在 Web 2.0 和互动数字平台的影响下，将发生什么情况。他们的研究发现令人震惊：公众更愿意自己现身讲述"自己"的历史[68]，而且，人们一般更喜欢通过家谱研究自己的家族史，极少通观"全局"（bigpicture）。[69] 早在 1998 年，罗森茨威格和西伦就察觉到，尽管民众渴望通过数字技术参与建构集体记忆和历史话语，即以个人和社区经验为中心、未经解释的历史，渴望将本土投射到全球，但网络那令人自我陶醉的力量更为巨大。[70]

罗森茨威格后来曾反思这一事实：由于网络，任何人都可以成为历史学家[71]，肯定是上述研究才让他有了这种反思。任何人都可以将自己对过去的看法上传到网络，这种假设已经被一项意大利研究所证实，这项研究监控 2001—2003 年间意大利历史网。[72]

皮埃尔·诺拉（Pierre Nora）在他的系列著作《记忆之场》（*lieux de mémoire*）

出版后，曾有过一些反思，其中提到在法国也有上述类似的现象。尽管法国的讨论并没有提到"公众史学家"的中介解释作用，但诺拉还是敦促历史学家进入这一领域，同公众交流，并且转换角色，成为集体记忆的传递者。选择让哪些记忆进入当下，或是决定如何管理这些记忆，并不是他们的职责。在场的公众和集体意识，才决定着记忆之场的选择，决定着史学家的责任正是深入这些记忆之场，并将其放置在历史背景之中[73]："历史学家对法国记忆的影响在于重新赋予这些记忆生命，让它们远离死亡。换言之，让今天的记忆更具价值，让今天的人为未来而真正拥有这些记忆。"[74] 我们正面临现代历史学（法语叫作 l'Histoire du Temps Présent）的第一次危机，这次危机主要是关于各类庆典与民族记忆。[75]

　　无论如何，数字公众史学被视为表现历史的新形式，与公众一同创造面向公众的数字化叙事，但它尚未在所有国家和地区以相同的方式广泛传播。[76] 公众史学家的专业责任，就是协调网络上一般公众对往昔和记忆进行的各种工作。[77] 相比皮埃尔·诺拉，罗伊·罗森茨威格在 20 世纪 90 年代末就已经开始同网络打交道，并因此开辟了数字公众史学领域。作为弗吉尼亚州费尔法克斯的乔治·梅森大学历史与新媒体中心主任，他去世得太早，而他为之努力的公众史学家的专业协调作用，已经被引入数字公众史学。由此，同大众文化史的互动、强调其要求[78]，书写"致用"的史学篇章，促进展现历史的各个方面，以及历史学的公众使用，便都成为可能。[79] 诺拉的观点与此不同，因为他仍然不认为，网络在推进实体记忆场所方面具有积极作用，也不相信网络本身就承载着那些需要解释的虚拟记忆场所。[80] 我们应该注意，公众历史学家专业在法国并不知名；比如，现代历史学家亨利·鲁索（Henry Rousso）曾说，他并不打算在专业上成为"公众历史学家"（historien public，皮埃尔·诺拉的用词），还将"应用史学"（applied history）视作"神迹创作者。[81] 但是，确切地说，"公众历史学家"就是专业角色，诺拉和鲁索甚至自己也认为，这种角色将继续延伸，成为工作在公众媒体领域的传统历史学家，也是拥有优秀沟通能技巧的历史学家。

　　流传于网络的"历史"和记忆，有些是任由个人叙述和解释的，便于生产缺乏批判、去除背景的个人与集体记忆再生品，也就是每个人的"盲"区

("blind" horizon)。这种抽象的本土主义无法从整体上解读历史进程的复杂性，也没有将这些记忆和历史安插进诺拉所倡导的大背景之中。

处于历史学和记忆之间纽带上的历史学家，比如菲利普·茹塔尔（Philippe Joutard），他的看法更为激烈，认为网络上叙述历史的自发方式只不过是简单的记忆方式，同历史学的认识论没什么关系。[82] 茹塔尔[83] 并没有提及网络化的记忆媒介的重要性，因此也不承认数字公众史学家在指出个人记忆与集体记忆中历史意识缺失方面，所扮演的专家角色。彼得·拉格鲁曾公开批评这种仍在主流文化霸权面前自鸣得意的历史学家形象。他认为，专业历史学家放弃了他们在政治上的重大社会角色，反而为了满足权力的偶然文化需要，或古老的民族信仰而堕落，为全球化研究而分散精力。[84]

公众历史学家必须同网上对往昔的公共展示处理好关系，尽管这些都是虚拟空间中以第一人称对往昔进行的叙述。这些叙述冷酷地展现了私人记忆和被珍藏的集体记忆，对此，数字公众史学要能批判性地面对和解释，因此创造数字公众史学确实是公众史学家才能承担的专业角色。教育者和公众史学家都有批判性解释虚假"客观化叙述"的责任：这些虚假叙述和具有严重潜在危害的叙述，促使某种集体记忆替代"官方"历史，并发明新的"民族神话"。我们可以在 *Metapedia* 上看到这样的例子，它是对维基百科的拙劣模仿，充斥着民主主义、种族主义和修正主义叙事，目的是通过修复它所谓的"真实"过去和"失落的"集体民族记忆，塑造欧洲学术"语言"。[85]

2001 年到 2003 年，展开了一项针对意大利网络及其历史内容的分析。该研究的目的是调查那些企图传播修正主义历史，否认大屠杀，或者其他被虚构的集体记忆的行为。[86] 当时，替代学院历史学的网络历史叙事已经流传甚广。现在人们流行讨论自我、创作新材料，比如口述和日记[87]，这些现象已经不仅仅是全球社交媒体推动的数字化自我表现欲。个人热衷于在网上展现个人历史，这恰好响应了全球化社会要求将个人的、家庭的、集体的和社区的记忆同一个本地的、区域的民族历史相联系的深层需要。[88]

口述史采访包括一组同研究主题相关的个人陈述，它具有连贯性，由采访者建立的结构也很清晰，而网上的记忆却时常孤立存在、零零碎碎、缺乏主题导向。历史学家的批判能力和解释能力并没有对这些记忆有所帮助。[89]

与这些新的文化媒介形式相关，传媒学者若泽·凡·蒂克（José van Dijck）观察到，随着作者本身同她的私人文件、私人记忆之间关系的改变，数字技术如何从一开始就涉入了我们的私人记忆。事实上，数字程序让她感到必须将自身的历史记录分类、编目、筛选、纳入背景，当然，这样做也是为了与他人分享。[90] 对于我们个人历史留下的真实痕迹而言，数字化意味着对其进行创造性和互动性关注，这使得个人记忆、集体记忆同网络之间能呈现全新的互动方式，为公众史学和公众史学家进行分析和交流的新背景，提供了新的数字资源。

国际数字公众历史：本土化、全球化和全球本土化（glocal）

数字技术对包含非专业受众的传统活动影响巨大，公众史学从这种影响中受益匪浅。正因如此，我们可以说，今天的数字史学在没有专业史学家，尤其是缺少数字大众故事的情况下，无数字公众史学家之名，却行数字公众史学家之实，同媒体和通信专家一起研究历史。正是传统上存在于学术实验室的验证形式和语言形式（各种书写模式、媒介的多样性、新数字资源的出现、用于书写历史的新交流程序），诞生了这一领域，但其中数字技术的影响并没有废除本土历史学实践，也没有将其从网上可见的历史学实践中划分出来。公众史学的实践、职业精神、语言和目标受众，很大程度上得益于同网络的关系，并且培养出了与不同受众的新交流形式。为了进一步升华公众史学的任务，向数字时代的转变过程仅合并了其他几个方面：解释特定社群的历史，利用所有能用的媒介传播这种历史和集体记忆。[91] 通过传播或者向其他受众开放这些历史和记忆，并提供新工具用来交流和传播有关往昔的某些故事，网络和数字技术在公众史学领域，比在其他学科，更加强了已有的专业活动以及同公众的直接互动。

数字人文知识，数字历史及其潜能，都是其所在的公众历史计划所需的重要训练内容，在盎格鲁-撒克逊国家尤为如此。[92] 今天，数字历史教育活动已经成为重要的教育补充形式，帮助人们管理原始材料或者解释博物馆和展览中的器物，这种教育在数字化帮助下全面发展，但仍需要数字公众历史学家的专业权威。数字转向一开始催生，之后又满足了在全球视野下推动身份认同、本土文化、集体记忆等迫切的社会需求。如此，数字公众史学也频频培育出全球本土化历史。全球化现象触及本土身份认同，而在传统历史学叙事之下，本土身份认同本来不会进入全球公众视野。正因为有了数字公众历史，以及便于在全球层面推广本土历史的各种的网络与数字工具，公众史学才能在国际高度触及各类公众。

2014 年 9 月，琳达·肖普思（Linda Shopes）在第二届巴西公众史学会议上发表了一篇关键性演讲，她指出，数字历史——加上社会史和目标受众的存在——是如今口述史实践的核心。数字技术将"口头性"（orality）还给了口述史。数字化可以将网上历史同网站计划融为一体，可以通过拓展传统口述史计划在国际上开启公众历史，还能增强在全球范围内公开分享音 / 视频格式采访素材的能力。这些活动让社群以其自己的语言互动。琳达·肖普思说，更深层次地理解本土文化，不同于从数字历史，甚至从数字人文活动中出现的国际数字公众史学，后者往往过于限制在英语环境。[93]

个人、社区和工作小组通过网络创造出了历史 / 记忆空间，赋予它们与特定社区步调一致的生命，在全球范围进行推广，并且将分散的社区成员同潜在的国际读者联系起来。[94] 如今，我们用网络填补正在消失的实体社区角色，或者收集流散在时空中的社区记忆和证言。[95] 实际上，数字技术帮助我们克服了时空樊篱，连接起具有相似观点的受众和公众——他们都支持这种跨国界的、全球的，以及尽管不同却仍具相似性的本土状况之间的对照。[96]

公众史学家能够利用数字公众历史的潜能，从这些社区收集记忆和资源。比如，阿隆·孔菲诺（Alon Confino）就尝试重建 1948 年以前人所未知的巴勒斯坦坦吐洛（Tantura）的历史，即今天的以色列的多珥（Dor）。他研究了地籍地图、航拍照片、1948 年 5 月 22—23 号以前拍摄的巴勒斯坦人照片。但是来自社交媒体和众包程序的用户生成内容，能够帮助我们发现这个巴勒斯坦犹太人社区的原始文件吗？经由数字公众历史的实践活动，我们便有可能再现 1948年的巴勒斯坦记忆。[97]

另一方面，数字公众史学的主要优势之一，来源于它可以利用适用于不同本土社区的相似方式，将本土历史经验作为全球经验进行交流、描述、解释和展示。数字公众史学的方法论目的在于：本土历史，是具有广泛吸引力的亲密维度，可以成为反思全球化进程和在全球范围对比本土状态的一部分。

　　通过对比在公众和全球视野下的本土事件，数字公众史学可以促进精练某些世界史的普遍概念，比如种族灭绝、反人类罪，甚至是独裁。[98] 本土经验和记忆可以迁移进全球范围内的其他社区。在通过数字公众史学在全球高度的新实践，创造新的解释和叙事空间的过程中，全球本土化——脱胎于全球化的新词汇[99]——澄清了国际公众史学的时空范围。

　　的确，数字公众史学可以打破历史解释中的时空和本土 / 全球樊篱，可以从世界各地提炼集体记忆和个人记忆。"斯里兰卡母亲们的证言"就是如此[100]，她们在社交网络和数字口述史学档案馆的出版物的帮助下，已经获得了国际影响力。这项数字计划催生了 2014 年多伦多的一场展览，参观者们可以在展览上表达自己的观点。他们的观点被公布在网站的虚拟平台上，突出了斯里兰卡项目所具有的普遍价值。[101] 我们也可以想象，亚德·韦谢姆（*Yad Vashem*）网站是如何再次将大屠杀的受害者及其记忆，同他们的亲属现在仍居住的地方联系起来。[102]

　　围绕着互联网首次大型数字公众史学计划——"9·11"数字档案馆，美国的民族共同体汇聚一处。该数字档案馆将所有人的证词开放，提供超出其解释范畴以外的事件的记忆、历史和资源。更进一步说——从数字档案馆的意义上来看，更具创新性——"9·11"网站通过在全世界公众共享的全球化经验范围内，推广本土经验，反映了在国际层面上，人们如何或直接或间接或滞后地生动体验了撞击双子大厦的行为。[103]"9·11"国家纪念馆与博物馆[104] 是一座收藏恐怖袭击记忆的博物馆，它通过支持在社交媒体上的游览，推进互动，并且欢迎其他证言经由社交媒体为这所网络博物馆增添资源，这些行为有利于教育和研究，并赋予网站内容以世界性意义。我们有望通过各种语言阅读网站上的内容，这本身就标志着它已经获得全球性关注，而美国的其他博物馆网站，以及只能向访问者提供英语的国度的数字历史巡展，就很少获得这样的关注。一项多语言苹果应用完成了这些叙述[105]，包括对 2001 年 9 月 11 日发生在下曼哈顿的事件的各种评论，以及在实地游览充分放大访问者感受的互动模式。[106]

　　有些智能手机的数字应用，本来是为了通过参观者在城市中的地理定位（geolocalization），来提供虚拟数字历史旅行，现在这些应用的使用量持续增长。[107] 通过全球层面的普遍历史，重组分散或缩小的流散社区，或者通过数字技术重建记忆路径，以此丰富存在于任何层面、类似历史博物馆的事物中的公众史学经验。这样一来，就能促使实地展览或旅行融入并出现在某种数字环境中。有了数字交流技术的协助，这些将会拓宽现实和知识的传递范围，共同参与的记忆，以及关于器物和实际位置的解释性历史叙述。[108]

互联网和社交媒体传播了往昔及其相应公众的互动。苏珊·霍纳（Susan Horner）是一位维多利亚时代的中产阶级青年女子，她对意大利文艺复兴感兴趣，曾于1861—1862年在佛罗伦萨旅行了8个月，这期间她所写的日记被保存在英国学院的城市档案馆里（British Institute's archive of the city），现在这部日记在全世界的智能手机上都能看到，这都归功于一款应用，它透过苏珊·霍纳的眼睛，向我们展示了佛罗伦萨城的文化旅行，让我们身临其境地体验她的情绪和兴趣。[109] 在这款应用上，我们分明目睹往昔被带进了当下。

现在由社交媒体和手机应用支持的各种开放途径（通过数字技术免费获得知识），可以让公众共享全球历史，并在当下将其重演。我们从未如此容易而广泛地接触全球各种读者，分享历史经验。像维基百科那样的免费开放百科全书，以及之后通过维基媒体（Wikimedia）进行的全球共享的全格式文件收藏，在2001年就开始启动一个参与式程序的各种可能性，并由此打造数字公众历史。今天，伴随着多媒体旅行，博物馆、档案馆和图书馆已经扩展到了互联网上，而公众历史学家在其中提供的专业权威，明显丰富了博物馆、档案馆和图书馆同专业权威进行互动，以及吸纳公众直接参与活动的经验。

因此，我们可以这样总结：数字公众史学实践能让加拿大公众感动于斯里兰卡母亲们的证言和照片；同时，斯里兰卡公众在内战数十年之后，也能通过数字公众历史计划，比如"她的故事"（*Herstories*）[110]，理解加拿大人对他们历史的兴趣（"她的故事"是一个网站，将一段长期内战历史变换成人类历史上全球本土化的一个片段，并向全球推广）。

注 释

[1] Frederic CLAVERT and Serge NOIRET (eds.), *L'histoire contemporaine à l'ère numérique*

-*Contemporary History in the Digital Age*, Brussels: Peter Lang, 2013.

[2] Andreas Fickers: "Towards a New Digital Historicism? Doing History in the Age of Abundance" in Andreas Fickersand Sonja De Leeuw (eds.). *Making Sense of Digital Sources* (*Journal of European History and Culture*, vol. 1, no. 1, 2012, pp. 12-18; available online at: http://journal.euscreen.eu/index. php/view/article/view/jethc004/4).

[3] François Hartog. *Regimes of historicity: presentism and experiences of time*, New York: Columbia University Press, 2015.

[4] Philippe Joutard. "Révolution numérique et rapport au passé" in Pierre Nora (ed.). *La culture du passé* (*Le Débat*,no. 177, Paris,November-December 2013, pp. 145-152).

[5] Michel Wieviorka. *L'impératif numérique*. París: Éditions CNRS, 2013.

[6] Anthony Grafton,*The Future of History Books*, minutes 3.28' to 4.26', (online), http://youtu.be/FCGm2mGz9p0).

[7] Serge Noiret. "La digital history: histoire et mémoire à la portée de tous" in Pierre Mounier (ed.). *Read/Write Book 2. Une introduction aux humanités numériques*. Marseilles: Open Edition Press, 2012, pp. 151-177 (http://press.openedition.org/258).

[8] Carl Becker: "Everyman His Own Historian", *The American Historical Review*, vol. 37, no. 2, January 1932, pp. 221-236, here p. 235, http://www.jstor.org/stable/1838208.

[9] Rolando Minuti: *Internet et le métier d'historien: réflexions sur les incertitudes d'une mutation*, París: PUF, 2002.

[10] Daniel J. Cohen and Roy Rosenzweig, *Digital History: a guide to gathering, preserving, and presenting the past on the Web*, Philadelphia: University of Pennsylvania Press, 2005; Clio Wired, *The future of the past in the digital age*, New York: Columbia University Press, 2011.

[11] Anaclet Pons: *El desorden digital: guíaparahistoriadores y humanistas*. Madrid: Siglo XXI, 2013.

[12] Jorge Luis Borges. "La biblioteca de Babel" in *Ficciones*, Madrid: Alianza, 1971, pp. 89-100.

[13] MehadDoueihi: "Quelles Humanités Numériques?", in *Des Chiffres et des Lettres, special issue of Critique, August-September 2015*, n.819-820, pp.704-711; MiladDoueihi: *Digital cultures*, Cambridge, Mass.: Harvard University Press, 2011; *Pour un humanisme numérique*, Paris: Editions du Seuil, 2011 ; *Qu'est ce que le numérique*, Paris: Presses universitaires de France, 2013.

[14] Daniel J. Cohen and Roy Rosenzweig. *Digital History: a guide to gathering, preserving*, and presenting the past on the Web, p. 3.

[15] Toni Weller, *History in the Digital Age*, London: Routledge, 2012, p. 2.

[16] 这种对于新技术影响力的谨慎态度，也反映在意大利期期刊 *Diacronie* (Elisa Grandi, Deborah Paci y ÉmilienRuiz, *Digital History. La storianell'eradell'accesso*(issue of *Diacronie. Studi di Storia Contemporanea*, no. 10, 2012); 类似的谨慎态度还出现在历史学期刊 BMGN 上一期专刊的一篇文章中 (Gerben Zaagsma, "On Digital History" *BMGN - Low Countries Historical Review*, vol. 128-4, December 2013). 同时，大卫·斯特利 (David J. Staley) 还指出，可以将计算机当作一种工具，补充已经占据历史学科数个世纪的书写方式，以此实现历史的可视化。(David J. Staley, *Computers, Visualization, and History: How New Technology Will Transform Our Understanding of the Past*, Armonk: M. E. Sharpe, 2013, 2nded.).

[17] J. Rutner and R. C. Schonfeld,Supporting the Changing Research Practices of Historians: Final Report from Ithaka S + R, December 10, 2012, http://www.sr.ithaka.org/news/understanding-historians-today-%E2%80%94-new-ithaka-sr-report.

[18] Susan Schreibman, Ray Siemens and John Unsworth (eds.), *A Companion to Digital Humanities*, Oxford: Blackwell, 2004 (2007 年以来，首个网上免费手册，网址：http://www.digitalhumanities.

org/companion/); 新版本 : Susan Schreibman, Ray Siemens and John Unsworth (eds.),*A new companion to digital humanities.*, Chichester: John Wiley & Sons Inc., 2016. Clare Warwick.*Digital Humanities in Practice.* London: Facet Publishing, 2012; M. K. Gold: *Debates in the Digital Humanities.* Minneapolis: University of Minnesota Press, 2012; Melissa Terras, Julianne Nyhan, Edward Vanhoutte(eds.), *Defining Digital Humanities: A Reader, Farnham: Ashgate*, 2013 ; Susan Schreibman (ed.): *A new Companion to Digital Humanities*, Chichester: John Wiley & Sons Inc., 2016.

[19] Enrico Natale, Christiane Sibille, Nicolas Chacherau, Patrick Kammerer, Manuel Hiestand (eds./Hrsg.): *La visualisation des données en histoire -Visualisierung von daten in der Geschichtswissenschaft*, Zürich: Chronos, 2015.

[20] RRCHNM: *20th Anniversary Conference*, http://chnm.gmu.edu/20th/.

[21] Daniel J. Cohen and Roy Rosenzweig, Digital History: a guide to gathering, preserving, and presenting the past on the Web;*Clio Wired, The future of the past in the digital age.*

[22] Stephen Robertson: The Differences between Digital History and Digital Humanities. http://drstephenrobertson.com/blog-post/the-differences-between-digital-history-and-digital-humanities/, May 23, 2014 .

[23] Sharon M. Leon, *User-Centered Digital History*, http://digitalpublichistory.org/.

[24] *Histories of the National Mall*, http://mallhistory.org/.

[25] Patrick Manning, *Big data in history*, Basingstoke : Palgrave Macmillan, 2013.

[26] 不幸已故的彼得·哈伯（Peter Haber）曾使用"数据驱动的历史"（data driven history）这一概念，定义新的数字历史学世界 (Peter Haber, *Digital past: Geschichtswissenchaft im digitalen Zeitalter*, Munich: Oldenbourg Verlag, 2011).

[27] Viktor Mayer-Schönberger and Kenneth Cukier, *Big Data: a Revolution That Will Transform How We Live, Work, and Think*, Boston: Houghton Mifflin Harcourt, 2013. 也可参见：Danah Boyd and Kate Crawford, "Critical Questions for Big Data" in *Information, Communication & Society*, vol. 15, no. 5, 2012, pp. 662679 ; 以及 Kate Crawford, "Think Again: Big Data. Why the rise of machines isn't all it's cracked up to be" in *Foreign Policy*, May 10,2013(可 见 于：http://www.foreignpolicy.com/articles/2013/05/09/think_again_big_data#sthash.7vCEuA2r.dpuf). 最后，历史学数字化的例子可以在约里斯·凡·埃纳滕（Joris Van Eijnatten）、图瓦纳·彼得斯（Toine Pieters）和亚普·威尔霍伊（Jaap Verheul）的文章中找到 Joris Van Eijnatten, Toine Pieters and Jaap Verheul, "Big Data for Global History: The Transformative Promise of Digital Humanities" in *BMGN - Low Countries Historical Review*, vol. 128-4, 2013, pp. 55-77 (available online at: http://www.bmgn-lchr.nl/index.php/bmgn/article/view/ URN%3ANBN%3ANL%3AUI%3A10-1-110023).

[28] Joe Guldi and David Armitage, *The History Manifesto*, Cambridge: Cambridge University Press,2014, historymanifesto.cambridge.org/files/9814/2788/1923/historymanifesto_5Feb2015.pdf. 从（数字）公众史学的角度对这篇宣言进行的批判性评论，参见：Serge Noiret, Ramses Delafontaine, Quentin Verreycken, Eric Arnesen,*"The History Manifesto": a discussion*, introduction by Serge Noiret, with contributions by Ramses Delafontaine (editor), Quentin Verreycken, Eric Arnesen, in Memoria e Ricerca, 1/2016, pp. 97-126, doi: 10.14647/83225.

[29] Manifesto, cit., p. 100, historymanifesto.cambridge.org/files/9814/2788/1923/historymanifesto_5Feb2015.pdf.

[30] Ivi, p. 101. Wikileaks, <wikileaks.org/index.en.html>

[31] The Proceedings of the Old Bailey, London's central criminal court, 1674—1913, www.oldbaileyonline.org. The project is quoted in *The History Manifesto*, cit., p. 94, historymanifesto.

cambridge.org/files/9814/2788/1923/historymanifesto_5Feb2015.pdf.

[32] Franco Moretti, *Distantreading*, London: Verso, 2013.

[33] "The academic discipline is invaluable in detecting and debunking myths about the pastand future, say Jo Guldi and David Armitage", in *Times Higher Education*, www.timeshighereducation.co.uk/features/history-the-key-to-decoding-big-data/2016026.article.

[34] 软件 Paper Machines, lasa.international.pitt.edu/forum/files/vol44-issue1/OntheProfession2.pdf 已经有人评论过了，见 *Digital Humanities Quarterly*, journalofdigitalhumanities.org/2-1/review-papermachines-by-adam-crymble/. 这项插件完善了文献管理软件 Zotero, www.zotero.org; 参见：*Manifesto*, cit., pp.90-91, historymanifesto.cambridge.org/files/9814/2788/1923/historymanifesto_5Feb2015.pdf. "学者们可以用纸机积累有关某些观念、个体及专业团体所产生影响的长时段模式假设"，*The History Manifesto*, cit., p. 91. 古尔迪将纸机用于研究 20 世纪以来的全球土地改革文集，参见 Jo Guldi, www.joguldi.com/vita.

[35] Daniel J. Cohen, Max Frisch, Patrick Gallagher, Steven Mintz, Kirsten Sword, Amy Murrell Taylor, William G. Thomas III and William J. Turkel, "Interchange: The Promise of Digital History", The Journal of American History, no. 2, 2008, pp. 452-491, http://www.historycooperative.org/journals/jah/95.2/interchange.html.

[36] Melissa Terras, Julianne Nyhan and Edward Vanhoutte (eds.), op. cit. 在一篇关于"盎格鲁－撒克逊"数字人文的文化统一性的批判文章中，对于欧洲和其他地方数字人文的存在情况呈现了另一番定义和描述，参见 Marin Dacosand Pierre Mounier, *Humanités numériques. État des lieux et positionnement de la recherche française dans le contexte international*. Marseilles: Open Éditions/Institut Français, 2014, pp. 29-36, http://issuu.com/institut_francais/docs/if_humanites-numeriques/1?e=10421545/7080989.

[37] 关于数字公众史学，参见 Michael J. Galgano, J. Chris Arndtand Raymond M. Hyser, *Doing History: Research and Writing in the Digital Age*, Boston: Wadsworth/Cengage Learning, 2013, 2nd edition; Cauvin Thomas, *Public History: A Textbook of Practice*. London: Routledge 2016, pp. 174-187; Serge Noiret and Mark Tebeau, *Handbook of Digital Public History*, Munich: De Gruyter, 2017.

[38] 但是当然，围绕这些大量可用的互联网照片，还有其他背景。数字史学家应该利用另一种文献外证法，比如我曾经对 2002 年第二次巴勒斯坦抗暴行动的暴力图片采取的做法，这些图片及其各种语言的说明文字，在世界范围内广为传播，见 Serge Noiret, "Visioni della brutalità nelle fotografie di rete", in Sauro Lusini (a cura di) La cultura fotografica in Italia oggi. A 20 anni dalla fondazione di AFT. Rivista di Storia e Fotografia., Prato, Archivio Fotografico Toscano-Comune di Prato, 2007, pp.88-106, available in Cadmus, EUI's Research Repository, http://cadmus.eui.eu/handle/1814/6724.

[39] 译者注：众包（crowdsourcing）：是指从一广泛群体，特别是在线社区，通过集合兼职工作和志愿者的零散贡献，最终完成一个大型项目。

[40] 译者注：现时主义（presentism）从历史学角度，是指从当前的观点和视角，对历史进行描述和解释。

[41] François Hartog, *Regimes of historicity: presentism and experiences of time*, trans. Saskia Brown, New York: Columbia University Press, 2015.

[42] Time, December 25, 2006 – January 1, 2007, Vol.168, n.26, http://content.time.com/time/covers/0,16641,20061225,00.html.

[43] Roy Rosenzweig and Daniel J.Cohen, "Collecting History Online" in Clio Wired, *The future of the past in the digital age*, op. cit., pp. 124-151.

[44] Serge Noiret, "Internationalizing Public History" in *Public History Weekly*, ed. 2 (2014) 34, published

in DOI (可见于 : dx.doi.org/10.1515/phw-2014—2647).

[45] Crowdsourcing, in Wikipedia, https://en.wikipedia.org/wiki/Crowdsourcing.

[46] What's on the Menu? (可见于 : http://menus.nypl.org/) 参见 : Michael Lascarides and Ben Vershbow，"What's on the Menu? Crowdsourcing at the New York Public Library" in Mia Ridge (ed.), *Crowdsourcing our cultural heritage*, op. cit., pp. 113-138.

[47] "La Grande Collecte"，in *Mission Centenarie*, 14-18, http://centenaire.org/fr/la-grande-collecte. 法国在 2013—2014 年组织的这项宏大众包活动，丰富了欧洲数字图书馆的项目 "纪念一次大战：欧洲数字图书馆，1914—1918",http://www.europeana1914—1918.eu/en.

[48] 对于 "虚拟档案馆" 更加深入的定义，可参见 Roy Rosenzweig, "The Road to Xanadu. Public and Private Pathways on the History Web" in Digital History: a guide to gathering, preserving, and presenting the past on the Web;*Clio Wired,*The future of the past in the digital age, *op. cit.,* pp. 203-235 (可见于 : http://chnm.gmu.edu/essays-on-history-new-media/essays/?essayid=9).

[49] A "community based online cultural heritage project"：Melissa Terras, "Crowdsourcing Manuscript Material"，Melissa Terras' Blog, March 2, 2010(可 见 于 : http://melissaterras.blogspot.it/2010/03/crowdsourcing-manuscript-material.html); Transcribe Bentham, A participatory initiative (可 见于 : http://blogs.ucl.ac.uk/transcribe-bentham/). 以及 : Tim Causer and Melissa Terras, "'Many hands make light work. Many hands together make merry work'：Transcribe Bentham and Crowdsourcing Manuscript Collections."in Mia Ridge (ed.). *Crowdsourcing our cultural heritage*. Farnham: Ashgate, 2014, pp. 57-88.

[50] Mark Twain Project Online (可见于 :http://www.marktwainproject.org/).

[51] E. A. Poe Society of Baltimore (可见于 :http://www.eapoe.org/).

[52] Melville's Marginalia Online (可见于 :http://melvillesmarginalia.org/).

[53] Rousseauonline(可见于 :http://www.rousseauonline.ch/about.php).

[54] Le dictionnaire Montesquieu (可见于 : http://dictionnaire-montesquieu.ens-lyon.fr/fr/accueil/).

[55] 1914—1918-online. International Encyclopedia of the First World War, http://www.1914—1918-online.net/.

[56] The Bracero History Archive, http://braceroarchive.org/contribution .

[57] Preserve the Baltimore Uprising Archive, http://www.baltimoreuprising2015.org.

[58] September 11 Digital Archive, http://911digitalarchive.org.

[59] Parallel Archive, http://www.parallelarchive.org. 参见 : Éva Deák, "Study, Store and Share Unpublished Primary Sources. The example of the Parallel Archive"，in Frédéric Clavert and Serge Noiret (eds.), op. cit., pp. 83-94.

[60] Patrick Peccatte and Michel Le Querrec, PhotosNormandie (可见于 : http://www.flickr.com/people/photosnormandie). 也可参见 Patrick Peccatte, "Une plate-forme collaborative pour la redocumentarisation d'un fonds photographique historique" in Frédéric Clavert and Serge Noiret (eds.), op.cit., pp. 139-152 以及 Patrick Peccatte, "PhotosNormandie five years - a balance shaped FAQ"，Déjà vu. Carnet de recherche visuel, http://culturevisuelle.org/dejavu/1097.

[61] Pieter Lagrou, "De l'histoire du temps présent à l'histoire des autres. Comment une discipline critique devint complaisante."，*Vingtième Siècle*, n. 118, 2013, pp. 101-119.

[62] Jerome de Groot: *Consuming history: historians and heritage in contemporary popular culture*, New York: Routledge, 2016 (2nd edition), pp.71-86, 及其另一部作品 "International Federation for Public History Plenary Address: On Genealogy"，*The Public Historian*, 37(3), pp.102-127, DOI:10.1525/tph.2015.37.3.102 .

[63] Michael Frisch: *A shared authority: essays on the craft and meaning of oral and public history*,

Albany : State University of New York Press, 1990. 另可参见：Lori Byrd Phillips: "The role of open authority in a collaborative web", in Mia Ridge (ed.): Crowdsourcing our cultural heritage, cit.

[64] Roy Rosenzweig and David Thelen: *The Presence of the Past: Popular Uses of History in American Life*. New York: Columbia University Press, 1998.

[65] Paul Ashton and Paula Hamilton: *History at the Crossroad: Australians and the Past*, Ultimo, Nueva Gales del Sur: Halstead Press, 2010. See in particular: Jocelyn Létourneau. *Canadians and Their Pasts*, Toronto: University of Toronto Press, 2013; 这本著作处理了一项多年研究项目的结果，该项目评估历史学在加拿大人身份认同上的重要意义，以及加拿大人看待过去的方式。

[66] Denise D.Meringolo, Museums, *Monuments, and National Parks: Toward a New Genealogy of Public History*. Amherst: University of Massachusetts Press, 2012 ; Trevor Owens: "Making crowdsourcing compatible with the missions and values of cultural heritage organizations", in Mia Ridge (ed.): *Crowdsourcing our cultural heritage.*, cit., pp.269-280.

[67] William G. THOMAS III. "尽管美国人还是将大学教授视为专家，但他们还是强烈喜欢博物馆提供的直接经验", in Daniel J. COHEN, Max FRISCH, Paul GALLAGHER et al., op. cit., pp. 452-491（可见于：http://www.historycooperative.org/journals/jah/95.2/interchange.html; para. 124-127 of the online version).

[68] *Ibid.*

[69] Jerome de Groot, *Consuming history: historians and heritage in contemporary popular culture.*, cit..

[70] Thomas Cauvin and Serge Noiret, "Internationalizing Public History" in James B. Gardner and Paula Hamilton (eds.), *Oxford Handbook for Public History*, Oxford: Oxford University Press, 2016 ; Serge NOIRET, "La Public History: una disciplina fantasma?" in *Memoria eRicerca*, no. 37, 2011, pp. 10-35.

[71] 罗森茨威格认为历史主题在网络上无所不在。参见 Roy ROSENZWEIG, "Afterthoughts. Everyone a Historian", *The Presence of the Past*（可见于：http://chnm.gmu.edu/survey/afterroy.html).

[72] Antonino CRISCIONE, Serge NOIRET, Carlo SPAGNOLO and Stefano VITALI (eds.), *La Storia a(l) tempo di Internet: indagine sui siti italiani di storia contemporanea (2001—2003)*, Bologna: Patron Editore, 2004.

[73] 当问及《记忆之场》的意义时，皮埃尔·诺拉强调历史学家需要提供民族集体记忆在当下的意义和生命的痕迹 (Pierre Nora, *Historien public*, Paris: Gallimard, 2011, pp. 446-447).

[74] " L'effet du travail des historiens sur la memoire francaise est […] de lui redonner vie, et meme de l'arracher a la mort [… C']est […], si l'on ose le dire, de refabriquer pour les hommes d'aujourd' hui une memoire habitable et a la mesure de l'avenir qu'ils ont a dessiner." Pierre Nora, Historien public, op. cit., pp. 446-447.（李娜补译）

[75] 比利时历史学家拉格鲁（Lagrou）反对纪念仪式和长期公认的民族记忆。(Pieter Lagrou, "De l'histoire du temps présent à l'histoire des autres. Comment une discipline critique devint complaisante" cit..).

[76] Fien DANNIAU, "Public History in a Digital Context. Back to the Future or Back to Basics?" in *BMGN. Low Countries Historical Review*, vol. 128-4, 2013, pp. 118-144（可见于：http://www.bmgn-lchr.nl/index.php/bmgn/article/view/9355). Serge NOIRET, " 'Public History'e 'storia pubblica' nella rete", *Ricerche storiche*, Year XXXIX, nos. 2-3, 2009, pp. 275-327.

[77] Serge Noiret: *"Digital public history: bringing the public back in."*, Public History Weekly, 3 (2015) no. 13, DOI: dx.doi.org/10.1515/phw-2014—2647.

[78] Raphael Samuel, *Theatres of Memory. Vol. 1: Past and Present in Contemporary Culture*. London: Verso, 1996; and on digital memories in particular: Jerome DE GROOT, *Consuming History: Historians and Heritage in Contemporary Popular Culture*. Hoboken: Taylor & Francis, 2008.

[79] Serge Noiret, "Public History as 'Useful History' before Voting for Europe, May 22-25, 2014", *Digital & Public History*, May 19, 2014 (可见于：http://dph.hypotheses.org/380).

[80] 诺拉特意撰文阐述历史学家解释的实体和虚拟记忆场所。(Pierre Nora, op. cit., p. 445).

[81] Henri Rousso. "L'historien du temps present dans l'espace public during the colloquium on Le passe et nous: de la conscience historique au xxi.e siecle / The Past Around Us: Historical Consciousness in the XXIst Century", *Quebec*, September 29 to October 1, 2011 (video available online at: http://vimeo.com/29896137). See Henry Rousso, "Applied History, or the Historian as Miracle-Worker", *The Public Historian*, vol. 6, No. 4 (Autumn, 1984), pp. 65-85, stable URL: http://www.jstor.org/stable/3377383 .

[82] Philippe Joutard, op. cit., p. 149.

[83] 相反，茹塔尔并没有强调，历史学家在网络上如何才能帮助更好地解释未经批判的个人记忆 (Philippe Joutard, op. cit.) 要深入理解他的思想，可参见他的著作 Philippe Joutard, *Histoires et mémoires: conflits et alliances*, Paris: La Découverte, 2013.

[84] Pieter Lagrou, op. cit.

[85] Metapedia 让我们有机会更平衡、公平地展现亲欧洲派（pro-European）争夺一般民众和学者的画面，他们现在依然相信那些充满强烈偏见和敌意的"研究者"。Metapedia Mission, http://www.metapedia.org/mission.php.

[86] Antonino Criscione, Serge Noiret, Carlo Spagnolo and Stefano Vitali (eds.), op. cit.

[87] 若泽·凡·蒂克（José van Dijck）强调，网络博客上的个人日记（亲笔）具有重要意义——是通过数字交流亲密个人记忆的新写作形式 (José van Dijck, *Mediated Memories in the Digital Age*, Stanford: Stanford University Press, 2007, pp. 53-76)；关于这个主题，还可以参考：Guy Zelis, *L'historien dans l'espace public, L'Histoire face à la mémoire, à la justice et au politique*, Loverval: Labor, 2005; 以及 Guy ZelisZelis Guy, "Vers une histoire publique", *Le Débat, Paris*, no. 117, November-December, 2013, pp. 153-162.

[88] Joanne Garde-Hansen, Andrew Hoskinsand Anna Reading (eds.), *Save As… Digital Memories*. Basingstoke: Palgrave Macmillan, 2009; Catherine C. Marshall, "Challenges and Opportunities for Personal Digital Archiving", in Christopher A. Lee (ed.), *I, Digital: Personal Collections in the Digital Era*, Chicago: Society of American Archivists, 2011, pp. 90-114; Lorna M. Hughes (ed.), *Evaluating and measuring the value, use and impact of digital collections*, London: Facet Publishing, 2012.

[89] Anita Lucchesi, "Conversasnaantessala da Academia: o presente, a oralidade e a HistóriaPública Digital", *História oral e História do Tempo Presente*(special issue of the journal História Oral) no. 17/1, 2014, pp. 39-69 (可见于：http://revista.historiaoral.org.br/index.php). 概要参见 Paula Hamilton and Linda Shopes (eds.), *Oral history and public memories*, Philadelphia: Temple University Press, 2008.

[90] José van Dijck, op. cit., p. xii, 关于如何最好地保存个人数据，参见 Mike Ashenfelder: The Library of Congress and Personal Digital Archiving, http://www.digitalpreservation.gov/documents/lc-digital-preservation.pdf.

[91] 比如，Omeka 内容管理系统（CMS）就通过管理多媒体收藏，使得在线游览博物馆和互动展览成为可能 (Omeka, 网址：http://omeka.org)，或者意大利的 Movio，由意大利电信（Telecom Italia）和 iccu (Istituto Centrale per il Catalogo Unico delle biblioteche italiane) 联合创造的 "实现网上虚拟展示的开源工具包"（an" *open sourcekit for creating online virtual displays*"），Movio, Mostre Virtuali Online, 可见于 http://www.movio.beniculturali.it。

[92] 2015 年 9 月，法国巴黎东克莱泰大学（University of Paris-East-Créteil）和意大利莫德纳和勒佐

艾米利亚大学（University of Modena and Reggio Emilia）才能有首个公众史学硕士学位（参见：http://ifph.hypotheses.org）。

[93] 参见 Rede Brasileira de HistoriaPublica: http://historiapublica.com.br/. 全 文 刊 于 Linda Shopes, "The evolving relationship between oral history and Public History", *Ricerche Storiche*, Vol.46, n.1, January-April 2016, pp.105-118.

[94] Dario Miccoli, "Oltre l'archivio? Storie e memorie degli ebrei egiziani in Internet", *Memoria e Ricerca*, no. 42, 2013, pp. 189; Dario Miccoli, "Digital Museums: Narrating and Preserving the History of Egyptian Jews on the Internet", in Emanuela Trevisan Semi, Dario Miccoli and Tudor Parfitt (eds.), *Memory and Ethnicity. Ethnic Museums in Israel and the Diaspora*, Newcastle: Cambridge Scholars, 2013, pp. 195-222.

[95] 在美国内战中战败后，1866 年大量前联盟国成员移民巴西，依然坚持为棉花种植保留奴隶制的观点。1888 年巴西才废除奴隶制。今天这些联盟国成员后代群体正在重建同美国南部各州的关系。

[96] 莱斯利·维尔茨（Leslie Wirtz）对比了两所本土世界历史博物馆及其"本土-全球关联"：开普敦附近的南非卢万德勒移民劳工博物馆（Lwandle Migrant Labour Museum）和美国亚拉巴马州安妮斯顿的伯曼世界历史博物馆（he Berman Museum in World History in Anniston），参见 Leslie Wirtz, "Meetings of World History and Public History", in Douglas T. Northrop (ed.), *A Companion to World History*, Chichester, West Sussex: Wiley-Blackwell, 2012, pp. 107-108.

[97] Alon Confino, "Miracles and Snow in Palestine and Israel: Tantura, a History of 1948", *Israel Studies*, vol. 17, no. 2, 2012, pp. 25-61.

[98] International Coalition of Sites of Conscience (可见于 :http://www.sitesofconscience.org/).

[99] Roland Robertson, "Glocalization: Time-space and homogeneity-heterogeneity", in Mike Featherstone, Scott Lash and Roland Robertson (eds.), *Global Modernities*, London: Sage, 1995, pp. 25-44.

[100] Herstories (可见于 : http://herstoryarchive.org/about-us/).

[101] http://herstoryarchive.org/feedback/toronto-canada-26th-may-1st-june-2014/.

[102] The Central Database of Shoah Victims' Names, in *YadVashem*. World Center for Holocaust Research, Documentation, Education and Commemoration (可 见 于 :http://db.yadvashem.org/names/search.html?language=en).

[103] September 11 Digital Archive (可 见 于 : http://911digitalarchive.org/); James T. Sparrow, "Public History on the Web: The September 11 Digital Archive", in James B. Gardner and Peter S. Lapaglia (eds.), *Public History: Essays From The Field*, Malabar: Krieger Pub. Co., 2006, pp. 397-416.

[104] National September 11 Memorial & Museum (可见于：http://www.911memorial.org).

[105] 9/11 Museum Audio Guide (可见于：http://www.911memorial.org/blog/ iphone-app-allows-users-'explore-911').

[106] 一项基于访问者统计的研究表明，最近一代智能手机技术在转移事件记忆和深化人们对于历史的体验方面，取得了巨大成功。(Anthony Cocciolo, "Mobile Technology, Oral History and the 9/11 Memorial: A Study of Digitally Augmented Remembrance", *Preservation, Digital Technology & Culture*, no. 43/3, July 2014, pp. 86-99).

[107] 参见 Curatescape (网址：http://curatescape.org). Curatescape 包含了一系列智能手机应用，这些应用创造了虚拟的公共城市史叙事。这是美国人马克·特博（Mark Tebeau）为克利夫兰而创造的（现在也为其他许多城市），开创了个人访问虚拟数字公众史学内容的新原理。

[108] 为纪念马基雅维利《君主论》诞生 500 周年，公众通过智能手机应用受益于公众史学活动，并且能联系上马基雅维利实地纪念场所。参见 the San Casciano SmartPlace. I Fantasmi

del Principe, a project created between 2012 and 2014 by the Communication Strategies Laband LucaToschi at the University of Firenze (http://www.csl.unifi .it/progetti/san-casciano-smart-place/).

[109] Susan's Horner Florence, iPhone application, https://itunes.apple.com/us/app/susan-horners-florence/id787766904?mt=8. 该应用基于英国佛罗伦萨研究院的 Horner 系列藏品，http://www.britishinstitute.it/en/archive/horner-collection.asp.

[110] Herstories, cit.

伦理道德

伦理规范与公众史学 *

探求真实的历史与公众服务是公众史学的两大基本伦理准则。首先，"历史学家的首要责任是陈述事实，其次是不应该隐瞒事实，也不应该在写作中带有偏见，或诽谤他人。"[1] 若不求真，"过去"就可能沦为政治宣传，或娱乐方式，或被简单解释为传统。[2] 梁启超认为史家第一道德莫过于忠实，即"对于所叙述的史迹，采纯客观的态度，不丝毫参与自己意见"[3]。忠实一语做起来实难；而忠实的史家对于过去事实应取存疑态度。钱穆则认为史德是一种心智修养，"要能不抱偏见，不作武断，不凭主观，不求速达"[4]。尽管绝对真实的历史似乎遥不可及，历史的结论也只是某种可能的真实，但竭尽所能追求真实的历史依然是历史学家的首要责任。其次，历史学家对关于过去的文献和实物的鉴别、筛选和批判是公众认知过去的基础，因此，史学同时也是一种公众探询（public inquiry），应该为公众所用。历史知识需要服务于社会，实现其道德价值，历史知识的实用性是史学伦理不可或缺的一部分。历史学家与当下世界的关系往往构成其伦理道德的最大挑战。

对传统历史学，伦理规范似乎不可思议，因为历史学家笃信他们的责任是客观公正、不偏不倚地服务社会。只要这一信仰不动摇，设立伦理规范便是多此一举。的确，传统史学所言之忠实是不争的事实。与医生或律师不同，历史学家的工作不会因客户关系而变得复杂。不过，随着 20 世纪 60 年代新左派史学观尤其是新社会史的兴起，城市史、族群史、劳工史、妇女史等促使史学日益民主化。史学的多样性取代了原有的内敛与凝聚力，而伦理问题也因此凸显。为什么公众史学比纯学院的史学研究伦理冲突更为激烈？

首先，公众领域的学术研究更直接地影响社会。纯学院研究重视学科归属，强调学科理论和方法，而涉及公众领域的研究往往与公众政策及其进程相

---

* 该文由李娜与西奥多·卡拉曼斯基（Theodore J. Karamanski）关于公众史学中的伦理道德议题近两年来的探讨整理而成，是为《美国公众委员会（NCPH）职业道德准则与专业行为规范》（Code of Ethics and Professional Conduct）序。

关。其次，纯学院研究通常没有直接的商业利益介入，而在公众领域，研究往往带有所有权和商业利益的纷争。因此，纯学院研究缺乏由此导致的政治、社会和经济权力的再分配所带来的影响及后果分析。而在公众领域，某一政策制定也是一种政治进程，这意味着对由于这一政策导致的各种权力再分配的后果将得到明确的分析和评估，而这一评价将直接影响公众历史的产生和发展 。"历史学家因为对热爱自己国家而产生某种偏见是人之常情，但他不应该因此而隐瞒事实，不应该为国家、朋友或任何利益故意扭曲事实，否则学者和政客便没有区别。"[5] 可见，公众史学项目涉及不同利益方，权力、利益与真实的历史之间矛盾重重。再次，公众史学希望能为被边缘化的社会群体伸张正义，希望弱势群体也能撰写自己的历史，希望实现社会公正，这意味着历史学家无形中成为某一群体的代言人，隐含的伦理冲突源于倡导某些社会群体的利益与客观、公正的历史之间的矛盾。

譬如，历史学家是否应该参与法庭辩论，倡导或维护某一方的利益？在新西兰，公众史学家受雇于政府的文化与遗产部门，参与调查或作为专家证人出席 1975 年的瓦塔吉特别法庭（Waitangi Tribunal），决定原住民毛利族（Maori）的土地所有权问题。这是否意味着某种潜在的利益妥协或先入为主的偏见？历史学家是否应该真实地记录并呈现国家历史中那些不光彩的或令人难堪的篇章？又如，在评估某一历史街区是否符合国家历史街区的名录标准时，历史学家如何避免利益驱动而按登录标准进行客观评估？另外，当口述历史走向公众，走向市场时，历史的档案、书籍和物件等似乎都因为口述历史而复活，历史机构也开始与社区建立积极的合作与互动。如保罗·汤姆逊所言，口述历史影响着历史在博物馆、图书馆、记录办公室等地的呈现。当个人记忆成为公众历史，历史学家应该如何处理个人隐私权与公众知情权之间的矛盾？[6]

一套严格的伦理规范能帮助我们回答这一系列问题。公众史学家往往面临更为复杂多样的研究课题与情景，正确之道往往需要审慎定夺；公众史学家与现实世界直接对话，如与受访的个人与社区建立关系，这直接挑战我们所笃信的"客观性"。公众史学项目常常发生在图书馆或档案馆之外，与企业或政府部门打交道。因此，成为公众史学家意味着超越"教师"和"研究者"的角色，而是档案工作者、博物馆人、历史保护者，或同时扮演多种角色，平衡、协调多种责权和利益，这使得我们常常在复杂、多歧的公众史学项目中失去方向，不知所措。伦理规范将有助于我们"鉴空衡平"，指导我们的行动，激励我们坚持职业信仰，坚守职业精神。

不过，设立伦理规范与准则并不意味着公众史学应该走资格认证之路。20世纪80年代，公众史学刚刚兴起时，美国公众史学委员会（National Council on Public History）理事会曾就如何评估"真正的公众史学家"有过激烈的讨论，有人提出"认证的公众史学家"（certified public historians）的观点。当时，搞资格认证似乎是职业化的必然选择，如"职业考古学会"首先提出"认证的考古学者"，几年后"美国档案学会"也提出的"认证的职业档案学者"等。公众史学具有多元性和多样性，不应该自立门槛，走向孤立。所以我们提出伦理规范与准则，算是与"资格认证"之间的一种妥协。"伦理规范与行为准则"开宗明义地指出该规范的目标是"树立对公平、公正的实践之期望，而不是为认证、调查或评判设置门槛"。该准则鲜明地提出了对公众史学家的伦理要求，但不对个人作任何论断。

我们对伦理问题的思索应该不仅仅局限于公众史学，而应该着眼于整个历史学。当人们理所当然地认为，若收客户的钱为之服务就会偏离真实的历史，换言之，在诚实和撒谎之间作选择时，这其实不是职业伦理而是个人伦理问题。真正的职业问题是：你所在的职业是如何服务于社会？说公众史学面临伦理道德挑战其实很容易，但问题的关键不在公众史学的实践者，而在于公众史学作为其分支学科的历史学。和非裔美国人史、亚洲史或妇女史类似，公众史学是在20世纪80年代兴起的历史学的一个分支而已。公众史学的伦理问题也是整个历史学的伦理问题。我们谈伦理道德，是希望改革整个历史学。[7]

事实上，任何真正的职业均有一套成熟健全的伦理道德准则，以规范其发展，激励其职业精神，进而更好地服务于社会。美国历史协会（American Historical Association, AHA）、口述历史协会（Oral History Association）美国博物馆协会（American Association of Museums）、美国档案工作者学会（Society of American Archivists）、职业考古工作者学会（Society of Professional Archeologists）等均有其关于伦理道德准则规范。美国公众史学委员会于1984年提出"职业与专业行为准则"，后修订成为"职业规范与行为准则"。

最后值得一提的是，公众史学家的个人价值观也会在实践中得到挑战。新近颁布的伦理规范无一例外地关注个人行为。不过，这些规范没有具体的执行力度或处罚措施，多是以说服的力度来约束隶属于某一组织的个人。真正的伦理挑战在于：孰对孰错往往并非泾渭分明，合法性与道德性并不等同，公众史学家需要在看似合理却相互冲突的结果中取舍。伦理规范是我们行动的指南，但伦理问题应该放在具体语境中探讨，应该基于不同的情形做符合伦理精神的选择。 这里，经验往往是最好的老师 —— 虚心地向前辈和同人请教，汲取他们的经验教训，在公众史学的研究、实践与教学中不断摸索、试验、反思，从而作出符合伦理道德规范的选择。

美国公众史学委员会（NCPH）职业道德准则和专业行为规范 [8]

本职业准则和行为规范是美国公众史学委员会成员的职业行为之基本指南。鉴于公众史学家的实践跨越多种专业领域，这一准则与规范包含了相关行业或领域的行为准则和指导方针。这一准则与规范则旨在表述对于实践的社会公正性之期待，而不是为认证、调查或是论断设置门槛。美国公众史学委员会提倡在教学、会议、工作坊和专业文献中对伦理道德和专业行为的持续讨论，并将之作为行业的最佳实践之重要组成部分。

公众史学家对公众的责任

本职业准则和行为规范认为应该从不同的甚至相互矛盾的路径去定义公众，同时，公众利益是一种常常在特定的状况语境下被塑造的不固定概念，因此易引发持续的辩论。虽然如此，伦理实践本身暗示着公众史学家有满足公众利益的责任，而所谓公正的行为应该视具体境况而定，并需要专业行为的某些基本原则来约束。

1. 公众史学家应该倡导保护、关注历史记录包括无形文化资源在内的所有形式的资源，并提倡公众可以获取、利用这些资源。

2. 公众史学家应进行历史研究，并诚实地呈现历史证据。

3. 在史学实践与历史呈现中，公众史学家应力求包容各种文化。

4. 公众史学家应清楚认识到其工作的目的或指向，并意识到基于其研究的决定和行为可能造成的长期影响。

5. 公众史学家应有意识地维系在史学实践中的动态人际关系。

公众史学家对客户和雇主的责任

为了客户或雇主的利益，公众史学家应当认真负责地、一丝不苟地、富有创意地、独立地完成工作，并确保其工作与服务公众利益的责任一致。

1. 除非属于非法、不道德或不合乎伦理的行为，公众史学家在专业服务的目的和任务方面，应尊重客户或雇主的决定。

2. 公众历史学家应完全独立开展历史研究和调查。

3. 公众历史学家应代表客户或雇主，做出独立、专业的判断。

4. 公众历史学家不应通过错误的、带误导性的声明、骚扰或威胁来争取潜在的客户或雇主。

5. 公众历史学家不应通过不恰当的方式或直言或隐晦地显示其专业服务有影响决定的能力。

6. 公众历史学家不应该接受或继续超越其专业能力范围的工作。

7. 如有明显的或可预见的利益冲突或不合理现象，却无法通过书面形式对受影响的客户或雇主开诚布公，公众史学家不应参与这样的工作。

8. 当客户或雇主要求保守机密时，公众史学家不应披露在职业关系中获取的相关信息。除非法律程序要求，或者所披露的信息可以防止违反法律，或阻止公众利益受到极不公正待遇，那么这一原则不再具有约束力。在这些情况下，公众史学家必须确认具体事实和问题。如果可行的话，通过一切合理的努力从其客户或雇主所雇用的其他专业人员处获得不同的意见，并尽力从客户或雇主处获得复议。

9. 公众史学家不应运用任何职业关系寻求违背公众利益的特殊好处。

公众史学家对职业和同行的责任

公众历史学家应该通过促进知识的进步，方法、体系与程序的改进，技术的应用等为历史学发展做出贡献。从更宽广的角度而言，公众历史学家应该尊重他们同行的专业视角以及其他专业领域人士的意见。公众历史学家应力图增加公众史学的多样性，从而更进一步反映社会各阶层、各族群的构成与分布。同样重要的是，公众历史学家应致力于提升公众对于公众史学实践的理解。

1. 公众史学家应力求准确地代表其同行的素质、观点和成果。

2. 公众史学家应了解关于承担的客户或雇主项目之相关特定领域的方法、原则与准则。同时，公众史学家还应了解美国历史协会（American Historical Association）所采纳并得到广泛认可的《职业行为标准声明》（Statement on Standards of Professional Conduct）。

3. 公众史学家应尊重每一个研究问题的特殊性，基于对特定情况的分析，采用不同的理论与方法。

4. 公众史学家应基于所有相关领域的专业文献分析特定的研究问题。[9]

5. 公众史学家应分享其研究成果和经验，对公众史学的理论探索做出贡献。

6. 公众史学家应该以公平、体谅和尊重的态度评价其他专业人士的工作。

7. 公众史学家应在力所能及的情况下帮助学生、实习生、初入行者以及其他同事的职业发展，并提供相关信息。

8. 公众史学家应把握机会呈现自己工作的文化多样性。同时，也应将尚未被充分代表的群体纳入研究范围。

公众历史学家的自我责任

高标准的职业诚信、知识和技能是优秀的公众史学实践之标志。

1. 公众史学家应准确、充分地代表专业素质和教育水准。

2. 公众史学家应在职业发展中接受继续教育。

3. 公众史学家应尊重他人的权利。

4. 公众史学家不应歧视他人。

5. 公众史学家不应故意做出违背职业精神的不合法或不公正行为。

6. 公众史学家应批判地审视关于社会公正与公平的个人问题，将之与伦理问题区分开来。

注　释

[1] 马库斯·图留斯·西塞罗（Marcus Tullius Cicero），公元前 43 年。

[2] Theodore J. Karamanski, and National Council on Public History (U.S.), *Ethics and Public History : An Anthology*, Krieger Pub Co., 1990.

[3] 梁启超：《中国历史研究法 中国历史研究法补编》，北京：中华书局，2015 年，第 235 页。

[4] 钱穆：《中国历史研究法》，北京：生活·读书·新知三联书店，2013 年，第 12 页。

[5] *The Histories of Polybius*, Book XVI.

[6] 李娜：《当口述历史走向公众："公众口述历史"中的伦理问题刍议》，《社会科学战线》2016 年第 3 期，第 94-105 页。

[7] 这是西奥多·卡拉曼斯基（Theodore J. Karamanski）于 1995 年 4 月 10 日在密歇根州的马凯特（Marquette, Michigan）北伊利诺斯州立大学（Northern Illinois University）接受拉里·塔文米尼（Larry Tavernini）的访谈。资料来源：Northern Michigan University and Regional Oral History Collection, Box 20, Karamanski, Dr. Theodore; Historian 4/10/1995.

[8] 2007 年 4 月 12 日由美国公众史学委员会理事会通过。

[9] 适用指南包括但不局限于：美国档案学会（Society of American Archivists）《档案工作者伦理规范》（*Code of Ethics for Archivists*）、国际博物馆委员会（International Council of Museums）《职业规范》（*Code of Ethics*），美国博物馆协会（American Association of Museums）《博物馆职业规范》（*Code of Ethics for Museums*），加拿大博物馆协会（Canadian Museums Association）《伦理指南》（CMA Ethical Guidelines），口述历史协会（Oral History Association）《原则与标准》（*Principles and Standards*）、加拿大口述历史协会（Canadian Oral History Association）《口述历史指南》（Oral History Guidelines）、美国联邦政府历史协会（Society for History in the Federal Government）《联邦历史项目原则与标准》（*Principles and Standards for Federal Historical Programs*）、加拿大国家公园管理局（Parks Canada）《关于文化资源管理指导原则和实施政策》（*Guiding Principles and Operational Policies for Cultural Resource Management*）、加拿大文化遗产保护（Canadian Association for Conservation of Cultural Property）和加拿大职业历史保护者协会（Canadian Association of Professional Conservators）《职业规范》（*Code of Ethics*）和新西兰职业历史学家协会（Professional Historians' Association of New Zealand/Aotearoa）《行为规范》（*Code of Practice*）。

历史教育

跨文化的挑战：
关于中国公众史学的思索——来自美国的视角

玛莎·桑德维斯（Martha A. Sandweiss）[*]

在美国的大学，至少像普林斯顿这样的大学，历史学教授通常会鼓励以批判的方法研究过去。他们会激励学生带着批判性思维阅读，将历史文本语境化，辩论和挑战某些业已成名的专家学者。学生们往往也不去死记硬背历史事实，而是被鼓励着学会历史论辩，以及这些论辩与更宏大的政治、经济或社会背景存在怎样的关联。类似的，在美国，公众史学充满复杂性、争议性，不避讳有争议的话题。当不同的利益群体试图在同一空间发声，当多种叙事试图在同一空间争夺一席之地，公众史学便产生了。美国公众史学几乎不可避免地会遭遇批评与质疑，而批判性对话与分歧是公众史学的核心。从某种程度上，这一特性映射着美国的民主实践。

我与中国的公众史学家和历史博物馆的短暂接触让我意识到公众史学的实践如何因具体的文化语境而不同，也不可避免地反映了教育传统与政治语境的差异。因此，公众史学没有放之四海皆准的模式。由于美国和中国的教育体制

---

* 玛莎·桑德维斯（Martha A. Sandweiss）：美国普林斯顿大学（Princeton University）历史系教授，主要研究领域是美国西部历史、视觉文化与公众史学。专著包括：《陌路相逢："镀金时代"跨越种族的欺骗与爱情》（*Passing Strange: A Gilded Age Tale of Love and Deception across the Color Line* , Penguin press, 2009)、《图画传说：摄影与美国西部》（*Print the Legend: Photography and the American West* , Yale University press, 2002)、《罗拉·盖芬：永恒的优雅》（*Laura Gilpin: An Enduring Grace,* Amon Carter Museum, 1986）和合编的《牛津大学美国西部历史》（*The Oxford History of the American West* , Oxford, Oxford University press, 1994）。

相差甚远，政治体系也各不相同，这注定了中国新兴的公众史学领域将遵循与美国不同的发展路径。

2014 年 7 月我组织了普林斯顿大学的一批教师和学生前往上海，参加为期一周的关于"历史、记忆与城市未来"的研讨会，其中包括 5 天的公众史学工作坊。我们一行 19 人，背景各异，包括本科生、硕士生、博士生、资深教授，但都对中国语言和文化抱有兴趣和一定程度的了解。公众史学工作坊与李娜研究员和陈新教授主持的"首届中国公众史学高校师资培训"合作进行。

在这次上海之行以前，我们很少面临公众史学时间如何因不同的文化和历史语境而有所不同这样的问题。不过，差异很快就出现了。譬如，我们很快发现中国公众史学实践的两种不同甚至相互竞争的模式：一种是由政府机构主导的针对公众的历史实践，这种模式通常有一个明确清晰的议题但几乎没有公众参与；另一种是由公众主导的历史实践，这种模式几乎很少有学者的参与，而且除了社交媒体，很少有其他途径的信息。而在美国，这两种模式常常会交叉汇合。以目前在美国的博物馆领域已公认的一些实践为例。由政府资助的博物馆在设计某一展览前，或决定是否在某一展览中融入特定群体的声音，会采用"焦点小组"的形式获取公众意见。而"针对公众"（for the public）和"由公众主导"（by the public）的两种历史实践模式在中国似乎挑战重重。

一名学生提及："我从未如此切身地体会到公众史学与民主制度之间的密切联系。公众史学需要开放式的平等对话。"美国模式的公众史学也许无法在中国实现，但公众史学的发展是大势所趋也是不争的事实。因此，一个关键的问题产生了：在政治民主制度之外的公众史学应该如何发展呢？

由于课堂文化的差异、学术研究以及公众历史机构所受的某些制约，中国公众史学注定要走与美国不同的路。美中之间的差异源于以下几个关键因素：教育的文化传统、对历史信息和档案的管控、交流方式的差异、政治群体的身份认同所扮演的角色等。毫无疑问，公众史学的实践层面，尤其是资金来源，将导致各种实践往不同的方向发展延伸。

在美国，公众历史场所为关于过去的不同声音提供争论的空间，并公开挑战某些理所当然的历史解读。自我批判已成为美国的教育文化和历史解读的重要组成部分。我们一行的美国学者，带着自我批判的精神，直言不讳地批判美国的公众历史机构。譬如，纽约的"9·11国家纪念馆与博物馆"（National September 11 Memorial Museum）如何在家庭成员、政客、房地产开发商和专家学者的不同利益之间妥协。该项目的学者对此持批判态度，她大胆地质疑"9·11"纪念馆和博物馆是否一方面有效地纪念受难者，另一方面以博物馆的形式解读这一事件的前因后果。她认为，记忆的神圣性无疑会与历史的权威性之间产生冲突。她的陈述在参加培训的来自美国和中国的学员中激起了公开坦诚的对话。然而，当一些美国的学员在参观"侵华日军南京大屠杀遇难同胞纪念馆"（The Memorial Hall of the Victims in Nanjing Massacre by Japanese Invaders）提出类似的问题，譬如，如何在历史与纪念的使命之间寻找平衡点，一些中国的学员却将之上升至民族主义高度，谴责这样的问题是不公平的甚至有些粗暴的。如果说，中国的学员普遍接受美国式的自我批评，那么对他们而言，对中国公众历史机构的批评似乎是难以接受。美国学术语境中的自我批判精神在中国语境中显得有失公允，甚至有些粗鲁。在一种文化中认同的思维模式在另一种文化中未必得到认可。

学术的民主给美国学生自由，他们能探索包括新近历史里的有争议的历史课题。因此，当他们在上海历史博物馆里看到历史叙事止于20世纪初期时，他们十分惊讶。尽管这段历史依然是公众记忆的重要组成，是公众真正关心所在，公众的兴趣和利益与许多学者、博物馆或历史组织等聚焦之处似乎脱节。今天的美国，身份政治（identity politics）潜力巨大。不同的群体都希望自己的历史得到认可。这些多元的声音有力地推动着公众史学实践。

美国特殊的教育体系所影响不只是这种自我批判的文化，也不只是美国生活中的论辩精神，还有交流的方式。这种差异明显地体现在"侵华日军南京大屠杀遇难同胞纪念馆"的参访中。一位学员对冗长的解释性文本提出了异议；而另一学员则认为这与中国文化中强调事实，鼓励死记硬背，侧重已知数据的数量相符合，因此可算是一种针对在中国教育体制下培养出来的公众实现有效交流的方式。

在中国的经历启示我：公众史学是因文化而异的史学实践，其方法和策略不仅反映了国家文化，其成果亦是特定文化的产物，有其特定的受众。于是，更关键的问题是公众史学实践是否应该或如何跨越国界？公众史学的合作项目应该如何克服文化之间的巨大差异？公众史学场所在面对来自不同文化、拥有不同教育传统和对"过去"有不同想法的国际受众时，如何有效地传递其信息？

如果说在美国，公众史学是一场包括学者、社区成员、新闻记者、博物馆人等参与的"运动"，这些不和谐的声音都努力在这场运动中占有一席之地，那么在上海，我所目睹的却与此迥异。无可争议的是，中国公众史学将会发展、总结出与美国截然不同的，有自己特色的一套最佳实践。离开了创造历史的公众，公众史学便成为无源之水，无本之木。同时，公众史学也源自公众利益，而美国的价值观不是放之四海皆准。基于宏大背景建构的中国的价值观和利益观应该成为影响中国公众史学的真正力量。我期待着中国公众史学的发展。

普林斯顿大学师生与中国首届公众史学高校师资培训班学员参观上海宣传画艺术中心，2014 年 7 月。图片来源：李娜

关于中国公众史学的反思

戴维·格拉斯伯格 (David Glassberg)*

2014 年 7 月 我去中国参加了李娜研究员在上海组织的"首届中国公众史学高校师资培训"。我的授课主要包括公众史学与记忆研究、历史感知与地域感知、城市景观与集体记忆等。虽然完全不懂中文，但是我有机会与参加这次培训的 16 位来自中国各个高校的历史教师们分享、交流，获益良多。[1]

在美国和在中国教授公众史学无疑存有很大差异，但令我惊讶的不是这些差异，而是很多相似之处。其中之一是学院内的公众史学家面临的质疑与岌岌可危的境况。在美国的高校里，很多历史学系不教授公众史学，而在那些教授公众史学的院系里，教师若要晋升获取终身教职，则需要达到传统的学术标准，这意味着一定数量的出版物，如文章和专著等；教授一定专业领域的课程；活跃于某一学术组织等。而这些是在教授公众史学课程与指导公众史学项目之外的要求，对于尚未获得终身制的教师而言，压力可想而知。这一点在两个国家是同样的。虽然参与这次培训的有一些年轻的讲师与副教授，但也有资历较深、年纪较长的教授。这与当年公众史学在美国起源时的情形十分相似，即使现在公众史学在美国的发展多少依然面临某些偏见。

另一个共同点是美国和中国的高校历史学教师对探索大众记忆与官方历史都包有极大的热情。在美国，自由的学术传统使得这一探索更容易些，但在中国，家族史与口述历史项目成为探索历史与记忆的重要途径，这些项目所收集到的信息将为后人的研究提供不可多得的素材。虽然有些口述访谈资料目前还

---

* 戴维·格拉斯伯格（David Glassberg）：美国马萨诸塞大学（University of Massachusetts Amherst）历史系教授、公众史学项目创始人。他的研究主要集中在美国大众历史与环境感知及其在政治、文化与景观的呈现。

无法公开发表，但正因为这样，中国史学工作者们为收集、整理、储存这些史料的努力更显得难能可贵。

博物馆的参访，尤其是上海城市规划展示馆在 2014 年 6 月 13 日至 8 月 17 日"留住乡愁：城市生活与历史记忆"的展览，以及"形镜上海 —— 席子城市影像展"，给我留下了难以磨灭的印象。全球范围内以城市规划的历史为主体的博物馆为数不多，上海城市规划展览馆向公众展示了影响现代上海的各种力量与动机的博弈。展览集中在上海历史保护的种种努力与实例。虽然期待着在展览中读到更多的不同观点，我在那些老建筑与街区的历史照片与新近拍摄的照片中依然能感受到一种厚重的历史感，能了解到在城市变迁中所失去的与所获得的。[2]

同时，我还有幸和参与培训的学员教师们一起参观了一些上海的历史建筑。其中，由以前的摩西会堂（Ohel Moishe Synagogue）改建的上海犹太难民纪念馆对我有着特殊的意义，因为我的祖父在第二次世界大战时逃离纳粹德国，在犹太难民窟里生活过。我在上海犹太难民纪念馆的数据库里找到了他当年居住的公寓楼（现已改为一所学校）。对我而言，这一研究与解读使得我的实地参访成为一次成功的公众史学经验。三年后的今天，当我回顾这次经历，我希望美国能对来自世界各地的难民更加宽容，并有更多的以此为主题的历史展览。

我是 20 世纪 50 至 60 年代冷战高峰时期在美国成长起来的一代，我记得那时参观博物馆和历史遗址的经历与我在中国所经历的非常相似：唯有官方的历史得以呈现，给公众留下很多思索的空间，通过个人经历或家庭成员的讲述去回忆，去填补遗失的信息，今天的美国的博物馆与历史遗址更倾向于"共享权威"，包容不同甚至相悖的观点。虽然今天的中国，历史的公众呈现尚有诸多限制，但是在上海我遇见的历史教师与公众史学的实践者们让我对中国的公众史学充满期待与信心：正是因为他们，关于过去的多元解释得以保存；后人将得益于他们今天的努力。[3]

戴维·格拉斯伯格与首届中国公众史学高校师资培训班学员，上海师范大学，2014 年 7 月。图片来源：李娜

注　释

[1] 关于"首届中国公众（公共）史学高校师资培训"参见：Na Li and Martha A. Sandweiss, "Teaching Public History: A Cross-Cultural Experiment," *The Public Historian 38*, August 2016, pp. 78-100.

[2] 参见：Sean M. Fisher and Carolyn Hughes, The Last Tenement: Confronting Community and Urban Renewal in Boston's West End,*Bostonian Society*, July, 1992). 其中一个博物馆展览手册从被迫外迁的居民的视角讨论了波士顿的城市更新历史。

[3] 参见：Na Li. "Public History in China: is it Possible？" *Public History Review*, Vol. 21, 2014, pp. 21-40.

关于中国公众史学与公众史学国际化的思考

菲利普·斯卡皮诺（Philip V. Scarpino）*

    2015 年 7 月，我受重庆大学人文社会科学高等研究院李娜研究员邀请，赴重庆大学参加"第二届中国公众（公共）史学高校师资培训"。李娜一直致力于公众史学在中国的建设和发展。她于 2013 年参与组织了在苏州举行的"全国公共历史会议"，2014 年在上海组织了"首届中国公众史学高校师资培训"。这次在重庆举行的"第二届中国公众（公共）史学高校师资培训"旨在培养中国第一代公众史学教育者，吸引了来自中国 18 所高校的教师，其中有 14 名是历史学教师，另外还有 4 名公众史学领域的实践人士。[1]

    我教授的三场工作坊包括：一、美国公众史学实践概况以及我在印第安纳普渡大学主持的公众史学硕士项目；二、为公众解读环境史；三、口述历史实践。工作坊均配有优秀的即席翻译。面对这些来自不同文化（中国）且受过良好专业训练的听众，我不得不思索将公众史学从一种文化或一个国家的特定语境"移植"到另一种文化或另一个国家究竟意味着什么。我在"口述历史"环

---

* 菲利普·斯卡皮诺（Philip Scarpino）：美国印第安纳 - 普渡大学（Indiana University/Purdue University, Indianapolis, IUPUI）历史系教授、公众史学项目负责人，曾任美国公众史学委员会（NCPH）主席（1993—1994），现任公众史学教育与就业联合工作小组（Joint Task Force on Public History Education and Employment）负责人，在美国历史学家组织（Organization of American Historians）、美国历史协会（American Historical Association）、美国各州与本地历史协会（American Association for State and Local History）等机构的美国公众史学委员会（National Council on Public History）代表。菲利普·斯卡皮诺的研究领域包括公众史学、环境历史、口述历史与历史保护，代表专著包括：《伟大之河：密西西比河上游的环境历史》（*Great River: An Environmental History of the Upper Mississippi River*）和《公众与环境史》（*Public and Environmental History*）以及大量关于公众史学与环境史学的交叉研究文章。他主持"杰出领导力与国际领导力协会图比亚斯中心"（Tobias Center for Leadership Excellence and the International Leadership Association），开展了一系列重要口述历史项目。

节的引言中，与各位学员分享了如下观点："我所生活的文化影响着我对历史的解读与我的口述历史经验。对你们而言，也是如此。我不是来这里指导你如何操作（口述历史）。我希望你们能得益于我所将的一些经验，也希望能从你们那里学到更多的东西。"

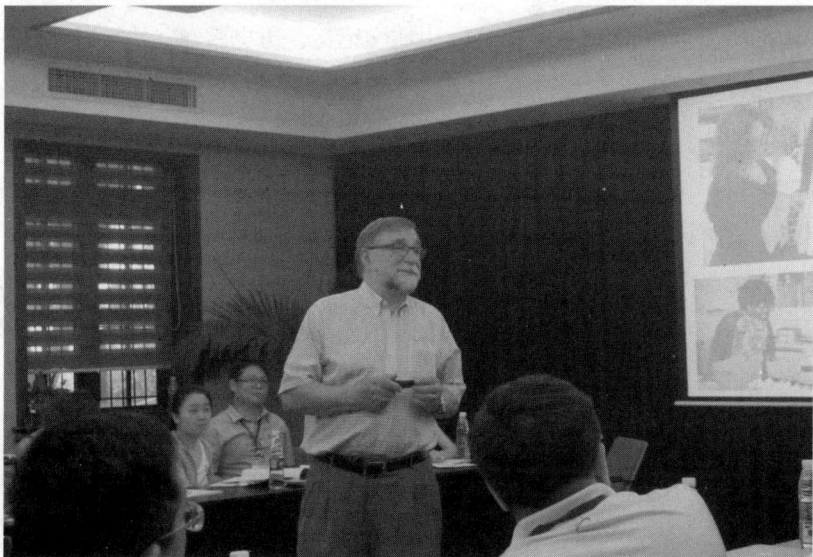

菲利普·斯卡皮诺在第二届中国公众（公共）史学高校师资培训班授课，2015年7月。图片来源：李娜

　　20 世纪 70 年代，现代公众史学运动在美国兴起，其核心原则在于"受众"（audience）。自 20 世纪 80 年代末，关于公众史学家思索如何与公众交流、互动已发生了根本性的变化。虽然"共享权威"的理念源自历史学家迈克尔·弗里西（Michael Frisch）和他于 1990 年出版的《共享权威：关于口述与公众史学的意义和技艺》（*A Shared Authority: Essays on the Craft and Meaning of Oral and Public History*）一书，他并不是在学术真空里发明了这一术语。其实，公众史学及其相关领域早已开始朝"共享权威"这一方向发展，迈克尔·弗里西扩展、延伸了这一理念而已。对职业历史而言，"共享权威"的理念十分激进，颇具革命性，它从根本上挑战了那些约定俗成的学院文化，例如，通过在学术期刊发表文章作为职业成功的评价标准。

当公众史学家意识到受众的重要性，开始接受"共享权威"这一观点，他们也开始关注记忆、历史感知与地域感知。历史学家戴维·格拉斯伯格（David Glassberg）在 1996 年就已对这些概念作了开拓性的解释。他认为："公众历史为地域（place）赋予意义。历史感知与地域感知密不可分；我们讲述地域的历史，而很多时候，我们赋予某一地域的环境价值来自记忆，来自我们与这一地域已有的历史联系。"[2] 这种潜移默化地融记忆、历史感知、地域感知为一体需要放在特定的社会情境中解读，也对公众史学在中国特定的历史与文化语境中生根、发芽有着重要的潜力。

大多数职业历史学家认为历史（以及公众历史）是一种文化建构。历史学家对过去的解读和解释往往折射出他们生活的文化，这样的文化也影响着他们的史学技艺与实践。我在中国的工作坊经历让我对此有了更深刻的理解。在重庆的培训中，我与学院分享了"画历史"——鼓励人们思索历史的本质以及他们与过去的关系。我常常教大学生"画历史"：给他们一张白纸，让他们在这张纸的右上角写自己的年龄、性别和年级，然后让他们在听到"历史"这个词后开始画出他们的观点或想法。当他们画完后，我要求他们在纸的背面写一段话，解释他们在自己刚画的画里扮演怎样的角色。我告诉参加这一工作坊的学员们，我在美国大学里让学生们"画历史"已有 30 年，在他们的画里（首先进入他们脑海的），战争位居第一位，某种形式的"爱国主义"则排第二。一位美国学生在解释她以战争为主题的图画时说："当我想到历史，首先进入我脑海的便是战争。我知道历史不仅仅是关于战争的，但战争对历史而言至关重要，因为战争创造力国家，摧毁了帝国，改变了技术等很多方面。"很少有学生画与他们个人或家庭相关的东西。

培训结束回到美国不久，我就收到来自安顺学院历史系周开媛老师的来信，告诉我她让约 50 名学生"画历史"，学生反馈的图画与我在工作坊所讲述的截然不同。她觉得十分惊讶。与强调战争或爱国主义不同，她的学生画的历史多将历史视为时间流，并通过诸如小河或溪流来代表时间流逝。周老师的一位学生解释道："历史是不断发展，不断前进的，如同河流一样永不止息。"还有些学生通过图画表达历史意味着远古或传统，有些提及孔子或儒家学说，如一位学生所言："在我看来，历史意味着'很久以前'发生的事。儒家创始人孔子影响着我们关于时间长河的思索。"美国和中国的学生对过去有着不同的理解，这些图画反映出这种差异也在情理之中。关于人们如何思索历史，"画历史"反映的也许不全面，但这种美中之间的差异恰恰证明了历史是一种文化建构，而理解特定的文化情境对公众史学的实践尤为重要。

过去将公众史学从北美（美国和加拿大）传播至其他国家的努力很大程度上是失败的。2015 年 4 月，我对韦斯利·约翰逊（G. Wesley Johnson）作了口述访谈。韦斯利·约翰逊是《公众史学家》杂志的创刊主编，也是"美国公众史学委员会"（National Council on Public History）的创始人之一。20 世纪 80 年代末，Johnson 尝试将公众史学引入欧洲。他成功地获得洛克菲勒基金（Rockefeller Foundation）的资助，前往欧洲各国介绍新兴的公众史学。但从长远看，欧洲的公众史学并没有沿着他当年所期望的路径发展。在 2015 年的访谈中，他谈及当年试图将公众史学国际化的努力时，略有些遗憾地说："我不知道当年的欧洲之行是否真有意义。"[3]

过去的五年里，很多包括中国在内的国家开始创建公众史学。两届中国公众史学师资培训就是很好的例证。与以前将公众史学从北美"移植"到其他文化不同，当前的公众史学国际化运动，例如在欧洲、拉丁美洲、亚洲等国的蓬勃发展，其原动力主要来自内部，因此成功的可能性会更大。新一代的公众史学家积极地融公众史学于自己国家所特定的社会、政治与文化语境。我看到中国公众史学正在遵循这一路径发展，不仅关注美国与其他国家的公众史学，而且致力于在中国的历史文化语境中发展公众史学。对此，我充满着乐观，满怀期待。

注　释

[1] 培训目标与数据来源：引自作者与李娜于 2017 年 7 月 7 日的邮件。

[2] David Glassberg, "Public History and the Study of Memory," *The Public Historian*, Volume 18, Number 2 (Spring 1996), pp. 17.

[3] 菲利普·斯卡皮诺（Philip V. Scarpino）和芭芭拉·豪（Barbara Howe）于 2015 年 4 月 17 日对韦斯利·约翰逊（G. Wesley Johnson）所做的口述历史。该口述历史是美国公众史学委员会（National Council on Public History）关于公众史学创始人的大型口述历史项目的一部分。资料来源：美国印第安纳 - 普渡大学（Indiana University/Purdue University, Indianapolis, IUPUI）档案馆珍稀馆藏。

关于中国公众史学的反思：来自美国中西部的视角

西奥多·卡拉曼斯基（Theodore J. Karamanski）*

　　2015 年 7 月，我来到重庆大学，参加由李娜研究员主持的"第二届中国公众（公共）史学高校师资培训"。面对着来自中国不同高校的历史教师和研究生，我尝试着解释什么是公众史学及其在美国是如何实践的。我发现这其中挑战重重，语言的障碍只是其中之一；更大的挑战在于，中国文化可上溯至公元前 1600—前 1046 年的商朝，这不仅超过了相对年轻的美国，而且比所有的西方文明都更古老。面对这些参加培训的教师，接受过不同历史训练且有着源远流长的文化传统，我不知道自己的经验是否有所帮助。不过，对于来自某些资深历史教授对公众史学的种种质疑，我倒是有所准备。毕竟，这是在过去的 40 年里我在美国一直试图克服的偏见。

　　这次重庆之行，我受益匪浅。我最深的感受是将公众史学带入中国需要克服的远远不止语言障碍。当谈及历史保护的问题时，政府在两种文化中扮演不同的角色：在中国，政府在土地管理方面有较强的控制力；而在美国，联邦政府和当地政府为历史保护提供了基本的法律框架，但个人或社区组织也参与

---

*　西奥多·卡拉曼斯基（Theodore J. Karamanski）：美国芝加哥洛约拉大学（Loyola University Chicago）历史系教授，公众史学项目负责人，美国公众史学委员会（National Council on Public History）前任主席（1989—1990）。他在 20 世纪 80 年代倡导公众史学的伦理规范并起草撰写了《美国公众史学委员会之伦理规范与行为准则》，并于 1991 年出版了《伦理与公众史学》（*Ethics and Public History: An Anthology*）一书。他担任美国国家公园局（National Park Service）、《国家地理杂志》（*National Geographic*）、历史频道（History Channel）和旅游频道（the Travel Channel）等的遗产专家顾问，是芝加哥海洋博物馆的创建人之一。他的公众史学研究主要集中在五大湖区域的文化资源管理、环境历史和美国印第安人的权利等，专著包括：《毛皮贸易与探索》（*Fur Trade and Exploration*, 1983），《森林深处：密歇根州北部的伐木历史》（*Deep Woods Frontier: A History of Logging in Northern Michigan*, 1990）等。

甚至主导历史保护。因此，我的历史保护实践经验对中国的同人未必有太大用处。除了历史保护，公众史学的其他领域也是如此，唯有通过具有中国特色的本地路径才能使得公众史学得到长足发展。

不过，在创建公众史学项目的过程中，西方的经验也有一定借鉴意义。在重庆的讲座里，我解释道，在 20 世纪 80 年代初我们在芝加哥洛约拉大学（Loyola University Chicago）创建公众史学项目，其成功的秘诀在于：一、项目为芝加哥——美国中西部的大都会城市——的城市环境、公民资源和社区需要求量身定制；二、项目遵循学校的理念和使命。在芝加哥洛约拉大学，这意味着符合天主教耶稣会传统，相信社会公正，并通过教育鼓励学生超越知识进入反思性实践，公众史学项目的设置需要与之契合。在美国的公众史学项目，基本的课程大同小异，但综观全国优秀的项目，它们大多服务于所在的特定地域。

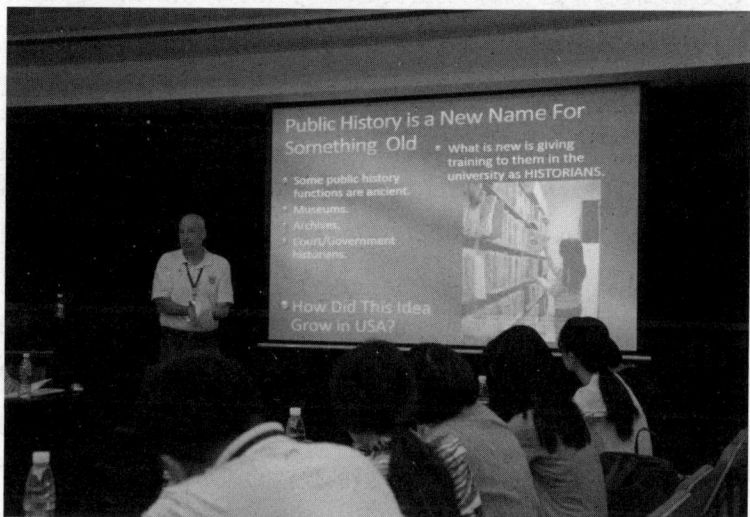

西奥多·卡拉曼斯基在第二届中国公众（公共）史学高校师资培训班授课，2015 年 7 月。图片来源：李娜

公众史学实践的伦理问题也是值得在跨文化语境中分享的。公众史学在美国起源时学院里的历史学家忧心忡忡，质疑在学院之外的史学实践会将公众史学家变为某一方利益的倡导者甚至沦为雇用者工具。为了打消这些疑虑，我于 1986 年参与制定了美国公众史学委员会（National Council on Public History）

的伦理规规范（Code of Ethics）。这是历史行业的第一部伦理规范。美国公众史学委员会于 2007 年对此进行了修订和增补。准则的核心内容是公众史学家服务于公众利益。我们的研究与证据分析之方法与学院内的历史学家并无两样，但我们的研究具有特殊性和实践性，为公众所用。伦理规范为学生树立了职业行为的标杆。

而在关于公众史学伦理问题的讨论中常常缺失是并不是对职业伦理的威胁，而是个人伦理所面临的挑战，需要做出的艰难选择。我在重庆的师资培训中谈到了我在芝加哥洛约拉大学的课堂常常引用的一个案例。该案例讲的是一位年轻的历史学家受雇于房地产开发商，负责研究某一街区，并准备历史登录的相应文本。当地居民对此抗议，因为他们认为登录成为历史街区将导致该街区中产阶级化，从而租金上升，居民最终不得不选择离开自己的家园。而另一方面，历史登录能保护这一街区的历史建筑，免被拆毁或废弃。于是，保护街区里低收入人群居住的权益与通过历史保护将建筑改为他用之间均存有公众利益。这位年轻的历史学家所面临的情形，与很多公众史学项目类似，不是职业伦理的问题，而是个人伦理的两难处境。

在美国，优秀的公众史学项目培养学会生成为我们所说的"反思型实践者"（reflective practitioner），即成为对在公众领域工作所面临的种种不可避免的矛盾和争议有所准备的历史学家。这一点对不同文化，无论是亚洲、欧洲还是美洲的公众史学家而言是共通的。我们所工作的文化、政治或国家的大环境可能各具特色，但在将历史服务于公众利益上，我们的目标和理念是一致的。在中国教授公众史学的短暂经历给我以下几点启发。一是笑话往往很难跨越文化。我觉得妙趣横生的逸闻趣事，而中国的教授们却熟视无睹，一脸正经。不过我发现当历史学家在中国发展公众史学所遭遇的种种质疑与这一学科在美国起源时我们所面临的情形极为相似。即使在 40 年后的今天，公众史学也没有在等级森严的美国历史学界得到完全接受。不过，这并不重要。重要的是，我们的工作有价值，而且我们为能有机会从事公众史学而愉快。将要出版的《公众史学》便是最好的证明：中国的公众史学家们正在努力探索一新兴领域。我对中国的公众史学如何发展，以及我们的公众史学共同体如何借鉴中国经验很感兴趣，并充满期待。

历史在我们身边

李娜

由于新媒体的迅速发展，后现代主义的强烈冲击，历史知识的载体和传播平台在信息时代日益多元化。公众以前所未有的方式接触到大量的历史信息，开始更批判地解释、分析并传播这些信息，开始质疑并挑战一直以来的历史与话语权。同时，公众对历史内容的需求也急剧上升，学院与公众的距离逐渐缩近，历史开始回归公众。一方面，历史不再是历史学家的专利，文字也不再是历史表述的唯一媒介。另一方面，公众与学者对历史的关注似乎有所不同。学院之外的历史更生动活泼，影响力更为广泛。

尽管公众史学的实践已经走在理论的前面，但是，在参与公众史学的各种力量中，历史学家和历史教育家依然应该承担最主要的责任。为什么？美国公众史学的先驱罗伯特·凯利（Robert Kelley）教授在 1978 年曾指出："只有那些没有急迫的生存压力或直接利益驱动的人才能真正承担发展这一学科（公众史学）的责任，因为只有这些人，才能从长远考虑社会意义与价值，才会思索公众的利益与需求，这些人便是大学里已获得终身制的教授们。"[1] 对公众史学刚刚起步的中国，凯利教授的洞见依然具有借鉴意义。公众史学若要持续地发展，它需要厘清与各相关学科或领域的关系，需要从纷繁复杂的实践中反思，需要提炼各种实践的内在逻辑关系，需要建构基于这些实践和反思的理论框架，需要严谨的研究方法，需要伦理道德准则以保证其客观与公正的诉求，需要一套完整、成熟的教育体系，需要一个以"共享权威"为核心的共同体，否则就会和很多从其他国家引进的学科一样，在中国的土壤里无法生根，只能是"昙花一现"。[2] 公众史学需要根植于学院，需要以开放的心态持续不断地与实践对话，而高校历史教师责无旁贷。

同时，公众史学在不同国家遵循着不同的发展路径与模式，这一领域的一些核心理念虽然可以跨越文化，对我们有启发和借鉴意义，但是，与美国、英国、澳大利亚等国家在过去40多年有序开展的公众史学运动相比，中国有着完全不同的时代语境和与之呼应的历史实践，如民间博物馆、公民记忆计划、中学生写历史、百家讲坛、家族历史等。因此，我们需要"中国特色"的公众史学。国内已有部分历史学家、历史教育者、历史机构的实践者以及传媒界专家学者开始关注公众史学，开展跨学科合作，共同拓展这一领域。2014年7月18日至22日，"首届中国公众史学高校师资培训"在上海师范大学举行，公众史学由此进入高校历史教育。[3] 一些高校已经开始开设公众史学的相关课程，一些教师开始公众史学的实践，同时，更多的高校有开设公众史学课程的迫切需要。在这样的背景下，2015年7月10日至22日，重庆大学人文社会科学高等研究院主办了"第二届中国公众（公共）史学高校师资培训"（以下简称"培训"）。[4]（插图一）来自全国18所高校和4家历史机构的22名学员参加了这次培训。[5]

与首届培训相比，第二届培训具有以下主要特点：

一、培训的主题是城市公众史学（urban public history），即发生在城市空间的公众历史，通过现代城市空间的激进性、反叛性与制度化的历史呈现等特征将公众史学本地化（localize）和情境化（contextualize），并通过讲座、研讨、工作坊和实地参访结合的形式展开。首先，注重使用本地城市历史资源，结合公众史学与重庆史研究。实地参访包括重庆市区主要的公众历史场所，如史迪威博物馆、中国民主党派历史陈列馆、重庆抗战遗址博物馆、重庆市档案馆、重庆市图书馆、重庆中国三峡博物馆、湖广会馆等。其次，充分发挥本地学者的专业优势，探索公众史学与历史保护、博物馆、档案馆、图书馆、本地史、媒体等领域之间的关系。一位学员写道："何蜀、吕岱、何智亚、敖依昌等诸位重庆本土学者各有专攻，他们在口述史、博物馆、城市史、文化遗产、纪录片等领域的理论探索与个案实践极具示范效应，并且能够结合各自实践中遭遇到的难题，和学员分享经验教训。"[6]

二、关于"公众史学与口述历史"专题，培训增加了实践环节。印第安纳普渡大学（Indiana University/Purdue University, Indianapolis, IUPUI）的菲利普·斯卡皮诺（Philip Scarpino）教授的"口述历史方法与实践"(Practical Aspects of Doing Oral History) 工作坊系统讲述了口述历史实践的规范性，其中涉及伦理道德问题，实践的原则和最佳模式，以及口述历史项目的主要步骤，包括目标、资金、知情同意书（Informed Consent）、使用协议（Agreement on Use）、访谈提纲、提问技巧、逐字稿翻译、访谈资料的存贮等。大部分学员受益匪浅："虽然好几个老师都说到了口述史，但我觉得菲利着的讲述最为系统、最为实用、最为科学：从基本原则、采访前的准备、如何提问题、如何修改及存档、伦理与规范、知情权、使用权等等。""菲利着教授治学严谨，为学员准备了许多重要的资料，并且能够紧密结合口述史项目实践，让学员真正把握'什么是规范的口述历史'、'如何做口述史'、'口述史应当遵循什么样的道德伦理'等核心议题。""菲利着教授的'口述历史的实践与反思'给我做了很好的伦理指导和操作示范。菲利着列出了他主持的一个项目的知情同意书、使用协议、项目草案，非常详尽，以后可在田野中模仿使用，很感谢他的无私共享。"

三、历史走向公众，也常常意味着走向市场。针对历史商业化以及历史学家如何处理职业操守和客户利益之间的矛盾，培训增加了"公众史学与伦理道德"板块。如果客户需求和我们的研究使命相悖，该怎么办？客户的商业利益与客观公正的研究之间是否存在不可逾越的鸿沟？谁掌控着委托历史项目的最终命运？历史学家对他们的客户和所任职的机构应该承担怎样的责任？归根结底，为什么伦理道德是公众史学项目的核心？[7]

与伦理道德相关的另一个问题是目前在中国十分流行的网络写史，或学术界所言的"数字历史"。这种由于数字媒体兴起而产生的历史写作是否是一种"历史"？毫无疑问，信息时代的公众拥有前所未有的机遇与过去近距离接触：各种历史信息通过各种渠道进入公众领域，从某种程度上讲，这意味着历史知识与信息的民主化。但无论何种途径，历史的生产和撰写都包括数据收集；对数据的批判；以可读的方式解释、呈现事实，并作出结论[8]，三步缺一不可。这样的过程需要经过最严格的、缜密的检验。[9]当公众带着个人感情解释、处理这些复杂纷繁的信息时，他们往往缺乏足够的批判性思维和评价。"论断"与"事实"之间存在本质的区别，仅仅"复制—剪切—粘贴式"地处理信息并不是真正的历史。其次，大众写史也许是公众参与历史的一种方式，应该鼓励，不过，未经训练的写作往往对内容不够负责，对非常规的史料（主要是书面材料之外的）运用不够严肃，忽略版权，这都会导致一系列伦理道德问题。如果说历史是历史学家与历史事实不断互动的过程，是现在与过去不断对话的过程[10]，那么伦理道德准则是对史料、对受众、对过去和未来、对普通公众负责的保证。这一过程需要"共享权威"，但这并不意味着历史学家因该放弃职业素养、准则和规范，只为迎合公众的需求。

芝加哥洛约拉大学（Loyola University Chicago）的西奥多·卡拉曼斯基（Theodore Karamanski）教授是美国公众史学界最早提出并倡导公众史学与伦理道德的先驱之一，他指出历史的道德目标是发掘真实的过去，并由此倡导一种更高尚、更宽广的责任感、服务理念和社会职能，尤其是对公众的责任感。[11]卡拉曼斯基教授通过不同公众史学项目引发的伦理道德问题，如历史学家对过去的人和事件所承担的伦理责任，生物史的伦理道德，历史街区的登录中"绅士化"等，深入分析了公众史学家通过服务客户而盈利，并不一定意味着"不符合历史的伦理道德准则"。同时，所有的历史学家都会犯错误，但这并不意味着不道德。若是因为信息不足，做出错误的历史判断，则不属于不道德行为。对今天的中国而言，市场经济注定会影响甚至操纵公众史学项目，因此，厘清其中的伦理道德线索，维持学者求真的职业操守显得尤为重要。

四、目前，公众史学在很多国家里都积极地借助各种媒体，将历史分析与评论融入各种形式的大众传媒，历史呈现方式逐渐走向多元。今天，公众能自由平等地使用数字档案，改变了学院对历史解释和传播的长期垄断，而视觉手法也不再是一种装饰噱头，它引入的是另一种历史叙事，进而激起公众反馈、评论、想象与反思，"历史不仅为理性所认知，也充满诗性"[12]。因此，培训强化了历史与各种媒体的关系以及历史的媒体呈现。重庆的资深媒体人吕岱先生分享了纪录片制作中如何探索历史的真实性与复杂性，以及在这个读图的时代，如何通过平行蒙太奇、情景再现、抒情和叙事的方式将历史的细节呈现给公众。浙江大学的陈新教授从历史哲学层面分析了新媒体的出现是中国公众史学发展的机遇，并探讨了大数据时代下历史研究的契机。北京大学的赵冬梅教授题为《史学的专业门槛与公共传播》的讲座则是专业史学者介入媒体，传播历史知识的实践。可见，史学界已经开始介入公众史学，不过由于对"公众"

的理解各有千秋，各自的"史观"也有所不同，对当前媒体带来的知识生产和传播方式了解不一，学员对这三个板块的反思也有所不同。[13]

五、专家走入课堂，教授走出学院。历史在学院内外有着不同的表述和呈现方式。传统史学者写作模式、语言、逻辑往往受学院训练的熏陶，所以他们的研究成果受众通常局限在学院内。而公众史学家是任务导向型，他们的研究成果旨在公众，他们希望能影响更广范围的人群，他们更富有创意地让历史走向公众。事实上，以各种形式代代积累的历史研究成果还没有真正进入公众领域，而一个社会的历史感知或历史认识并不完全建立在对历史的学术研究上。较职业历史学家，公众史学家更能影响公众的历史感知，更具备某种社会责任。培训中"公众史学与城市历史文化保护"和"历史的媒体呈现"分别由这两个领域的专家何智亚先生和吕岱先生主讲，相关的实地参访也分别是两位的实践成果。另一方面，重庆大学的敖依昌教授 20 余年致力于史迪威研究，他对史迪威博物馆的讲述不仅体现了史学的严谨，也生动地再现了这段的历史对重庆城市发展的特殊意义。一位学员评价说："印象最深的是敖依昌教授。(他)熟谙历史掌故，将讲解对象之于宏观历史背景之中，道出千丝万缕的联系而见其价值。"

六、跨文化的学习与交流。公众史学在过去十年开始逐渐国际化，这是在中国发展这一学科的机遇。培训邀请了三位来自美国的资深公众史学教授分享他们的经验。三位教授有不同的专业领域和技能，如环境史、考古与历史保护以及博物馆学，其中两位自 1980 年初美国公众史学委员会（National Council on Public History, NCPH）成立之初起便一直致力于公众史学的发展。同时，他们也是各自学校公众史学项目负责人，代表了美国高校公众史学项目的不同地域和文化特色，在项目设置和管理、教学模式、人才培训路径方面各有千秋，对国内高校设立公众史学项目提供了不同借鉴模式。印第安纳普渡大学的公众史学项目自 1986 年起一直坚持为学生提供有偿实习 (paid internship) 的机会，斯卡皮诺教授将服务的理念贯穿其中，与印第安纳波利斯市的社区、历史机构和组织建立了长期的良好合作关系。卡拉曼斯基教授在芝加哥洛约拉大学主要以芝加哥市为研究场所，带领学生参与本地的历史保护项目。通过一系列案例，他分析了历史学家在历史保护中的角色，以及如何培养学生成为历史保护人士。由于故事将实物、建筑、地域等置于历史长河中，通过讲故事或叙事的方式，历史保护成为公众历史。南卡罗来纳大学（University of South Carolina）的公众史学项目以国际合作见长，埃里森·玛希（Allison Marsh）教授通过英国的实地考察项目（England Field School）、关塔那摩公众记忆项目（Guantanamo Public Memory Project）、国际实习（International Internship）等探讨了国际项目合作的经验和包括资金保障、语言文化差异、时差、政府或相关机构的行政干预等各种挑战。由此，玛希教授总结了项目合作的最佳实践模式和步骤——预规划（preplanning）、规划（planning）、实施（implementation）、评估（evaluation）和出版（publication）。由于首届培训存在语言与沟通的障碍，使得部分课堂交流无法深入，因此第二届培训涉及的英文讲座和研讨均安排了即席翻译，学员的反响普遍较好。

七、培训的讨论较首届培训更深入，争论更激烈，尤其是关于理论与方法的探索，如何与早已自成一体的文博专业结合，以及公众史学的"传统"就业领域如博物馆、档案馆、图书馆、地方志办公室和各地历史机构等在国内属于"事业编制"的讨论，已具有鲜明的"中国特色"。我认为以下三个因素发挥了重要作用：一是培训读本。结合培训内容，读本分为公众史学的建构（Making Public History）、过去在空间的呈现与保护（Presenting & Preserving the Past in Place and Space）、公众史学与伦理道德（Public History and Ethics）、公众史学与口述历史（Public History and Oral History）、国际项目合作（International Collaborations）和公众史学教育（Teaching Public History）六个部分。一方面，读本编辑了公众史学领域的一些经典文章，培训开始前一周发给学员，这样，大家有机会在培训前对公众史学做初步的了解。另一方面，读本也收入了部分授课教授推荐的文章，多与授课内容相关，提高了学员听课的效率。二是请学员针对各自所在高校的体制、文化、学科设置、资金条件等，设计与公众史学相关的课程，这样学员在"公众史学入门课程教学方案"的讨论中有所准备，有的放矢。三是请学员思考公众史学与各自研究领域和学科的关系，提交论文（或论文大纲）。无论通过教案还是文章，通过工作坊或圆桌讨论的形式，学员均有机会与同人交流，以加深对公众史学的理解。

另外，师资培训的目的之一是要建立一个公众史学共同体（public history

community），两届培训的互动与交流十分重要。今年的培训特地邀请了参与去年培训的学员来讲述自己的经验和困惑。苏州科技学院的张笑川教授分享了他自去年培训结束后在浒墅关镇公众史学实践的经验和困惑，探讨了历史学家与地方政府合作的形式、口述历史、历史写作模式以及学术研究与为公众服务结合等问题。他提出是否能将"历史作为一门生意"，激发了学员的热烈讨论。这恰恰体现了公众史学的核心魅力——共享权威——"对于一个新兴领域而言，这样的群体思索和坦诚对话尤为重要。"[14]

总之，公众史学开始在中国"落地"。培训进一步推动了公众史学的发展，促使我们以新的方式思索"历史话语权"和"历史感知"等重要课题。这既是历史的求真实践，也是历史教育的重要组成。

第二届中国公众（公共）史学高校师资培训班，重庆大学人文社会科学高等研究院。图片来源：李娜

注　释

[1] Robert Kelley, "Public History: Its Origins, Nature, and Prospects." *The Public Historian*, vol.1, no.1,

1978, pp.16-28.

[2] 和欧洲的学术传统类似，中国学术界对新兴领域或学科首先需要理论和方法，其次才是实践。

[3] 关于首届培训的述评，参见：李娜：《跨文化视野下的公众史学——中国首届公众史学高校师资培训》，《世界历史评论》，上海：上海人民出版社，2015 年第 3 辑，第 233-257 页。

[4] 重庆大学人文社会科学高等研究院史学中心的王希教授对培训给予了极大的支持。

[5] 参加今年培训的学员的专业背景较去年广，除了历史学外，还有博物馆学、考古学、人类学、文化研究等。除了高校教师，另外还有 4 名公众史学的实践人士参与了培训。

[6] 培训结束一周后，笔者将对本次培训评估的 7 个问题发给学员，21 名学员回复了邮件，笔者得到准许引用这些反馈意见和建议。在引用时，笔者尽量忠实原文，同时隐去了真实姓名。

[7] 在美国，与公众史学相关的领域早已建立了各自的伦理道德标准。美国博物馆协会早在 1925 年就颁布了其伦理道德标准；口述历史协会于 1968 年颁布了一系列伦理道德的指导性目标文件，或称为 Wingspread 报告，职业考古学者学会于 1981 年通过了其伦理道德准则。美国公众史学委员会（National Council on Public History, NCPH）于 1984 年设立了"伦理道德委员会"，并于 1985 年拟定了"历史学家的伦理道德准则"，后来逐步修改成为公众史学家实践的指导。

[8] Homer Carey Hockett, *The Critical Method in Historical Research and Writing*, New York: The Macmillan Company, 1955, pp.9-10.

[9] Abid, pp. 5.

[10] Edward Hallett Carr, *What is History?George Macaulay Trevelyan Lectures*, New York: Vintage Books, 1961, p.35.

[11] Theodore J Karamanski and National Council on Public History (U.S.). *Ethics and Public History : An Anthology*, Krieger Pub Co.,1990, p.10.

[12] Simon Schama, "All Our Yesterdays." in David Cannadine, *History and the Media*. Basingstoke: Palgrave Macmillan, 2007, pp. 20-33.

[13] 关于不同的反思，与陈新教授的交流给笔者很大启发，在此表示感谢。

[14] 四篇来自第二届培训的文章作为专栏刊登，是跨学科的对话与思索的成果。见："公众史学与文化遗产研究"专栏，《青海民族研究》，2016 年 4 月，第 27 卷第 2 期，第 1-22 页。

一场完美风暴？
——美国公众史学教育的现状分析 *

罗伯特·韦恩斯（Robert Weyeneth）

　　数字革命、技术更新、全球化趋势对公众史学教育产生了深刻的影响，也提出了全新的挑战。《一场完美风暴》分析了美国公众史学教育的现状和面临的五大主要问题：公众史学项目尤其是研究生项目数量过多；这些项目产生的公众史学硕士可能供大于求；新的毕业生无法找到合适的工作；新建项目的学生所受训练不足；即使是老项目的毕业生也面临就业压力。如何对公众史学项目实施"质量控制"？如何选择适合自己的公众史学项目？罗伯特·韦恩斯写就此文时，正担任美国公众史学委员会（NCPH）主席，他特别提及了美国公众史学委员会应该在这场变革中扮演怎样的角色。对有志于选择学习公众史学的学生，或有计划开设公众史学课程、设立公众史学项目的学校，该文提供了很多颇有建设性的建议，值得借鉴。

　　罗伯特·韦恩斯（Robert R. Weyeneth）是美国南卡罗来纳大学历史学教授，公众史学项目负责人（1992—2014 年）。该公众史学项目历史悠久，并在全国多次获奖。他的教学和研究主要包括：公众史学实践在有不为人知的历史社区所面临的种种挑战；如何回忆和纪念有争议的历史篇章。他从事的一系列公众史学项目包括：美国檀香山历史城市公园的景观史；华盛顿州的社区研究；南卡罗来纳州的冷战时期遗址评估；查尔斯顿市历史保护的历史；关于美国现代民权运动纪念之尝试的分析；关于目前流行的对过去之不公而道歉行为的

* 原载于：*Public History News*, Volume 33, Number 4, September 2013. 译文略有改动。游丽诗（浙江大学历史学系研究生）提供了译文的初稿，在此表示感谢。

反思等。他一直活跃于公众史学领域，曾担任美国公众史学委员会（NCPH）主席（2012—2014 年）。他的研究主要刊登在由加州大学出版社出版的《公众史学家》（*The Public Historian*），专著包括《一个活着的城市之历史保护：查尔斯顿市历史基金，1947—1997》（*Preservation for a Living City: Historic Charleston Foundation, 1947—1997*）和《开比奥尼公园的历史》（*Kapi'olani Park: A History*）（注：檀香山的"中央公园"）。2015 年，罗伯特·韦恩斯教授因长期致力于南卡罗来纳州的历史保护而获由南卡罗来纳州长办公室、南卡罗来纳州档案与历史部门、帕尔梅托历史保护基金联合颁发的"历史保护成就奖"（*Governor's Award in Historic Preservation*）。

对于许多人来说，这看起来就像一场完美风暴，五个令人不安的趋势汇集在一起，酿成了一场巨大的灾难。这里是一份"气象分析"：(1) 目前高校的公众史学项目特别是研究生项目过多。(2) 公众史学项目产生了相当多的硕士生，可能供大于求。(3) 这些新的公众史学毕业生无法在这一领域找到较好的入门工作。(4) 由于一些新项目自身都尚在纠结其发展方向，这些项目里的学生没能获得很好的训练，因而刚毕业的他们无法找到很好的工作。(5) 即使是那些毕业于建立时间较长的研究生项目 [1] 的学生也无法找到工作——因为那些乏味的、停滞不前的课程无法跟上 21 世纪的经济与数字革命。

一、高等教育中公众史学项目是否过剩？

《美国公众史学委员会公众史学项目指南》（*The NCPH Guide to Public History Programs*）[2] 列出了 10 个国家共 221 个本科生和研究生项目，其中的 200 个均在北美，138 个是硕士项目。从某种角度看，这似乎是一种成功：仅仅在美国，50 个州里面的 45 个（加上哥伦比亚特区）提供各种形式的公众史学教育。但是，从另一个角度而言，至少在美国的研究生教育中，项目数量的不断增加可能成为一个关键问题——但是谁又能断言能够维持持续发展的项目究竟有多少？毕业生的就业率是衡量项目可持续发展和成功与否的标准之一，各院系办公室的学术项目评审专家和面临诸多选择的准入学生都曾经注意到上述类似的数据。问题的症结在于质量而非数量。

　　在我看来，这个趋势会继续下去。目前公众史学项目或课程急剧增长有多种原因。本科阶段的公众史学教育帮助历史机构回答了"历史专业能做什么"的问题。本科和研究生阶段的公众史学课程帮助大学的管理机构凸显了"公众参与"的理念。公众史学的硕士学习给那些想要实践历史而非教授历史的学生提供了可供选择的事业方向，包括去影响而不是简单向公众传播关于过去的观点和解释，参与合作项目，发现社会公正与公义，并赋予历史学崭新的意义。从教师的角度看，"实践"和"教授"公众史学是一项有趣并且有价值的事业。来自各种项目的教师、学生和校友，包括本科生或研究生、持续数十年之久的或新建的项目，侧重本地视角或国际合作的，都一起参与到这令人激动、重要的、具有开拓性的工作中。从潜在的就业者角度而言，从博物馆经营者到历史咨询公司，从大型联邦机构到小型的历史协会，从国家通信部门到城市规划办公室，对于这些机构来说，拥有大量不同类型的求职者无疑是令人振奋的消息。

二、公众史学是否面临就业危机？

　　毫无疑问，随着地方、各州、各市和联邦层面全面削减和紧缩的财政计划，大萧条敲响了它的丧钟。而按照传统，公众历史的工作都由公共机构资助，因而受到的公共机构全面紧缩财政计划的直接影响。人们纷纷失业、职位面临空缺，很多人都是一人做着原本由两个、三个甚至更多人做的工作。很多即将打算退休的人为了储备更多的退休金继续停留在岗位上，导致了其他中层职员的晋升时间相继推迟。入门级的工作更加稀缺，变得更偏向临时性，同时，员工福利也更少。有正式合同的工作机会正逐渐减少。文化和遗产机构、历史遗址、档案库、图书馆等机构同现代社会需求之间的契合受到前所未有的挑战，其中一部分历史机构因不符合需求而被撤销或拆分至无法正常运转。的确，大萧条削减了博物馆领域的职位，但是对历史博物馆（包括室内与室外类博物馆）在经济和文化上的生存能力的质疑在这之前就已经存在，这些质疑持续侵蚀着博物馆领域的就业机会。历史学家很不情愿地用"史无前例"这个词描述这一现象，但是有些人怀疑，这些可怕的消息事实上可能正是人们不愿接受的事实。另一方面，州和联邦法律继续推进环境和历史评价，这反过来历史学家和历史保护专家创造了一些就业机会。数字革命激活并扩展了公众史学相关领域，尤其是图书馆、档案和信息科学等领域的就业机会。由于政策紧缩而引发的薪水下调和职位门槛降低对于馆长和地方博物馆人来说是不幸的，但具有讽刺意味的是，这也为那些渴望就业的研究生打开了希望之门。

尽管如此，公众史学项目毕业生的就业前景依然不错，不少学生在毕业之后立即就能找到适合自己的专业水准和领域的就业机会。当然，如果在地域选择上比较挑剔，例如，坚持想要待在某个特定的城市或某一地区，那么能找到相当不错的第一份工作的可能性就会大大降低。但是如果在地域上可以灵活机动，毕业生的就业率就会大大提高。

三、公众史学教育与雇用者所需的能力之间是否存在脱节？

这个问题由来已久。关于这个问题的各种意见我已经听了接近20年，特别是从私人公众史学机构那里听到很多。过去，相关公众史学机构对于研究生院的公众历史学家能力培养上的疑惑，大多指向时间管理能力，能够在最后期限前完成工作的能力，撰写拨款申请的经验以及明晰和管理预算的相关知识等方面。同时，我们还是能听到不满的声音，例如，刚毕业的硕士生缺乏基本的商业技能、技术写作能力、团队合作精神，或以创造性方式满足顾客需求的能力等。一些雇主纷纷诉苦新招职员在评估一个特殊项目的知识轮廓时无法跳出固有的思维模式，也无法周全地考虑到多种手段和调查方式。同时这些雇主还期望雇员具备基础数据处理能力，包括创建电子数据表格，设计网页，大数据处理，以及使用 GIS 等。尽管部分期待能够同历史系的教学任务很好的接轨，但是其他的技术能力对于大多数历史学家来说知之甚少。从前雇用者可以花一年左右的时间让新员工快速进入工作状态，但是最近业界气候使得很多企业要求新员工具备快速进入工作状态的能力。

问题的症结之一是如今越来越多的公众史学教师自身不是一个真正的实践者，而这一趋势可能使得公众史学课程中的技能缺失问题更加严峻。在某些情况下，他们在课堂上指导公众史学学习，但不是传授实践经验，比如身为一个博物馆人或历史保护顾问的工作经验。很多时候新入职的教师常常被要求教授公众史学课程或者甚至开始一个公众史学项目，新生代公众史学博士通常被认为十分清楚公众史学包含的内容。同样的问题还包括"任何人都可以教授公众史学"这一误解。此外，很多博士生训练的性质促成了这一趋势。当然，我们博士项目的缺陷是有建设性的。我们虽然鼓励博士生多利用院系公众史学项目的优势，但是大多数项目都是以硕士为重点。尽管我们提供历史学而不是公众历史博士学位，学生宣称涉足公众史学的第二或第三个"外部"领域。但这一"涉足"也（仅仅）要求他们参加两个或者三个这一领域的研讨会、实习然后通过一个全面的考试。即便我们的博士生能够接触到公众历史实践操作和经验，在攻读公众史学博士学位的过程中所获得的相比于攻读硕士学位还是更少一些，在我看来硕士学位课程才是接受公众史学教育时的首选。而我们的资助计划不鼓励博士生通过担任公众历史助理职务获取额外的实践经验，因为教学助理的薪水（由教学部门发放）要远高于外部资金资助（部分资助已经随着大萧条的紧缩政策被取消）的实习助理。即使是那些知道他们尚需要更多经验的有悟性的学生也难以承担财政上的如此牺牲，这也使得博士生公众史学教育的问题更加严重。接下来如何让博士生在作为新教员进入属于他们的课堂之前更深入地接触和了解公众史学，这一问题无疑对我们项目和其他可能的项目构成了挑战。

美国公众史学委员会 (NCPH) 能做什么？

一开始这一令人警醒的发现单纯指向不断增长的公众史学项目和毕业生的数量，但是对于我来说似乎质量才是真正的问题所在。我相信美国公众史学委员会 (NCPH) 可以从两个不同但是相互联系的角度控制质量。首先，它可以直接向公众史学项目负责人和教育者展示最佳实践模式，让他们具备深入实践管理和教授公众史学的知识和视野。其次，（如果把教育比作产品的话，）它应该指导未来的学生们成为其教育的理智消费者——鼓励他们探求、认可并追求质量——因而他们能有最佳机会获得公众史学领域好的入门级别的（或者在某些情况下高层级别的）工作。对于那些雇用公共和私人领域的历史学工作者的人来说，质量监控好比在大学和社会之间建立一条"管道"，在未来很长一段时间它将会帮助大学向社会输送具备智慧和多重技能的优秀人才。

首先，项目的质量管控。

1. 资格认证

美国公众史学委员会 (NCPH) 以及其他相关领域的组织开始呼吁成立专业协会，通过制定最低标准对项目进行资格认证，进而强拒绝不合格的项目进入协会。作为美国公众史学委员会 (NCPH) 的老成员之一，我记得 20 年前在召集公众史学教育者和项目负责人的年度会的早餐会议上曾有过类似的呼吁。我并不赞成这一质量管控的方式。一是因为这一方式是敌对的而不是友善的。美国公众史学委员会 (NCPH) 一直以来的一大优势是我们的组织和年度会议秉持朴素的真诚和友好的态度。二是执行的问题：谁来承担监控和执行的任务？在这个方面，美国公众史学委员会 (NCPH) 一直缺少相应的资源，并且可能在任何事件中也没有相应的兴趣和意愿去这么做。相比于致力于巡逻课程，目前美国公众史学委员会 (NCPH) 在制度上专注于激活一片兼容全球化（在于打开就业市场）和数字化（也能够打开就业市场，即使它引发了技术培训在依托于人文导向的历史部门的公众史学课程当中的作用和角色的问题）的领域。

2. 最佳实践

一个国家或国际专业组织能够依靠"最佳实践"文件促进项目质量提升。我认为这相对于资格认证来说，是个相对友好并且可能将更有效的选择。美国公众史学委员会 (NCPH) 在公众史学教育上有丰富的经验，并且近几年它将把这一优势整合到一系列的线上资源中。这一网站包含美国公众史学委员会 (NCPH) 的部分"最佳实践"文件（http:// bit.ly/NCPH-BP），包括针对研究生、本科生公众史学教育、实习和文凭课程项目的文件。在过去的这些年，我们的"课程和培训委员会"也创建了一系列有争议的案例研讨和历史研究以及口述历史方面的推荐阅读书目 (http://bit.ly/NCPH -BP)。美国公众史学委员会 (NCPH) 增加了很多来自私立高中和首次参与我们会议的新成员。他们当中很多人都心存疑惑，包括怎样建立公众史学项目，怎样教授公众史学，怎样将课堂所学运用于田野？如此等等。我们热切的希望从这些新伙伴口中听到这些问题。我们需要拓宽组织内老成员的专业知识。现在应用到实践中的是关于建立公众史学项目的美国公众史学委员会 (NCPH) "最佳实践"文件。当这一系列都得到完善之后，我认为它将提供一些有帮助的"示警信号"——在一个大学不应该建立项目的时候发出警告。随着美国公众史学委员会 (NCPH) 不断推进这个问题和别的项目的最佳实践文件，它应该会注意到"一刀切"策略是不合时宜的，而要建立成功的项目和构建当地资源特色，目前有很多优秀的模范案例可以借鉴。

3. 丰富扎实的经验与技能

另一个可直接利用的资源是热衷于为大学提供公众史学项目和课程相关专业建议的美国公众史学委员会 (NCPH) 老成员。美国公众史学委员会 (NCPH) 的网站上列出了这些个人名单。[3] 同时，我们也在努力扩充名单上人员的地理分布区域，增加更多资讯点，以最大限度地增加面对面和现场咨询的机会。即使在互联网、电子邮件和社交媒体的时代，这种机会对项目评估来说也是十分有益的。

其次，学生的质量管控。

1. 激励学生

美国公众史学委员会 (NCPH) 公共历史项目《指南》[4]，本身也是最佳的操作文件。这是一份全球性的研究生、本科生和"相关"公众史学项目清单，能够通过地理位置、课程集中度和课程类型进行搜索，同时也允许学生对项目进行一对一比较。因此，准研究生们可以一一比较不同课程要求（比如要求实习或者应用性的论文），各种深入研究和实践的机会（专门化路径、教学与科研实验基地、新媒体和数字史学课程），提供实践机会的不同财政资助（申请助教奖学金），以及目前的就业记录，校友网络的分布，特定地区的吸引力等其他的学生们想要了解和对比的一切。(a) 如果学生知道有这个《指南》存在，并且（b）如果他们投入时间和精力确定和识别对于他们来说重要的要素，进而寻找在这些方面有优势的项目，那么这份指南便能够很好地为上述比较提供指导。

尽管在我的经验中，很多本科生仍旧在尝试弄清自己想要的是什么，甚至在他们申请多个研究生项目并且最终被其中一个录取了的时候。也许美国公众史学委员会 (NCPH) 的网站应该更明确地阐明《指南》对于比较不同学校优劣的效用；而这只需要几行文字便能够做到。正如我的同事埃里森·玛希 (Allison Marsh) 经常和我谈及的那样，更普遍的问题是学生需要成为更积极和有批判性的消费者。[5] 他们需要意识到在哪里读研究生是很重要的。历史部门充当的最具建设性的角色之一便是更好的指导本科生公众史学是什么、公众历史职业有哪些、这一领域硕士文凭的重要性以及怎样选择最适合他们的硕士项目等问题。值得强调的是，参加一个优秀的项目并不能保证找到一份工作。仅仅完成一个富有挑战性的硕士项目也不能保证一份工作。归根结底，每个学生需要行动起来，采取主动，为了目标努力奋斗。

　　2. 问题清单与指南

　　美国公众史学委员会 (NCPH) 应该建立一个"针对受教育学生的公众史学项目指南"，即一份包含每个打算进入公众史学研究生院的学生所需信息的实践指南。这份指南应当针对准研究生们在研究学院网站、给项目指导人发邮件或者参观校园时面临的诸多问题提出相应的建议。在这里我需要再次强调：设立这一指南的主要目的是使学生具备明确自身兴趣点、能力和事业目标的能力，进而能够运用这一能力找到在个性和专业上"恰好适合"他们的项目。下面列举的这些只是几个具体的例子，其他人根据自身经验基础，能够提出更好的更有见地的问题，但是这些例子大体上能够很好地表明我的想法。

　　☑ 我应该如何在众多的公众史学项目中选择最适合自己的项目？

　　☑ 历史学硕士学位和公众史学硕士学位之间的区别是什么？

　　☑ 我想要在博物馆工作。我能够通过公众史学项目学习博物馆和物质文化的相关内容吗？公众史学项目在博物馆事业方面的培训的优势有哪些？博物馆研究项目是否相比起来更适合我？（弄清这两者的区别很重要）

　　☑ 我想要从事历史保护工作。我能够通过公众史学项目学习历史保护的相关内容吗？公众史学项目在历史保护方面的培训的优势有哪些？我是否应该选修建筑学院或者城市规划学院的历史保护课程？（弄清这两者的区别很重要）

　　☑ 我目前还没有考虑好专门研究公众史学的某个具体分支领域。有没有一个项目能够通过"通识性"的培训让我了解公众史学的整体情况，进而帮助我决定具体的研究方向。而在我做出选择之后，这个项目是否又能在具体的方向上为我提供专业化的训练？

　　☑ 我没有公众史学相关实践经验，我知道很多项目不接受没有相关实践经历的人。有没有一个项目能够接受我这样没有相关经验的人？（但我不知道我是否应该先获得一些实践经验，决定我想要做的事情，然后再去申请项目？）

☑ 这个公众史学项目提供什么类型的数字人文知识与技能训练？

☑ 这个公众史学项目为研究生提供什么类型的经济资助？

☑ 学生就读这一项目期间能够获得哪些就业帮助？

学生选择去哪个研究生院攻读公众史学是至关重要。近期在《历史 @ 工作》(History@Work) 上发表的一篇名为"找到一份公众史学的工作"的文章中有一个很好的例子能证明帮助学生评估研究生项目的价值以便做出明智决定的必要性[6]。虽然它引发了广泛的评论，但是在我看来，有两点值得强调：一是历史学硕士学位和公众史学硕士学位是完全不同的。毫无疑问，后者能够在求职路上为提问者提供敲门砖，帮助他们获得作为历史学硕士时无法进入的岗位。但是尚未毕业的提问者似乎还没能了解二者的区别。

其次，所谓"没有相关经验便无法获得工作，而反之没有工作也无法获得相关经验"这一矛盾，事实上对于那些已经明智的选择了合适项目的学生来说，这个悖论既不费解也不构成障碍。最好的公众史学课程能够将大量的实践经验纳入课程当中。举个例子，学生可以申请公众史学机构的研究生助学金，按规定每周在遗址或者博物馆等地工作 15-20 个小时便能够获得一份补贴（属于他们的经济扶助计划）。相应课程会教授实地操作技能并要求进行团队实践项目，通常是和社区合作伙伴共同协作。因此，在公众史学项目中，学生参加一门历史保护课程可能需要为一个社区组织准备一份《国家历史遗址名录》(National Register of Historic Place)；参加一门博物馆课程可能要求为地方历史学会提供展览策划。一个实践课程能够为其他城市或者国家的实际项目提供机会。对于公众史学学生，完成一篇学位论文十分重要，很多项目允许提交"应用性"论文，即可以通过在社区中推广和参与公众史学项目的形式完成。好的项目需要一段实习经历，并且鼓励学生有策略地思考这个实习如何完成。因此，很多学生选择在夏天完成他们的实习，因为那个时候他们有整块时间，能暂时在一个陌生的地方待上一段时间。当然，如果他们打算在毕业之后去一个特定的城市或者地方工作，我们鼓励他们在那个地方实习一段时间以建立相应的社会关系。如果他们希望毕业后就职于一个特定类型的公众史学机构，他们可以通过在那里实习初步体验工作流程。如果他们发现在课堂部分之外有什么需要知道的内容，他们可以利用实习获得相关知识和技能。最关键的一点是：准研究生应该积极地寻找能够最大限度地增加公众史学实践机会的项目。他们需要明白公众史学学习不能仅仅依靠课堂传授进行。在这里让我们把这一条也加进"作为理智消费者的学生守则"清单。

规避风暴

最后，我再重申一下，以上这些个人的反思是基于一个理念——"美国公众史学委员会 (NCPH) 是一个大帐篷"，这个帐篷向所有的公众历史学家敞开并欢迎他们进入，无论新老，无论学院内外。关于公众史学如何在大学特别是在研究生这一阶段取得进展，或者如何跌落谷底的言论，在我看来，当前关注的根本问题是质量问题，对于各种项目，无论新旧大小，都是如此。目前我们已经针对质量问题提出了"自上而下"和"自下而上"的解决方案，而在这些方案中，从项目的负责人到作为消费者的学生，美国公众史学委员会（NPCH）成员始终在分享专业知识和经验中扮演着重要角色。而在我思索这些问题时，始终横亘在我脑海中的是处在招聘毕业生岗位上的那些雇主们和他们的需求。

美国公众史学委员会 (NCPH) 亟须采取下列步骤：

● 继续完善关于关于如何设立与发展公众史学项目的"最佳实践"文本。

● 决定还需要创建哪些"最佳实践"文本。

● 更新美国公众史学委员会 (NCPH) 网站上的"项目顾问"名单。我们需要一个扩充的名单，列出那些愿意就项目发展和课程问题提供咨询的公众史学教育者。为了最大限度地增加亲身咨询和现场咨询的机会，这个名单应该尽可能扩大成员分布的地域范围。

● 创建针对学生消费者的关于公众史学项目指南，并广为宣传。

同时，美国公众史学委员会 (NCPH) 还应做出跨年度承诺，主要包括：

● 仔细评估现今公众史学在学界的状况，并据此描绘出公众史学的未来蓝图。值得思考的问题包括：在诸多逸事证据之外，公众史学职业危机的本质和影响是什么？对于硕士生毕业之后一年以内的就业问题，公众史学项目发挥了哪些实质的作用？这些毕业生都获得了哪些类型的工作？就业率、项目构成和课程设置之间是否存在一些关联？让我们关注公众史学的授课方式。让我们弄清谁在教授公众史学，他们是否是掌握他们的学生在公众史学就业时所需技能的实践者。同时也让我们关注相关机构是否公众史学从业者所需的资源：人员支持、课时减免、暑期工资，（一年）十一个月合同，专项预算、合理的终身制规定和晋升准则等。另外，公众史学从业者目前用什么方式筹集计划所需的个人和外部资金？历史机构怎么做才能更好地就公众史学作为一个职业选择这一问题为本科生提供建议？我们可以从别人身上学到什么，如何在未来成为学界表率？

● 对私人和公共部门的就业者进行调查，以评估学术训练和实际操作技能之间是否存在脱节。那些私人部门、非营利性领域以及大小政府部门的公众史学职业招聘者期望在应聘者身上看到什么样的品质和能力？如今硕士学位是否是最低准入门槛？公众史学研究生教育作为智识工程、跨学科探索以及技术培训场所，将分别造成怎样的影响？

● 考虑创建一个联合专题小组以保证这些跨年度建议得以实施。六年前美国公众史学委员会 (NCPH) 邀请了美国历史学家协会 (the Organization of American Historians) 和美国历史协会 (the American Historical Association) 加入了一个"公众史学评估工作小组"以评估终身制以及高校历史学家的晋升带来的挑战。美国公众史学委员会 (NCPH) 的邀请同时也整合了这三个专业组织中诸多长期的行动和持续的对话机制，以解决一个正影响着越来越多的成员的就业问题。在过去的三年中，这个工作小组发布了开创性的合作报告《终身制、晋升和从事公众史学研究的历史学家》(Tenure, Promotion, and the Publicly Engaged Academic Historian)，这一报告在 2010 年获得了美国公众史学委员会 (NCPH), 美国历史学家协会 (OAH) 和美国历史协会 (AHA) 理事会的支持。自 2010 年起，对于参与公众史学评价的人——无论是那些寻求在学院内工作机会的公众史学实践者，还是院系负责人雇用公众史学家，抑或学术委员会评价教员的终身制与晋升，或是历史系之外的学校管理者——这篇报告及其详细背景资料已成为无价的资源。

需要思考的是，根据公众史学教育发展的历史，我们是否又到了应用类似的联合专题小组方法的时候？公众史学发展面临的问题是否真的足够大到要用这种方式？美国公众史学委员会 (NCPH) 还需要和其他哪些专业组织合作？由美国公众史学委员会 (NCPH) 单独完成是否会更有效率？对于需要评估公众史学工作性质和公众史学在学界的地位并对此做出长期承诺的美国公众史学委员会 (NCPH) 来说，联合专题小组是否是最好的方式？这些问题都有待进一步的探索。

注 释

[1] 译者注：因而质量较高。
[2] http://bit.ly/NCPH -Guide.
[3] http://bit.ly/NCPHreviewers.
[4] http:// bit.ly/NCPH-Guide.
[5] 译者注：按照时下流行的将教育比作产品，将学生比作消费者的比喻。
[6] 参见：http://bit.ly/12mwAyA。

公众史学之"最佳实践"系列

美国公众史学委员会的"课程与培训小组"（NCPH Curriculum and Training Committee）为公众史学的课程与项目设计提供了"最佳实践"系列文本[*]。虽然不同学校有各自的目标、资源和需求，美国和中国的公众史学发展环境亦有差异，但是，"最佳实践"提出的核心框架具有某些共通性，可为我们设计公众史学课程和建设公众史学项目提供借鉴与指导。

公众史学之最佳实践（一）
公众史学硕士项目[**]

背景

公众史学领域正日益专业化。通过对博物馆人、历史保护专家、联邦政府历史学家等职位的招聘告示所做的调查显示，这些工作多数要求有公众史学的硕士学位，以作为进入该行业的基本条件。基于这一趋势，公众史学的硕士项目必须让学生具备进入公共领域工作的能力。

公众史学学位与博物馆学、博物馆教育，或档案学及和图书馆科学等学位有很大不同。尽管公众史学家可能受聘于博物馆、档案馆或联邦政府历史部门，与博物馆人和档案学者成为同事，但公众史学需要集实用技能、对相关者利益的敏感性和对历史内容进行智识指导于一体，这使得公众史学工作与其他

[*] 美国公众史学委员会理事会于 2017 年 8 月 1 日一致同意由《公众史学》将"最佳实践"系列文本翻译并出版。蔡亦昕、卫天昊、沈馥音、徐高、尹星月、张芊芊（复旦大学历史系）提供了翻译的初稿，在此表示感谢。

[**] 由美国公众史学委员会"课程与培训小组"2008 年 4 月起草，2008 年 10 月采纳。

公共领域的工作有所不同。

最佳的公众史学硕士项目能为学生掌握历史研究方法与内容打下坚实的基础，能为学生提供教育性经历和技能导向性训练的渠道。这些项目能培养学生在史学实践中共享权威、反思性教育实践、公民参与、政治敏锐性等能力。同时，这些项目还能让学生逐渐领悟到公众史学既具服务导向型又具学术性。

大多数公众史学项目隶属于历史系或历史学所在的系。不同高校对完成硕士项目所需学分各不相同。此外，一些前沿的、独立的公众史学项目给予学生在更广阔的学科领域选修各类课程的机会。尽管不同的公众史学项目各有特点，美国公众史学委员会认为一些课程要求对提升公众史学领域的最佳实践很有必要。

建议

公众史学项目应当训练学生成为历史学家，为学生提供：

1. 在打下历史研究方法论的坚实基础上，研究、书写和解读历史的机会。

2. 发展一个分支领域的**专业技能**的机会。

项目也应当以公众史学家的要求训练学生，为学生提供：

1. **伦理道德和职业规范的课程**，让学生了解在公共领域工作面临着可能不同于在高校工作的同行所不同的职业伦理的具体问题，并让学生有机会接触这一领域的相关研究成果。

2. 具有现实性和实用性的**实习经历**。一些项目可能也会基于研究生阶段课程的具体框架提供实习课程模块，让学生在教员指导下获取实际的经验。

* 实习和实习课程应当要求学生提供最终成果；
* 必须为学生提供直接接触公众史学专业实践者的途径；
* 实习和实习课程的目标应当是提供给学生致力于合作与团队工作这两个基本技能培养的实际工作经历和/或项目。

3. 提供一系列**技能导向型课程**，引导学生了解公众史学作为一个领域的理论和方法。由于特定的项目受到不同限制（考虑到所要求的学分和课程），有效的项目通常可选择以下三种方式之一：

- 较大的项目可提供可供选择的一系列公众史学课程，例如，口述历史、档案管理、物质文化等。学生可从中选择，以发展某一方面的技能；
- 较小的项目可集中发展某一优势领域，如历史保护学或博物馆学；
- 不论规模大小，一个有效的公众史学项目往往认同公众史学核心的职业理念（共享权威、协同工作、社区建构等），并开发相关课程，使学生有机会将历史内容和方法应用于公众史学项目。

4. 为学生提供**跨学科选修课程**以满足选修课学分的要求。因为公众史学鼓励创造性地呈现历史，公众史学的学生将受益于在个人发展计划上鼓励创新的学科与校园氛围。例如：

- 对文化资源管理感兴趣的学生可能受益于考古学或建筑历史方面的课程。
- 对博物馆教育感兴趣的学生可能受益于教育教学法方面的课程。
- 对展览作品感兴趣的学生可能受益于视觉研究或艺术方面的课程。

5. **毕业项目**应能记录和体现学生对历史学和公众史学的深入思考。毕业项目可以是一篇论文，但并非所有硕士项目都做此要求。一些项目鼓励学生提交非传统的学术成果（如展览设计方案、纪录片拍摄、网站开发计划等）。一些项目让学生参教学实习，并要求他们完成反思性写作，提交作品集。此外，还有项目要求学生同时提交项目与学术论文。

6. 最后，公众史学项目应当积极地建立与学校、博物馆、公园或其他历史机构或组织的**合作关系**。这一点往往难以实现，但成功建立这样合作关系的公众史学项目通常成为在教学和实践方面积极的、相互尊重的合作精神之典范。这些合作项目对研究生而言亦是极佳的学习经历。

公众史学之最佳实践（二）
面向本科学生的公众史学教育*

背景

　　全国各地的历史学系以各种方式向将公众史学介绍给本科生。有的系将公众史学作为一个学科，或分支学科，或研究方法介绍给学生；有的系则为以主修科目、辅修科目、重点方向、专攻领域或资格证书等形式为学生提供公众史学的学习机会；还有的系则提供一两门关于公众史学理论与（或）实践的课程。[1]很明显，各系的需求与资源同它们介绍公众史学的方式一样多样化。下文为一些针对本科生公众史学"项目"的灵活性建议。[2]这些建议只是为向本科生介绍公众史学而提供的指南，不应被奉为"放之四海而皆准"。对本科生的公众史学培养，应当围绕着可获得的当地资源、系教员的兴趣或专长，以及学生的需求来设计。提供公众史学的本科课程应遵循以下基本原则：（1）为学生提供历史学家所需之基本技能的坚实训练；（2）为学生提供夯实的历史知识基础；（3）在学习过程中较早地向学生介绍与公众史学相关的各类职业选择；（4）鼓励学生参与实地研究、服务导向型学习（service learning）与（或）实习。

　　有诸多原因使得历史系应当考虑在本科阶段引入公众史学。全国的历史专业本科生数量不断增加，但是获得历史学学位的本科毕业生并继续攻读历史学硕士的学生数量却呈下降。有研究预测，这一趋势很有可能会继续下去。[3]有人得出结论说，学生对历史的兴趣超过了他们追求历史学领域中可能被视为"传统"职业特别是做一名老师或是教授的兴趣。[4]学生们或许对历史有足够兴趣来选择历史学作为专业，但是可能缺乏必要知识或训练来将他们对历史学

---

*　由美国公众史学委员会"课程与培训委员会小组"2009 年 10 月采纳。

的热爱转化为一种终生的职业。黛波拉·韦尔奇（Deborah Welch）进行的一项饶有趣味的研究表明，若在本科课程中融入公众史学的技能学习，学生往往更积极参与课堂讨论，并选择历史学作为专业。[5]另有相关研究表明，那些在本科阶段早期便参与实践研究的学生，不仅毕业的可能性更大，而且易于以明显更优异的成绩毕业。[6]由于实践技能是公众史学教育的一个重要组成，因此将公众史学融入本科课程超越职业或研究生项目的准备，学生从中受益匪浅。最后，公众史学课程和项目为学生、教员和学系提供了进行本科项目研究、体验式学习、服务导向型学习以及社区合作关系建设等的丰富机会。

建议

1. 史学基础训练

任何本科生历史课程都应该首先侧重教授研究和书写历史的最佳方法。学生需要了解基本的史学史和史学理论，以及研究历史论题的方法。而最重要的则是练习写作并进行修改润色，以写出清晰流畅、鞭辟入里的文章。

2. 历史知识的基础

向学生介绍公众史学时，不应该减少学生对历史内容核心课程的接触。本科阶段的学生仍是历史学的主要"消费者"（consumer）。在他们选定的研究领域中需要以大量的背景资料为依托来进行有效的研究。学生也应被鼓励去探索提供与公众史学事业相关领域知识的课程，如艺术史、文化资源管理，或必要时，历史考古学。学生传统的历史学本科教育所获得的理论、方法和知识方面的训练十分重要。在本科层次引入公众史学不应成为职业训练的一个来源。对学生公众史学技能的训练不应取代上述基本课程。

3. 公众史学入门课程

入门课程应当向学生介绍公众史学所覆盖的各领域的相关理论和历史传统，公众史学与历史学的关系，以及当今公众史学领域论辩的主要课题。入门课程应当涵盖公众史学所包含的一系列领域，如博物馆学、档案馆学、历史保护学、遗产旅游、传媒学、口述历史以及文化资源管理等。同时，入门课程还应该向学生介绍地方、国家、国际的公众史学实践经典案例。

4. 公众史学职业入门课程

在开设公众史学入门课程阶段就应向学生介绍公众史学所涵盖的各种职业。较早地介绍可能的职业选择将有助于实现以下目标：（1）对教授历史或传统的历史学研究生训练不感兴趣的学生，将有机会使他们对历史的兴趣够转化为某种明确的职业目标；（2）对于一些学生来说，历史学硕士学历或许不是最好的选择，他们可能最适宜在图书与信息科学、档案管理、历史保护、非营利组织管理等领域继续深造；（3）如果较早地了解到各种可能的职业选择，那些希望继续历史学研究生学习的学生在面对家人或同龄人"历史学文凭有何用"的质疑时，将更有信心，成功的可能性也更大。

5. 实习

本科生应当有机会或者在正式课程中应当要求他们完成至少一项公众史学领域的校外实习。这样的实习经历能鼓励学生超越以自己的教授为主要受众的局限。参加实习的学生也会学习到简洁流畅的写作风格、清晰的口头陈述、职业行为方式等。他们还有机会向公众展示其工作成果。这些经历给予学生他们所期望的自主学习、实践型研究，以及接触公众史学各种职业的机会，而这些机会都将引导他们设定长期的教育与职业目标。

6. 体验式学习 / 服务导向型学习社区合作关系

公众史学课程为将体验式学习、服务导向型学习、社区合作关系、基于学生的研究融入课程提供了理想的机会。历史学系应鼓励教员通过公众史学课程参与社区活动，其益处包括：向大学和学院管理层凸显历史学系的优势；增加学生的成就；获取不同支持服务导向型学习的基金。

注　释

[1] John T. Schlotterbeck, "Public History for Undergraduate Students: Let a Hundred Flowers Boom," National Council on Public History Annual Meeting, Santa Fe, New Mexico, April 12-15, 2007. 关于公众史学本科训练课程可参见：http://ncph.org/Education/GraduateandUndergraduate/tabid/323/Default.aspx；http://publichistory.org/education/where_study.asp。

[2] 本文件使用"项目（program）"一词，意思是通过某一特定领域，提供一系列课程向学生介绍公众史学。

[3] Robert B. Townsend, "History Grains Ground in Majors and Undergraduate Degrees, Graduate

Studies Continue to Decline," *Perspectives Online* 44:7, October 2006, http://www.historians.org/perspectives/issues/2006/0610/0610new1.cfm; William J. Hussar, "Projections of Education Statistics to 2015" (Washington, D.C.: National Center for Education Statistics, 2006), http://nces.ed.gov/Pubs2006/2006084.pdf.

[4] Robert B. Townsend, "History Grains Ground in Majors and Undergraduate Degrees, Graduate Studies Continue to Decline".

[5] Deborah Welch, "Teaching Public History: Strategies for Undergraduate Program Development," *Public Historian* 25:1(Winter 2003), pp.71-83.

[6] Association of American Colleges and Universities, "The Student as Scholar: Undergraduate Research and Creative Practice," Long Beach, California, April 19-21, 2007, http://www.aacu.org/meetings/undergraduate_research/index.cfm.

公众史学之最佳实践（三）
公众史学项目的建立与发展 *

背景

    随着公众史学研究生项目的激增，许多教育者及专业人士开始关注这些项目所提供的学术训练质量以及这一领域的未来。与传统的研究生项目不同，公众史学强调技能导向型课程、公众参与及跨学科性，这些特点都已得到公认。提供高质量的公众史学训练要求项目具有专门资金和管理支持、持续的课程发展，以及与校外组织的合作；根据课程重点，亦对专业资源与设施的利用有所要求。此外，院系层面的行政程序也应进行改良以满足项目需要。

    成功的公众史学项目以设置完善的课程，与社区合作者的紧密联系，健全的实习项目，界定清晰的专业领域，对本地、地区及国家组织的参与，以及有助于推动专业对话和公众参与的课外活动为特征。专业方向应根据当地的优势量身定做。例如，如果临近地区没有愿意接收实习生并且开展合作项目的博物馆，那么设立博物馆研究方向就不太可能取得合乎预期的效果。成功的项目往往善于利用机构力量和社区合作伙伴的优势。院系主任，教务长及院系级课程委员会应参与项目的开发与设计；而外联活动，包括协调研修班事宜和其他一些特别的活动，则可主要交由院系和学校层面的教务人员进行。

    以下指南针对负责公众史学项目的院系主管和学术管理人员，列举了一系列在备受推崇的项目中已被证明切实有效的做法。这些做法在学生就业、教员研究生产力、社区参与等方面皆收效显著。

---

* 由美国公众史学委员会"课程与培训小组"2015 年起草，2016 年 2 月采纳。

建议

1. 院校在聘用公众历史学者担任教员之前，应先采用承认公众史学学术性的**预聘制及晋升准则**。合作项目（包括与学生共同推进的项目）、博物馆展览设计、《国家历史遗址名录》（*National Register of Historic Places*）与地方性历史地标的申报，以及数字历史项目皆应被视为学术成果。成果发表后的同行评议在公众史学领域十分常见，尤应被予以认可。强烈建议各院校采纳《预聘、晋升与介入公共领域的专业历史学家》（*Tenure, Promotion, and the Publicly Engaged Academic Historian*) 中的各项建议。[1]

2. 计划发展公众史学项目的院校应以**接触大学内外的公众史学实践者**作为项目的起点，并与在当地社区工作的无教职历史学者及在全国各地工作的非专业历史学者展开对话。此种校外联系应关注：（1）评估潜在的就业市场（包括本地及全国范围）；（2）确定实习的可能性（包括本地及全国范围）；（3）了解非学术性的史学相关组织对潜在雇员的技能要求；（4）衡量社区合作伙伴为研究生助理提供资金的能力（大多数公众史学项目会对助理与实习生进行区分。 助理，无论是教室内的助教，抑或是当地行政部门与社会机构中的公众史学助理，此类职位能使学生积累相关经验，但其设置的主要目的在于向学生提供经济支持；而实习生则可能是无偿的，旨在为学生提供实际的专业经验）。

3. 由于公众史学包含了多个专业化领域，计划发展公众史学项目的院校有必要考虑**跨学科、跨专业雇用**。即使一位教员可以单独开设公众史学课程，要求其教学涵盖公众史学的各个专业化领域却是不切实际的，更遑论在承担管理职责、社区参与和学术研究的同时进行多领域教学了。

4. 项目应采用并不断修正自己的**使命宣言**，并在其中明确：（1）适用于本机构及当地社区的公众史学定义；（2）教学及职业目标；（3）主要专业领域。使命宣言聚焦于制度性努力（institutional efforts），并向学生、教员和社区合作者提出期望。项目应对自身所提供的训练类型保持坦率。由于公众史学包含了广泛的专业领域，所以没有一个项目可以切实提供涵盖所有实践领域的训练。

5. 由于许多公众史学课程依靠**兼职教授**来教授专业课和选修课，各部门应采取一些政策来招聘兼职教授，以识别这些专业人士的成就、专业知识和教学权威。来自地方机构的专家们往往是出色的老师，因为他们具有丰富的经验，并持续参与活动策划和行政管理工作。然而，值得注意的是，不能提前预设所有地方专家都愿意或有能力承担教学工作。因此，于计划之初，院系应与地方的公众历史学者进行沟通，以确认他们对担任兼职教授一事所抱有的兴趣程度；在发布任何有关终身聘用的安排之时，该信息都应被加以考虑。院系应建立一套程序用以审核候选教员、批准有能力胜任兼职教授的候选人开展教学，并对其所开课程进行质量审评。兼职教授的薪酬应与其专业资质和公众史学经验相称，而不应基于兼职教授参与传统的历史考察课程时通常所获得的最低津贴。

6. 公众史学研究生应与"传统"史学研究生一样获得**资助**。建议学校为公众史学学生提供专项资金。在确定学生将如何获得支持的问题上，项目应设法将资助与学生的学术和职业目标相匹配。一般来说，公众史学学生不仅可以担任助教，他们也将会在当地历史机构的助学岗位上获益。由合作机构参与组织及支持的资助项目尤有价值。学校应与当地机构及组织进行沟通，以确认他们是否拥有能够使合作关系得以建立并维系的资金。由于提供博士学位的历史学院系常常将硕士生从资助对象中全体排除，或以较低资金资助，确保向公众史学学生提供充足的资金在一些院校将会是一个巨大的挑战。对此，那些寻求建立公众史学项目的人可能不得不声辩：院系和机构必须重新思考如何为硕士生分配及预留一些资金。此举将是艰难的，因为院系通常并不像重视博士生那样重视硕士生的成功（即使两者就业率的比较是一个显而易见的有效反驳）。也有观点认为，公众史学的文学硕士学位，对于大多数研究生来说，就像艺术硕士和法律硕士一样是一个终身学位。

7. 类似的，在创立一个公众史学项目之前，有必要与当地机构和组织进行沟通以确认他们是否愿意并且有能力接收及监督**实习生**。在评估与当地机构的合作关系时，应理解他们或许无法每学期都接收实习生。

8. 项目应与其他院系就公众史学相关**课程**的设置达成协议。许多项目依赖其他院系开设选修及必修课程，因此确认此类课程会定期开设是必要的。院系主任、教务长和院系级委员会应参与协调课程的开设，而教员个人，尤其是青年教员，则不适合承担这一任务，因为他们凭一己之力很难取得外系的认可。

9. 院系应对发展和维系**与社区合作者的关系**设立明确的预期。确定相关事务负责人和合作者的期望是十分重要的。如果公众史学教员承担主要责任，那么其时间与精力的投入便需要进行精确评估，并被计入年度工作量。院系应制定符合实际的期望，以确保合作关系得到很好的支持，并且避免教职员负担过重。

10. 对于**招生和入学**，院系应从现实出发。考虑到公众史学与"传统"史学学生的不同需求，公众史学教员的指导应与其他（史学领域）教员的指导相配合。招生应部分基于教员的能力以避免教员负担过重。此外，院系应认识到对于学生的指导有助于将公众史学纳入整体课程框架中去。在许多情况下，公众史学学生不一定要向专门的公众史学教员请教，其他（史学领域）的教员可能已具备了足够的专业知识对学生加以指导。在此种情况下，将公众史学学生指派给并非典型公众史学家的导师将有助于最大限度地减少公众史学与"传统"史学学生之间的差异。

11. 公众史学项目需要**专门的行政和预算支持**。差旅费、专业会员资格及课程项目和活动的开支是标准费用，这些都应经过预算并纳入年度规划。预算需求根据项目的规模和其他因素灵活变通，至少应对如下几个方面进行资助：(1) 学生资助；(2) 与课题项目相关的差旅费；(3) 专业会员资格；(4) 举办研修班、会议和社区论坛（酌情开展）。

12. 项目应确保并维护各专业领域所需的**资源和设备**。例如，博物馆研究方向的训练需要使用展览设计和布展的相关设施；数字化历史方向则需要计算机设备、软件和信息技术的支持。在宣传和招收各专业方向的学生之前，项目应确保所需的设施、设备及各类用品齐备。

13. 院系应积极推动公众史学与**院系及制度文化**的融合。将学生划分为"传统史学"和"公众史学"两大类会引起不必要的紧张与冲突。值得称赞的是另一种互相理解的文化：各类历史实践的价值都被予以认可，受到关注的是它们的差异性而非其等级高下或是相对声望。

14. 公众史学项目应在阐明**历史的价值及重要性**上起到引领作用。公众史学训练应要求学生和教员考虑历史的价值，并善于解释其在当代生活中的重要性。在这个意义上，历史的重要性应当涵盖新知识和新应用的创造，包括培养独立思考的能力、塑造个人身份认同、发展强大而有弹性的社群、做出明智的决定，以及培养激励人心的领导力。

注　释

[1] 参见：http://ncph.org/cms/wp-content/uploads/Engaged-Historian.pdf。

公众史学之最佳实践（四）
公众史学证书项目 *

背景

为了满足对于训练有素的公众史学专业人才日益增长的需求，许多大学的相关院系设立了公众史学证书项目。证书项目往往作为高级学位课程的一部分，隶属于历史学系。很多情况下，学生可以自由选择仅仅完成证书项目或是完成该证书项目相关的整个硕士学位的课程。公众史学证书项目囊括了公众史学和应用史学领域中所有的通识性课程，其中学生将会修读其所选择的专业领域里一系列的课程，以及与公众史学领域中特定课题相关的各种课程，例如，历史保护或博物馆研究。

许多公众史学证书项目都由历史学系开设，但一些其他的院系也会开设这类课程。例如，历史保护证书项目可能由建筑学或城市规划学开设，而博物馆研究课程则可能由艺术史或是人类学专业开设。

证书项目能适应不同人群的需求。许多证书项目针对已经在某一领域工作的人，或对可能从未接受过正规的公众史学训练，而选择通过证书项目来获得相关的技能的人。不过这些人并不构成证书项目全部受众：已经获得历史学或其他相关专业，如艺术史、建筑史、城市规划学或人类学等本科学位的学生同样也可能修读公众史学证书项目，以增加他们本科学位的"含金量"。此外，这些证书项目同样适用于攻读硕士学位的学生。

为取得一项证书所需的课时数视课程情况而定，平均在 15 至 24 学时的课程，包括实习。15 个学时，或 5 门课程，是一个有效的证书项目的最低要求。这包括公众史学入门课程，旨在为学生提供公众史学的理论和方法概论，一次

* 由美国公众史学委员会"课程与培训小组"于 2010 年 3 月采纳。

实习，以及 3 至 4 门根据不同领域而选择的专业课程。

建议

1. 最佳的证书项目通常隶属于一个较大的院系，通常要求学生通过选修公众史学以外的课程以获得这一领域的背景知识与理论体系。这种基于较大院系而设立证书项目十分重要，因为学生需要掌握至少一个专业领域中的基础理论与方法。对此，人类学系、艺术史系、建筑与城市规划学系等和历史学系一样，都能实现这一目标。结合技能训练与理论学习是高质量教育的关键。

2. 最佳证书项目往往能为学生提供将课程训练与他们的本科或硕士学位相结合的机会。学生所修读的学分应被计入修读学位所需的总学分之中。

3. 证书项目体系中应包括一门**导论课程**，其中学生可以学习他们所研究的领域中的理论与方法基础，而导论课程的特定内容应与课程整体的侧重点相呼应。

4. **技能训练课程**十分重要。例如，历史保护项目应将建筑保护与建筑史作为必修课程。其他适用于证书项目的技能训练要求的还包括但并不局限于档案实践、博物馆与档案管理、展览设计、口述历史与博物馆史等课程。

5. 学生需要获取**实际经验**。对于希望取得硕士学位的学生而言，应该将专业实习作为必修课。对于攻读本科学位的学生而言，实践课也是获得实际项目经验的渠道之一。此外，证书项目应让学生有机会获取实际经验，并对自己专业的实际运用有所了解；应鼓励学生观察其专业领域的实践，或参与服务导向型学习项目。

6. 证书项目应为学生提供**接触公众史学实践者**的机会，通过实习项目走出课堂，建立相应的职业关系。这可以通过一系列途径来实现，例如，邀请客座专家到课堂授课，雇用一些专业人士教授技能课程，以及为学生匹配其所研究领域的导师。此外，课程也可为学生提供跟随一位公众史学专家学习的机会。

7. 证书项目应发挥其所在**高校的地理位置优势**。换言之，项目应充分利用周围地区的资源以指导项目开展。同时，还应寻求与公众史学机构以及本地历史学家工作的机构或组织之间开展合作，以开拓实习机会，并让学生有机会参与实践项目，通过分担开销与联合申请项目资助等实现证书项目的最终目标。

公众史学之最佳实践（五）
公众史学实习 *

背景

  实习是公众史学教育中的重要环节。在经验丰富、学识渊博的公众史学家指导下，参与有实质意义的实习项目，学生能获得关于公众史学实践的新的认识。成功的实习项目不仅能为学生提供工作经验，还让学生有机会反思他们的实践，融实际经验于从公众史学训练中获取的知识和技能。

  鉴于实习与学分挂钩，设计公众史学实习项目时，应有明确的教学目标，在实习现场工作时，也应有严格的相关补充阅读材料和大学水准的写作任务。指导实习的教员应该通过合适的方式评估实习生的工作，并对他们是否达到某一课程的教学目标做出判断。

  实习的首要目标是公众史学教育，项目需要谨记实习是学生、公众史学项目和实习机构的合作。每一个实习都具有特殊性，因此，教员、学生和实习项目的指导人员需要花时间讨论实习的具体过程，并确立清晰的可实现的目标，这一点至关重要。实习的设计应兼顾上述三方的不同需求和目标。公众史学项目应负责确保学生与实习现场的指导人员都清楚地了解成功的合作关系所带来的预期成果。实习开始后，实习生、教员和现场指导人员之间应保持公开的交流，以确保问题一旦出现能得到及时解决。

  尽管不同的公众史学项目努力通过实习实现其独特的使命与教学目标，美国公众史学委员就作为公众史学项目组成的实习之最佳实践提出以下几个方面建议。

---

* 由美国公众史学委员会"课程与培训小组"2008 年 5 月起草，2008 年 10 月采纳。

建议

1. 实习工作的性质

实习应让学生参与职业水准的工作，应用他们的公众史学训练所学，提升他们的技能，鼓励协同合作与团队工作，并让他们对如何将公众史学方法用于实践有更深入的了解。实习工作应该在经验丰富并愿意与实习生分享这些经验与洞见的公众史学家指导下进行。此外，学生应有机会基于实习经历，生产、创作一些重要的史学产品。

2. 学生参与实习的薪酬

项目负责人应认可学生公众史学实践的价值以及其技能，尽最大努力确保实习生能获得与其工作相称的报酬。

3. 实习合同

实习开始前，实习生、实习机构指导人员和实习指导教员应就实习项目确立一系列清晰的指南，包括雇用实习生的具体条件，实习项目的教学目标，教员和现场指导人员用于评估实习的方法等。指南可以采用非正式协议的形式，也可以通过正式的由三方签署的合同性形式，但不论何种形式，实习工作的性质和要求应该在书面文本中得以体现，各方也应在实习开始前就此达成一致。另外，公众史学项目也可为实习生和实习机构提供书面材料，解释实习在其课程中的角色，以及学院对学生实习的要求。

4. 实习机构负责人

在实习现场，应安排经验丰富的指导人员负责确保实习生有机会了解与该领域最佳实践一致的方法与步骤。指导人员还应定期与实习生见面，及时解答他们的问题，对他们的工作提供反馈和指导。

5. 院系的实习负责人

负责实习的教员应该对相关公众史学领域有深入了解，并能对实习项目的所有细节和步骤做恰当的评估。负责安排和指导实习生的教员应享受相应的课时减免。

6. 定期沟通

实习期间，公众史学项目负责人、学生和实习机构负责人应保持定期沟通。如果可能的话，实习生应有机会与教员和其他实习生分享他们的实习经历如何与课程相关，如何有助于他们理解公众史学的理论和实践。这种分享可以采取多种形式，如面对面交流，或由远程技术（包括博客、聊天室、短信、信息公告板、视频会议等）支持的虚拟会议讨论等。

7. 评价

所有实习项目所采用的评价方式应该让学校了解学生是否实现了教学目标。评价方法和步骤应该在实习开始时便得以清晰地界定，也应该包含实习机构负责人的评价建议。实习生应该有机会与他们的指导老师和现场指导人员讨论他们的实习评价。实习项目结束时，学生和实习机构负责人应该一起评估实习经历，并总结有待提高的地方。这些调研应该用于提高未来的实习项目经验，也可用来发现可能不适合实习的场所。

8. 实习生取代正式员工

实习生工作应该是对实习机构的现有员工的工作的补充，或对没有正式员工的机构提供支持。实习生通常不应该用来取代正式员工的工作。

海外札记

成都公众历史之印象

格雷厄姆·史密斯（Graham Smith）[*]

　　在四川大学短期授课使我有机会去成都。虽然仅去过两次，成都成了我最喜欢的城市之一。去过成都很多次的朋友都告诉我，和中国别的城市一样，这些年成都的发展速度实在惊人。我在相隔一年之后再去成都竟然也感受到变化之快。中国西部新近的公众历史大多和由于城市更新带来的种种变迁相关：这不仅仅是老街区的逐渐消失或高楼大厦在一夜之间的崛起，还体现在很多其他方面，例如，历史学家如何在各种不同的语境中向公众呈现过去。今年，我有幸在四川大学口述历史课上的学生了解中国的公众史学。

　　和很多国家一样，公众史学在中国呈多元态势：电视里关于中日战争的节目似乎永不休止。以"文革"为主题的餐厅里，年轻的服务员身着当年红卫兵穿的衣服为客人提供香辣可口的火锅服务，墙上还贴着 20 世纪 60 年代的巨幅宣传画。博物馆无处不在。关于文化史包括新兴的服饰潮流与记忆的研究等的出版物比比皆是。我口述历史课上的学生对他们祖父母辈讲述的故事津津乐道，并对传统的生活方式与历史的变迁兴趣十足。有形或无形的遗产对人们的日常生活产生着迅速而剧烈的变化，然而在这变化带来的种种不确定中又蕴含着一种对连续性的执着。那么，公众史学家应该扮演怎样的角色呢？

　　一种回应是发展历史旅游业，商业研究往往让关于过去的历史解释蒙上阴影，结果是迎合公众口味的某种理想化版本的历史。往昔的社会以一种众人熟知的"现时主义"（presentism）呈现，似乎体现着一种渐进的、古老的传

---

[*] 格雷厄姆·史密斯（Graham Smith）是英国纽卡斯尔大学（Newcastle University）教授，口述历史项目负责人。

承。虽然今天人们对大家族的理解与古人不同，但也有博物馆的立体画展示了蜀国的贵族穿着长裤，住在一个孩子家里的情形。导游强调说对古人而言，时间性很重要，这和今天的人一样。和我一同的朋友是一位考古学家，他调侃地回应说："想像古人还要乘坐古老的巴士或去上一门古老的课程。"值得一提的是，在金沙考古遗址所展现的一流的现代考古技术并没有引发更审慎细致的历史解释，也没有意识到我们关于远古的认知注定有着不可弥补的距离，而后者已为其他各国公众考古学达成共识。所有路线的终点都是礼品店。在杜甫草堂的中心地带，一座专门针对游客口味和需求的手工艺品小商店取代了位于该景点边缘的礼品店。和一些邻里街区类似，重要的历史遗址也渐渐中产阶级化（gentrified）。

不过，不同的历史旅游景点亦各有差异。例如，无论爬青城山，或参观武侯祠，我都为大量的游客而惊讶。但当我第二次再去这两处，却发现与所不同。青城山似乎已过于商业化，而武侯祠还保持着一种强烈的历史感，通过年轻的导游和网络资源帮助参观者深入了解三国时期的历史。因此，去武侯祠的游客多数对历史抱有更多的热情，甚至还有成群结队的学生，而去青城山的游客则以纯粹观光旅游居多。

我听到杜甫草堂的参观者抱怨说那是一座伪造的历史景点。当然，如果说历史是关于过去的想象，即使是在真实的遗址也无法直接参观历史，何况遗址总是随着时间的流逝而改变。不过，我明白这些抱怨指的是历史解释中的种种不确定。在杜甫草堂，多层的解释构成了公众历史的核心，我们似乎只能从前人的视角才能真正地理解往昔。不过，这一点于大多数参观者并不显而易见。公众关于过去不同层面的理解在不断变化，而意识到这样的变化并对之保持开放的心态对公众史学家而言尤为重要。在"公众历史"的世界里，"公众史学"应该清晰、明确。

让我们再次回到那家以"文革"为主题的餐厅。因为餐厅的饭菜和服务堪称一流，我问班上的学生是否可以请我们口述访谈中年长的受访者去那里吃一顿以示感谢，结果大家认为这不太妥当。餐厅主题原本是一个私人甚至无关紧要的决定，而是对于经历过这段历史的一代人而言，他们的青春、家庭、命运因这段历史被无可挽回地改变了，这段有争议的历史和痛苦的记忆无法抹去。

去这样的主题餐厅就餐，似乎是对自己生命中不可承受之重的一种轻视。可见，过去远不是非黑即白，可以被粗暴地扁平化。在我看来，公众史学是在公共领域和私人空间里关于过去的不同解释，而这种多样性和多元性在一代一代的变化中得以传承和演进。

对话"历史保护"——上海、慈溪之行的回顾 *

威廉·沃克（William S. Walker）**

今年夏天，我很荣幸被邀请前来中国参加一个关于城市规划、历史保护以及文化发展的会议。在诸多媒体渲染"中国崛起"之时，我同样期待能被中国惊人的经济发展所折服。同时，我也时刻告诫自己保持警惕，不应被表面现象迷惑，而应当探究现象背后更深层次的原因与问题。一直以来，我对经济发展与历史保护之间的关系，以及城市规划所付出的人文代价很感兴趣。作为被邀请前来探讨"质量城市"（quality city）的过去与现在的众多学者之一，我们特别关注城市发展的优劣。

此次行程的第一站是上海。在中国，上海是一个探究城市发展与历史保护的极佳地点。令人惊讶的是，人口数为纽约 3 倍之多的 2300 万居民生活在这里。而正如纽约一样，这座城市的动力来源于建筑业和房地产业。在上海时，我和一个住在浦东的朋友待在一起，浦东是上海新兴崛起的一部分，它位于黄浦江的东边。朋友的高层公寓是一个思考城市发展的好地方，在他的公寓和黄浦江之间，一座正在建设中的高楼取代了本应保留的绿地。向远离黄浦江的另一方向望去，是一片住宅与商业区的混合地带。一些传统的建筑以饭店和公园的形式得以保全，再往前一点是几座低矮的公寓，引人注目的是，在一处空地上有几处棚屋，像是一座废弃的院子。漫步浦东，我看见了这座城市最具标志性的两幢摩天大楼，而且很快将要变成三座，它们看起来庞大到有些不真实。

* 原载于：history@work, 2012 年 9 月 12 日。译文有所改动。华烨（复旦大学历史系）提供了翻译的初稿，在此表示感谢。

** 威廉·沃克（William S. Walker）是纽约州立大学奥尼昂塔分校（State University of New York at Oneonta）副教授、公众史学家。

浦东毫无疑问成为了中国快速发展和现代化的象征。

　　而在黄浦江的另一边——浦西的发展过程则更为复杂。由于外滩位于黄浦江的西岸，直到今天，这片半殖民地时期欧洲国家的商贸中心仍然是这座城市的焦点。如今，外滩已成为著名的旅游胜地，通过外滩的历史建筑群，我们能够更好地思考上海这座城市的历史。然而，这座城市的其他商住混合区却没有得到类似的待遇，以拆建为基础（demolition-based）的城市发展规划战胜了历史保护的热情。当然也有例外，最著名的例子是新天地，在那里，历史悠久的石库门住宅区被改造成一个高档商业区。此外还有田子坊，那是一个充满艺术气息的地方，到处都是咖啡馆与工作室。可惜即使有了这些保留的区域，我们似乎也很难再找到"老上海"的感觉。不过，我也并不觉得置身于一种全新的、去历史化（de-historicized）景观之中。事实上，作为一名游客，我发现这些地方的建筑环境体验大多令人满意，各类住宅与商业空间似乎和谐并存。

　　离开上海，我们前往距上海南边大约两小时车程的慈溪。这是一座繁荣的制造业城市，这里生产的打火机畅销于世界各地。在我看来，慈溪与美国马萨诸塞州东北部城市洛厄尔城（Lowell）十分相似，洛厄尔既是一个较大的制造业中心也是一个重要的旅游景点。目前，慈溪市本身并不是一个旅游景点，尽管当地政府希望改变这一现状，他们精心打造各种景点，包括能够吸引海内外游客的传统建筑。然而，慈溪市同时兴起的各类以拆建为基础的城市规划无疑对上述做法构成了挑战。与同事一起坐在环游慈溪的观光巴士上，城市的各类活动尽收眼底，众多的摩托车修理店、小工厂和主干道两旁紧挨在一起的住宅……据导游说，这里的许多建筑都是住宅和商区混用，由家庭经营着各类小工厂。在这里，一种典型的"三层式"建筑结构与我在波士顿地区所知道的很相似，不过这里的建筑约是波士顿的两倍大且不是严格意义上的住宅。经济活动的原始动力在这座城市的各个角落都能找到实例，然而，回想起来，当下的这种看法极易被我对中国经济实力先入为主的观念所遮蔽。如果不在这座城市中花更多的时间，不与这里的居民交流，我们无法了解一个真实的慈溪。

　　将慈溪市打造成一个旅游景点看似是一项十分艰巨的任务。如果它真的如导游所指出的在经济上充满活力，那么这座城市的发展模式则与美国迥异。在美国，那些追求文化遗产观光的城市往往旨在（用旅游业）取代已经死亡或消失的行业，反之，旅游业则会被过度活跃的经济所压制，在这种情况下，一些类似工厂考察（factory tours）的行程安排似乎无可非议的。然而，我认为慈溪市的地方官员有着完全不同的想法。我们曾到访一个传统的村庄，那里的居民被重新安置，传统建筑被改造为咖啡馆、商店和其他旅游景点。我们还注意到一个五星级度假村的建设规划并参观了一个大型自然公园。

以上种种均意味着城市的规划师们希望把城市的核心部分及其周边区域打造成精心为游客设立的"景点"。他们并未强调这座城市所具有的工业化特征，而是通过建设新的空间或是翻新、改造既有空间以营造一个逃离城市喧嚣的所在，进而模糊了游客们对于经济增长所带来的或积极或消极的影响，亦淡化了他们对历史的感知与解读。